Wolfesburg Adelicher Sitz
An dem Drömling

Gerhard Korth

700 Jahre Schloß und Land Wolfsburg

Vom Adelssitz an der Aller zur Autostadt

Verlag Dr. Bussert & Stadeler
Jena · Quedlinburg 2001

Die Deutsche Bibliothek – CIP-Einheitsaufnahme
Korth, Gerhard:
700 Jahre Schloß und Land Wolfsburg : vom Adelssitz an der Aller zur Autostadt/
Gerhard Korth. - Jena ; Quedlinburg : Bussert und Stadeler, 2001
ISBN 3-932906-23-3

Abbildungen Titelseite: Gernot Korth
Layout: Helmut Stadeler
Gesamtherstellung: Satzart Plauen
Printed in Germany

ISBN 3-932906-23-3

Inhaltsverzeichnis

Einleitung

Die Stadt Wolfsburg, die erst 1938 als »Stadt des K.d.F. – Wagens« gegründet wurde, die aber nun auch schon ihr 60-jähriges Bestehen feiern konnte, lernte ich erstmals 1946 nach meiner Vertreibung aus meiner ostdeutschen Heimat kennen. Als ich in der alten Bahnhofs-Baracke zwischen Flüchtlingen, aus der Kriegsgefangenschaft entlassenen Soldaten und Ausländern, die nicht in ihre Heimat zurück konnten oder wollten, herumsaß, sah ich vorwiegend nur Baracken, die mich an ein Flüchtlings- oder Kriegsgefangenenlager, aber nicht an eine Stadt erinnerten. Außer den langen Fassaden des V.W.-Werkes jenseits des Mittelland-Kanals gab es nichts, das an eine Stadt erinnerte und zum Verweilen einlud.

Erst Jahre später, als ich wiederkam, um ein Missionsfest im Park des Wolfsburger Schlosses zu besuchen, merkte ich, daß auch dieser Ort eine lange Geschichte besaß, die mich zu interessieren begann. Aber ich fand nur wenig Informationen über dieses alte Schloß, daß der jungen Stadt seinen Namen gab. Die neuen Bürger, die aus allen Teilen des Reiches hierher gekommen waren, hatten damals genug Existenzsorgen und Wohnungsprobleme, so daß sie sich kaum für die lange Geschichte von Schloß und Land Wolfsburg interessierten.

Dabei wurde die Wolfsburg schon 1302 urkundlich erwähnt und kann 2002 ihr 700-jähriges Bestehen feiern. Wahrscheinlich ist diese wehrhafte Festung an diesem wichtigen Allerübergang aber viel älter und vielleicht hat dieser Ort schon um 900 zur Zeit des Sachsen-Königs Heinrich I. eine wichtige strategische Bedeutung gehabt.

Da die Wolfsburger Schloßherren 1942 wegen Raum- und Platzbedarf für das große VW-Werk ihren Stammsitz verlassen hatten und in die neu erbaute »Wolfsburg« in Neumühle gezogen waren, das nach dem Kriege unter die Herrschaft der sowjetischen Besatzungsmacht geriet, gingen dort viele alte Schloß- und Gerichtsakten, die Auskunft hätten erteilen können, unwiederbringlich verloren. Dabei war dieses »Wolfsburger Ländchen«, wie ich später erfuhr, gar nicht so geschichts- und bedeutungslos, daß es in der Geschichtsschreibung übersehen werden könnte.

Dieses kleine Land – als gräflicher Herrschaftsbesitz – hatte sich durch eine geschickte Diplomatie als Exklave der Mark Brandenburg und ab 1701 des Königreichs Preußens zwischen den umliegenden Herzogtümern Braunschweig-Wolfenbüttel und Braunschweig-Lüneburg, aus dem 1814 das Königreich Hannover hervorging, eine erstaunliche Selbständigkeit bewahren können. Und dies, obgleich die Herren von Bartensleben und ab 1742 die Grafen von der Schulenburg in Lehnsabhängigkeit zu allen diesen Territorialstaaten standen. Während des »Wolfsburger Krieges« wurden diese kriegerischen Auseinandersetzungen sogar zu einer kaiserlichen Reichssache heraufgehoben.

Ich bin dem Stadtarchiv Wolfsburg für die Herausgabe der Schriftenreihe zur Stadtgeschichte und auch dem Kirchenvorstand und Pastor Hohnsbein von St. Marien, Alt-Wolfsburg, dankbar, daß sie die »Chronik der Parochie Wolfsburg«, die »Heimatglocken«, ein Kirchenblatt und das Buch »Wolfsburg, Kirchen- und kulturgeschichtliche Bilder aus einem halben Jahrtausend« von Pastor v. Loewenfeld als Reprint veröffentlichten, so daß auch diese Quellen ein wenig mehr Licht in das Dunkel der Vergangenheit von Schloß und Land Wolfsburg bringen konnten, damit die Bürger dieser jungen Stadt erfahren können, auf welch geschichtsträchtigen Boden sie hier Arbeit und Heimat gefunden haben.

Gerhard Korth

Vorwort

Die von Gerhard Korth beschriebenen historischen Entwicklungen und Zusammenhänge in seiner Heimat im Wolfsburger Raum, die in der Zeit handeln, in der sich der östliche Teil der heutigen Stadt Wolfsburg als Vorsfelder Werder an der Aller mit zur Autostadt entwickelte, mögen als Anregung dienen, sich mit einzelnen Ereignissen und ihren geschichtlichen Wurzeln zu befassen.

Es handelt sich nicht um die Zusammenstellung geschichtswissenschaftlicher Forschungsergebnisse, sondern um Gedanken und Betrachtungen, die aus einer großen Heimatverbundenheit entstanden sind. Sie werden daher das Interesse an heimatlicher historischer Literatur und an weiteren Forschungen wecken.

Der Autor wurde am 24. August 1929 als Sohn eines Lehrers in Pommern geboren. Er studierte Theologie und Pädagogik mit den Schwerpunkten Deutsch, Kunst und Geschichte und war bis zur Pensionierung im Jahre 1989 als Konrektor in Wolfsburg-Neindorf tätig.

Besonders erfolgreich war sein heimatgeschichtliches Buch »Zwischen Elm und Aller« (1991). Ferner ist er mit seinen Erlebnisberichten und Erzählungen »Ehe der Märzwind die Spuren verweht« (1985), »Fern leuchtet ein verlorenes Land« (1986), »Aber ihre Erinnerungen nahmen sie mit« (1988) und »Schonzeit« (1997) bekannt geworden.

Die Zeit, die ihm danach noch blieb, hat er weiter zum Schreiben genutzt. Er verspürte immer den Drang, sich anderen mitzuteilen sowie Gedanken und Erinnerungen zu erhalten.

Doch Zeit blieb nicht genug, denn am 22. Mai 2000 verstarb Gerhard Korth im Alter von 70 Jahren in Wolfsburg. Sein letzter Wunsch geht mit dem Erscheinen dieses Buches in Erfüllung - damit kein Märzwind je seine Spuren verweht.

Im Frühjahr 2001

In dankbarer Erinnerung

Eckhard Korth

Schloß und Land Wolfsburg in der Vergangenheit

Funde und Kunde aus alter Zeit

Schon in grauer Vorzeit läßt sich durch Funde ein reiches Leben im Großraum Wolfsburg nachweisen. So fand man bei der Sandentnahme für den Bau des Elbe-Seitenkanals im Gebiet des Tankumsees, der durch diese Baumaßnahmen erstanden war, Reste eines Mammutstoßzahnes. Diese riesigen Urelefanten konnten mit ihrer langen und dichten Behaarung auch größere Kaltzeiten überstehen.

Beim Bau des neuen Kraftwerkes bei Kästorf stieß man auf eine größere Ansammlung von Hörnern und Knochenresten des Urrindes. Forscher vermuten, daß sich dort in der jüngeren Altsteinzeit vor etwa 17.000 Jahren eine Lagerstätte von Jägern und Sammlern befunden haben muß. Bei Bauarbeiten in der Volkswagenstadt fand man im Jahre 1938 auf dem Bullenberge einige Steinwerkzeuge, darunter ein schön ausgearbeitetes Steinbeil. In der Steinzeit war dieses Gebiet somit schon von Menschen bewohnt, wie es weitere zahlreiche Funde von Feuersteinschabern und Steinbeilen in den Ortschaften um Wolfsburg beweisen. Die Hünengräber bei Nordsteimke, am Dorm, bei Helmstedt und im Elm bezeugen, daß um 3.000 vor Christus hier schon Menschen gesiedelt haben und bestattet wurden.

Auch aus der späteren Bronze- und der folgenden Eisenzeit fand man Urnenfelder mit Ascheresten bei Lauingen (400 bis 100 vor Christus), auf der Feldmark bei Großsteinum und in der Sandgrube des 1924 stillgelegten Kalischachtes bei Beienrode am Dorm aus dem 6. Jahrhundert vor Christus. Ein weiteres Urnenfeld aus dem 5. Jahrhundert vor unserer Zeitrechnung entdeckte man an der Stelle, wo sich die Beienroder Landstraße von der Ochsendorfer trennt. Diese reichen Urnenfunde bezeugen, daß sich schon damals die Bewohner hier in geschlossenen Ortschaften ansiedelten.

Nach den Großsteingräber-Menschen waren die Foser, Thuringer und Cherusker wahrscheinlich die ersten Bewohner unseres Gebietes. Im 5. Jahrhundert nach Christus drangen die Sachsen vor, die diese Gegend um 531 in Besitz nahmen. Beim Kampf zwischen den Thuringern und Franken unterstützten die Sachsen die letzteren. Diese traten nach dem Sieg den eroberten Nordthuringau an die Sachsen ab. Im 6. Jahrhundert nach

Christus drangen die slawischen Wenden ein und vermischten sich mit den hier Wohnenden. Unter Kaiser Karl dem Großen wurden nach über 30-jährigen Kämpfen um 800 die Sachsen von den Franken besiegt, die von Halberstadt aus in diesem Gebiet die Einführung des Christentums vorantrieben.

Später waren es dann wieder die Sachsen unter Herzog Heinrich, dem späteren König Heinrich I., die zum Schutz gegen die eindringenden Wenden und Ungarn seit 919 Burganlagen und Fliehburgen an der Grenze anlegen ließen, bis Heinrich I. 933 die Ungarn an der Unstrut besiegen konnte. Die Sicherung der Ostgrenze wurde von seinem Sohn Otto I. fortgesetzt, der Markgrafen wie Hermann Billung und Markgraf Gero einsetzte, um die Grenzmarken zu sichern. Seit 953 häuften sich die Slawen- und Ungarneinfälle, bis Otto I. die Ungarn auf dem Lechfelde entscheidend schlagen und 968 das Erzbistum Magdeburg als Ausgangspunkt der deutschen Ostkolonisation gründen konnte, und Markgraf Gero ab 963 in das Land zwischen Oder und Warthe vordrang und die dort wohnenden Slawen tributpflichtig machte.

Schon während der Kämpfe Heinrich I. 928/29 gegen die Slawen östlich der Elbe wird sich in der sumpfigen Allerniederung eine Zufluchts- und Fliehburgstätte befunden haben in der Art der Fliehburg im Elm, die Heinrich im Harzvorland überall anlegen ließ. Eine »feste castrum« in der Allerniederung wurde bereits in einer Urkunde Kaiser Lothar III. aus Süpplingenburg aus dem Jahre 1135 genannt. Sicher wird das Vorhandensein der Wolfsburg in einer Urkunde von 1302 als Sitz der von Bartensleben bezeugt.

Die seit 600 nach Christus hier eingedrungenen und heimisch gewordenen slawischen Wendenstämme unterstützten teilweise die Sachsen im Kampf gegen andere Slawenstämme und eindringende Ungarn. Wie ein Corveyscher Chronist berichtete, lockte ein Slawe die eindringenden Ungarn im 10. Jahrhundert in die Sümpfe des Drömlings, der schon 938 mit dem deutschen Namen Thrimining vorkommt. In den deutschen Königsurkunden des 10. und 11. Jahrhunderts wurden auch schon die Ortsnamen »Uualareslebo« (Fallersleben), »Gimin« (Ehmen) und »Bernsherdestorp« (Barnstorf) erwähnt.

Wohl um etwa 1270 ließen sich die von Bartensleben auf der Wolfsburg nieder. 1302 erfolgte die erste Erwähnung der Burg als Sitz derer von

Aller [illegible]

Bartensleben. Eine besonders vom 12. bis zum 14. Jahrhundert sehr wichtige Verkehrsverbindung führte an dieser engen Aller-Übergangsstelle an der Wolfsburg vorbei. Hier konnte man die alten Handelswege sichern, kontrollieren und Wegegebühren sowie Zollabgaben erheben. Diese Handelsstraße führte von Braunschweig über Lehre, Flechtorf, Mörse über den Klieversberg, um auf einem aufgeschütteten Damm die Allerniederung zu überqueren. Dann verlief sie über Brome nach dem alten Knotenpunkt Salzwedel, wo Straßen zu den Ostseehäfen Wismar, Rostock und Stralsund abzweigten.

1344/45 traten die Herren von Bartensleben in ein Dienstverhältnis zu den Welfen, das aber bereits 1372 getrübt wurde, weil die von Bartensleben die Wolfsburg unter die erzbischöfliche magdeburgische Lehnshoheit stellten. 1374 war die Stadt Braunschweig in Schulden geraten, weil sie den unter bischöflichen Schutz Stehenden von Bartensleben die bei einer Fehde entstandenen Schäden an der Wolfsburg ersetzen mußte.

Am 18. März 1397 traten die von Bartensleben wieder in den Dienst des Welfenherzogs Friedrich und erhielten dafür den Werder und Vorsfelde als Lehen, wo sie sich seit 1586 ihr Erbbegräbnis in der Petri-Kirche einrichteten. Nach dem Aussterben der männlichen Erbfolgelinie der von Bartensleben 1742 fiel dieses Lehen wieder an die Braunschweiger Welfenherzöge zurück.

Ab 1669 übernahmen die Kurfürsten von Brandenburg und ab 1701 die Könige von Preußen als Erben des Erzstiftes Magdeburg die Lehnshoheit über die Burg und das Wolfsburger Land.

Zur Baugeschichte der Wolfsburg

Die Burg im Sumpfgebiet der Allerniederung wurde wie die Stadt Venedig auf Eichenpfählen errichtet. Der heute noch bestehende älteste Teil ist der aus dicken Steinblöcken erbaute Bergfried an der Nordwestecke des Schlosses. Er besaß unten kein Tor, der hochgelegene Eingang war nur über Leitern zu erreichen, die man bei Gefahr hinter sich hochziehen konnte, so daß man dort oben dann recht geschützt vor feindlichen Angriffen war.

Im unteren Turmteil befand sich später das Verlies, wo Gefangene untergebracht werden konnten, die von oben durch eine Luke mit Essen versorgt wurden.

Eine lateinische Urkunde der Brüder Borchard, Günzel, Günter und Werner von Bartensleben, Mitglieder einer Ministerialenfamilie, deren erster Lehnsbesitz in »Ballerstede« (Ballerstedt) in der Altmark erwähnt wurde, nennt am 17. Juni 1302 die Wolfsburg, die dort als »Wluesborch« eingetragen war, als frühe Burganlage. In einer Urkunde Kaiser Lothars von 1135 wurde ebenfalls schon in der Allerniederung ein castrum erwähnt. Die Adelsfamilie derer von Bartensleben bestimmte nun im Laufe der Jahrhunderte hier im Grenzbereich zwischen dem brandenburgischen und welfischen Territorium die Baugeschichte dieses Schlosses.

In einer Schenkungsurkunde vom 25. Mai 1344 über einen goldenen Kelch, den Günzel von Bartensleben und seine Frau dem Kloster Marienthal gestiftet hatten, wird Günzel als Ritter bezeichnet, »de de Wuluesborch erst hulp buwen« (der die Wolfsburg erst zu bauen half).

Durch das wachsende Ansehen der Herren der Wolfsburg und durch ihren zunehmenden Reichtum wurden sie immer mehr zu Geldgebern auch der Braunschweiger und Lüneburger Herzöge, von denen sie sich schon mit ihrer Burg 1372 als Lehnsherren dem Erzbischof von Magdeburg unterstellten. Sie bauten die Burg durch Laufgräben, Schanzen und Stauwerke festungsmäßig aus, so daß in einem zwischen Günter von Bartensleben und dem Magdeburger Erzbischof 1473 geschlossenen Vertrag festgeschrieben werden konnte, »daß, wenn der Krieg ausbrechen sollte, die Zahl der Feuerschlünde noch um 10 Stück vermehrt werden sollte.«

Schon im Lüneburger Erbfolgekrieg hatte sich die Burg 1372 beim Kampf zwischen Herzog Albrecht von Sachsen und Lüneburg und Herzog Magnus von Braunschweig als schützende Bastion bewährt. Schweren Schaden erlitt die Wolfsburg dagegen 1464, als Herzog Otto von Lüneburg einen Rachefeldzug unternahm. Die Chronik berichtet darüber:

> Herzog Otto von Lüneburg ... verwüstet und verheret den Junckern ihre Heuser, Dörfer und äcker, füret auch sein kriegsvolck ins Werder / das brandte er aus / da doch in hundert Jahren keines Feindes hand hinkommen war. ... In dieser Fehde sol das alte castrum Wolfsburg mehrentheils demoliret worden seyn.[1]

Die zerstörte Burg wurde von den von Bartensleben wieder aufgebaut, besonders Hans der Reiche vergrößerte und verbesserte die Burganlagen erheblich, wie Heinrich Ludwig Fricke (1706 bis 1760) schrieb:

> Biß Herr Hanß v. Bartensleben zugenannt der Reiche den Anfang mit deßen Wiederaufbauung circa annum 1574 gemacht. Er hat aber nur die eine Seite des Schloßes nach der Vorburg werts aufführen laßen indem Er ao 1583 dieses Zeitliche gesegnet. Nach s. Tode, weil Er k. Mänl. Erben hinterlaßen, haben seine Vettern H.Jakob u. deßen Hh.Söhne Günther und Günzel den Bau fortgesetzt, u. die andere Seite des Schloßes, nach Vorsfelde werts aufführen laßen. Die dritte Seite de Schloßes nach Heßlingen werts hat vorgedachten Herrn Günters nachgel. Frau Witbe, als H. Günzels u.H. Achatz Frau Mutter erbauet, und die vorderste Seite des Schloßes über dem Chor und der Einfahrt ist von vorgedachten H. Günzel vollens aufgeführet worden so daß das Schloß, wie es noch jetzo stehet, ins Gevierte gebaut worden. Weil nun der Bau nicht von einem Herrn u. nach u. nach geschehen, so rühret auch davon her, daß inwenig die Etagen nicht allein disharmoniren, sondern auch an der Höhe keine Gleichheit haben, wiewol es dem ohnegechtet ein sehr großes, kostbares und von unten bis unter das Dach mit ausgehauenen Quadersteinen gemauertes Schloß ist, so 2. Thürme ehedem gehabt, davon aber einer durch Feuerbrunst abgebrant, es ist mit dopelten Graben versehen, davon der einer rund um das Hauß, u. der andere den Hof u. einige Haußhaltungs – Gebäude u. Ställe umschließest, und ist an dem äusersten Graben, worin die Aller fließet, mit einer sehr starken Mauer umgeben, welche an den Ecken kleine Rundele hat. Von denen ehemaligen fortificat. Werken aber ist nichts mehr zu sehen, weil solche an Herzogs Augusti Befehl im vorigen Seculo gänzzlich rasiret worden.

Die Vierflügelanlage des Schlosses wurde noch von Günzels 1595 bis 1610 begonnenem »langen Gebäute« geschlossen, obgleich die östliche Gartenfront erst unter Günthers »selig nachgelassen Witbe« 1620 vollendet wurde. Sie ließ auch den Heßlinger Flügel aufstocken, der allerdings 1838 wegen Baufälligkeit wieder neu, aber niedriger als ursprünglich, errichtet wurde.

Als Baumeister der v. Bartensleben ist vermutlich der Hameler Johann Edeler, auch »Johann von Mehle« genannt, tätig gewesen, der bei mehreren Schloßbauten im Wesergebiet und auch beim Bau des Gandersheimer Rathauses mitgewirkt hat. Nach seinem Tode übernahm wahrscheinlich

Heinrich Rumpf, der 1593 als Baumeister zu Wolfsburg bezeichnet wurde, die Fortführung der Bauarbeiten. Gleichzeitig mit dem Ausbau des eigentlichen Schlosses erfolgte auch der Ausbau der Befestigungsanlagen um die Burg herum, wie aus einem Bericht des Hausschreibers der Wolfsburg an Günzel von Bartensleben vom 6. Dezember 1615 hervorgeht. Der Schreiber bemerkt, daß alles in gutem Zustand sei und daß er nicht zweifle, daß »die Burg eine Belagerung aushalten (werde)«.

Das Schloß hat dann auch den Dreißigjährigen Krieg trotz langer Besetzung durch die Schweden gut überstanden, denn Matthäus Merian schrieb 1654 zu einer Abbildung des Schlosses:

> Das Adeliche Schloß und Hauß Wolfsburg/ ist an der Grentze deß Fürtenthumbs Braunschweig Wolfenbüttel/ etwa drey Meilen von der Statt Helmstett/ in einer zimlich lustigen gegend gelegen/ ist ein ansehnlich kostbares von lauter Steinen auffgeführtes Gebäw/ und von dem alten berühmten Adelichen Geschlecht/ denen von Bartensleben von grund auff erbawet worden/ In massen selbiges Adeliche Geschlecht dasselbe annoch besitzet. Dieses Schloß und Hauß ist wol aptiret/ daß auch etzliche Familien sich daraus auffhalten können/ ist aber bey diesem Kiegswesen/ weil es ziemlich fest/ und ein guter Paß/ unterschiedlich occupirt worden.[2]

Starke Zerstörungen erlitt aber die Burgenanlage während des Wolfsburger Krieges, der sich nach Ende des Dreißigjährigen Krieges 1648 noch über 20 Jahre lang hinzog und in dem Herzog August von Braunschweig die Befestigungsanlagen zum großen Teil schleifen und demolieren ließ. Doch schon wenige Jahre danach wurden die »rasierten« Befestigungsanlagen mit Zustimmung des Magdeburgischen Administrators und des Kurfürsten von Brandenburg wieder aufgebaut, so daß die Burg dann wieder das Aussehen hatte, wie sie Merian zu seiner Abbildung beschrieb.

Auf der topographischen Karte vom Schloß Wolfsburg aus dem Jahre 1689, die sich heute im Niedersächsischen Hauptstaatsarchiv in Hannover befindet, ist zu erkennen, wie damals die Burg mit ihren Befestigungsanlagen ausgesehen hat. Diese Karte trägt den Titel »Eigentlich Delineation der Wolfsburgk wie dieselbe im grund ligt, und rundherum mit unterschiedlichen Fürstlichen Häusern gräntzet« von 1689.

Einen noch besseren Eindruck von den Wehranlagen des Schlosses mit den Wirtschaftsgebäuden, den Wohnhäusern der Bediensteten und den

Wolfsburg, Schloß

Viehställen vermittelt der in Kupfer gestochene »Situations Plan von Schloß Wolfesburg« von Johann Andreas Meyer von 1758.

Wilhelm Robert Krutsch hat diesen Lageplan ausgewertet und schreibt dazu:

> Die Einzelheiten der Wallanlagen und des Grabensystems kennzeichnen die Wolfsburg als Wasserburg. Ein doppeltes Grabensystem wurde von zwei Wasserläufen gespeist. Der äußere Graben stand als Umlaufarm der Aller mit dieser direkt in Verbindung. Der innere Graben erhielt sein Wasser aus dem Hasselbach, der durch die Mauern mit dem inneren Graben in Verbindung stand und wieder in die Aller abgeleitet wurde. Ein Landring war durch Zugbrücken sowohl mit der Vorburg als auch mit dem inneren Teil, dem Schloß, verbunden. Die zweimalige Verlegung des Hasselbachlaufes kennzeichnet deutlich die Änderung der Funktion der Burg. Jede neue Verlegung läßt den schrittweisen Wandel von der »Burg« zum »Schloß« als Ausdruck der Repräsentation einer erworbenen Machtstellung ihrer Bewohner erkennen.[3]

Johannes Zahlten ergänzte diese Angaben so: »Die hier angesprochene Veränderung zu einem repräsentativen Schloßbau läßt sich auch in der Anlage der Gärten und Parks ablesen. Zu dem sogenannten Neuen Garten, der schon am Ende des 17. Jahrhunderts zwischen dem äußeren südlichen Graben und dem umgeleiteten Hasselbach existierte (auch als Bleichgarten bezeichnet), war durch Gebhard Werner von der Schulenburg um die Mitte des 18. Jahrhunderts gegenüber dem nördlichen Eingangsbereich ein barocker Lustgarten angelegt worden. Ihn zeigt bereits der 1758 in Kupfer gestochene Lageplan des Schlosses (v. J.A. Meyer).«

Auf einer in diesem Plan noch leer erscheinenden Fläche vor der Ostseite des Schlosses entstand 1840 nach Zuschüttung des Befestigungsgrabens der heutige Landschaftspark.

Die Steine für die großen Wandflächen der Burg hatte man aus dem alten Steinbruch am Klieversberg geholt. Das Schloß wurde im Stil der Weserrenaissance gebaut, da ähnliche Ziergiebel unter anderem auch beim Schloß zu Hann.-Münden (1562) und an Hamelner Bürgerhäusern zu finden sind. Der Begriff »Weserrenaissance« wurde 1912 geprägt und für die Architekturwerke verwandt, die im Raum beiderseits der Weser vorwiegend nach Einführung der Reformation um 1530 bis zum Beginn des Dreißigjährigen Krieges 1618 gebaut wurden.

Zwischen dem Hausmannsturm der Wolfsburg an der Nordostecke des Schlosses und dem Uhlenturm befanden sich an der Hoffront des repräsentativen Ostflügels drei offene Lauben oder balkonähnliche Säulenhallen, wie es noch heute an den vermauerten oder zu Fenstern umgewandelten Türbögen in den Türmen und an den Konsolenreihen an den Wänden, die das Gewölbe dieser Laubengalerien trugen, zu erkennen ist.

Die noch vorhandenen und weit vorstehenden waagerechten steinernen Trägerbalken an den nordöstlichen und südöstlichen Giebelwänden des Schlosses trugen Wehrgänge, von denen herab man angreifende Feinde gut bekämpfen und abwehren konnte.

Eine weitere entscheidende Veränderung erfuhr die Wolfsburg im Jahre 1840. Die Wall- und Befestigungsanlagen waren inzwischen bis auf die noch im westlichen Bereich sichtbaren Reste zerfallen. Infolge der Allerregulierung wurden auch die beiden Burggräben zugeschüttet und der heutige Landschaftspark an der Ostseite des Schlosses angelegt, während der barocke Lustgarten vor dem Eingangstor an der Nordseite schon wesentlich eher in anderer Form als Gartenanlage bestand, da diese bereits auf dem Plan von Strauß 1689 eingezeichnet war.

In dem 60 Meter breiten, früher geschlossenen Ostflügel des Schlosses wurde im 18. Jahrhundert ein Portal gebrochen und erst später die zum 1840 angelegten Park führende Freitreppe, wie sie heute besteht, angelegt.

Die Lehensverhältnisse in Wolfsburg

Die Herren von Bartensleben und später auch die Grafen von der Schulenburg waren durch Lehnsverhältnisse mit den Landesherren aller drei sie umgebenden Territorialstaaten verbunden. Für besondere Treue und Unterstützung bei kriegerischen Auseinandersetzungen übergaben die Landesfürsten ihren Rittern die Lehnshoheit über Dörfer und Ländereien, die auf die Nachkommen vererbbar war und die nur beim Aussterben dieser Geschlechter wieder an den Landesherrn zurückfielen. Nach dem Tode des letzten männlichen Erben kam nach 1742 so der Wolfsburger Werder und Vorsfelde wieder an das Herzogtuum Braunschweig–Wolfenbüttel zurück – wenn auch erst nach langen Prozessen. Diese Lehnsabhängigkeiten konnten verkauft oder durch Zahlung von Ablösegeldern rückgängig gemacht werden.

Die Hörigen oder Untertanen in den Lehnsgebieten standen unter dem Schutz ihres Lehnsherren, der ihre Rechte einklagte, wenn Bewohner aus benachbarten Territorien ihnen Schaden durch Diebstahl von Vieh, Getreide oder anderer Naturalien zufügten. Dafür hatten aber diese »Zehntleute« an ihre Lehnsherren jährliche Abgaben zu leisten. Dazu gehörte der Feldzehnt, der zur Lieferung von Getreide, Garten- und Feldfrüchten verpflichtete und der Blutzehnt, der die Abgabe von Haustieren und tierischen Erzeugnissen wie Eier, Milch, Butter, Honig, Wachs, Felle und Wolle festlegte. Ferner hatten die Zehntleute im Jahr eine festgelegte Anzahl von Tagen mit der Hand oder mit ihrem Pferdegespann Arbeitsdienste zu leisten und einen Grundzins, der nach der Größe ihres Landes berechnet wurde sowie eine Kopfsteuer nach Anzahl der Familienmitglieder zu zahlen, da diese »Bede« vom Landes- oder Lehnsherrn »erbeten« wurde.

Damit die hörigen Bauern ihre Ländereien gut bewirtschafteten und genügend Naturalabgaben abliefern konnten, hatten auch die Herren von Bartensleben vereidigte Taxatoren eingestellt, die die Zustände der Feldbestellungen zu überprüfen und die zu erwartenden Abgaben einzuschätzen und festzulegen hatten.

Da mit der Lehnshoheit auch die höhere, zumindest aber die niedere Gerichtsbarkeit wie das »Zaun- oder Pfahlgericht«, verbunden war, so standen auch dem Lehnsherrn die Einnahmen aus diesen Gerichtsgebühren zu.

Andererseits waren auch die von Bartensleben durch die Lehnsbriefe von ihren Landesherren abhängig. So waren die Wolfsburger Schloßherren verpflichtet, im Kriegsfall den Herzögen von Braunschweig-Wolfenbüttel vier Pferde mit Ausrüstung und Reitern zur Verfügung zu stellen. Den Herzögen von Braunschweig-Lüneburg standen gar sieben ausgerüstete Wolfsburger Pferde und Reiter zu, während der Kurfürst von Brandenburg sich auf die Hilfe der Bartensleben mit sieben ausgerüsteten Pferden und einen vierspännigen Rüstwagen verlassen konnte. Natürlich führten diese Lehnabhängigkeiten zu verschiedenen Landesherren im Kriegsfall zu Konflikten, wie im Lüneburger Erbfolgekrieg. Um diese möglichen Interessensüberschneidungen zu verhindern, gab es Sonderabmachungen, wie die, daß bei kriegerischen Auseinandersetzungen zwischen diesen drei Landesherren dem Gegner nicht die Wolfsburg geöffnet werden durfte. Wahrscheinlich waren aber auch diese unterschiedlichen Abhängigkeiten ein Grund dafür, daß der kleine gräfliche Herrschaftsbesitz über Jahrhunderte hinweg seine Existenz behaupten konnte.

Die Verpflichtungen der hörigen Bauern, dem Lehns- oder Grundherren Hand- und Spanndienste zu leisten und Naturalabgaben zu liefern, konnten erst generell bei der Verkopplung, den Flurbegradigungs- und Aufteilungsmaßnahmen um 1850 durch Geldanzahlungen abgelöst werden.

Wie umfangreich der Lehnbesitz der Herren von Bartensleben in der Mark Brandenburg war, zeigt der Auszug aus dem Bartenslebenschen Lehnsbrief des Kurfürsten Friedrichs I. von Brandenburg 1420:

»Wir Fridrich von gottes gnaden Marggraue tzu Brandenburg des Heiligen Römischen Reichs Erzkamr und Burggraue tzu Nuremberg. Bekennen und tun kunt offentlich mit disem brieff gen allermeniglich. Das wir unserm lieben getruwen Guntzeln von Bartesluen ... (unleserlich) und seinen lehenserben tzu rechtem lehen recht und redlich verliehen haben und verleihen auch mit crafft ditz briefs dise nachgeschribne gute und lehen die von uns und der marggraueschafft zu lehen rüren und der am teil der genant Guntzel fürder tzuuerleihen hat mit namen: Burglehen v Tangermünde m Zubehör, Burglehen v Salzwedel m Zubehör, Im Lande Stendal »Bellinge« »geistlich und werntlich höchste und nyderst gerichte«, »Berkow (höchst u. nied Gericht), »Konigede« (h.u. nied Gericht, Kirchlehn, drei Stück Geldes), »Nestorff« (mit allem Rechte, geistl. u. weltlich, höchstes u. niederst Gericht), »Smersaw« (it) , »Bisendal« (mit allen Recht), »Spenige« (wie Bellingen), »Vlessow« (mit allen Rechte, geistl. u. weltlich, mit dem Gericht ohne die freien Höfe, die wohl zugehören), »Ballerstede« (m allem Rechte, geistl. u. weltlich), »Schernekaw« (it), »Ercksleue und Mockeren mit allerley Recht geistlich und wertlich« (u. allem seinem Zubebör), »Petirsmarck«. Das Wasser, die Dolle b. Tangermünde. Eine Wasser- und eine Windmühle »Die do ligen vor dem Stettiche tzu der byse uff diser seitte tzu Stendal wart«, Salzwedler Zoll (Wasser u. Feld) m Zubehör, »Heninge das do ligt uff Osterwalde mit dem gerichte mit dem tzehenden ober das velt und den tzehenden in dem dorff«, 2 Höfe in »Osterwalde« m Gericht u. 1 Kothof, Bede zu »Tandorff tzu sant walbürgen tag und tzu sant meckains tag«, »Euerstorff« (m allerlei Recht, außer den Höfen d. Klosters Dambeck), »Birstede 4 Höfe m Gericht, »Rorberge« m. allerei Recht, geistl. u. welt., »Stocken«, 5 Höfe u. Kothöfe »darbynnen die sint wöste« u. das Kirchlehn, »Hohentrammen«, 5 Höfe, 1 Kothof m Gericht, »Güstin« d. 3. Teil m Gericht u. Mühle (wüst), »Rostocke« m Gericht (wüst), »Steinbecke das do ligt uff der Cre by Brume den dritten tail mit dem gericht »Jarstede« mit allem Recht, »Wendeschen halbe das do ligt vor dem aromelinge mit der tzubehorunge und das gerichte«, »Kobelitze« 3 Teil m Gericht u. Zubehör, »Dermbeck« (it), »Dontze« (wüst), »die wüste dorffstede tzu brücchaw, »Wendeschen brome« (wüst), »Wisthwede« (wüst), 4Höfe in »Vötze« m Gericht, »Kokewitze« m Gericht »do sind drey Hofe besed«, Stadt Salzwedel, Lippolds Mühle, 3 Wispel Roggen, Bede zu »Henige« (»by Klotzen«), in »Grenewisse« in »Tüne Ossemors Hofe«, 1 Wispel je Roggen, Gerste, in »Woldenrode« Gise Ballersteds Hof 1 Wispel Hafer mit d. Gericht, Kirchlehn v. Berkau (»im stendelischen Lande«) Vikarie v. Salzwedel (Liebfrauenkirche). Vor dem »dromelinge yff der Heide«, »Wustraw« (wüst) m allen Zubehör, höchst u. niederst Gericht, »Prilopp« m allen Zubehör (wüst), »Perlepe« m Zubehör (wüst), »Heydow«, it. (wüst), »Mesin«, 2 Höfe m. all. Rcht (wüst), »Gledenstede«, 3 Höfe m all. Recht, Bede, Klostergut »Dambecke«, Bede zu »Wendeschen Gischow« über 1 ½ Stück Geldes, Bede zu »Onvelde« über 6 ½ Stck. Geld, Bede zu »Cheyne« über 2 Stck. Geld, Bede zu »Brist« it., Bede zu »Mackstorff« über 4 Stck Geld, Bede »tzu dem Hagen« it., Bede »tzu düdeschen gisgaw« über 11 ½ Stck Geld, Bede zu »Viske« über 11 ½ Stck Geld »yeglich stücke gibt tzu Walburg drittehalb lübeschen schilling tzu Marten fünff lübesch schilling« u. 1 Scheffel je Roggen, Gerste, Hafer, »Grusendorff«, Höfe m allem Rechte (wüst), »Bandow«, m allem Zubehör, höchst. U. niederstem Gericht, »Lelchow« it., »Gütlitze« it., »Mosentin«, it. (wüst), In »Zelentin« 2 Stck. u. 3 Scheffel Roggen.In »Velgaw« 3 Stck Geldes. In »Ribow« 2 Stck. u. 1 Stck.. In »Gartze«, ½ Stck.. In »Ritze«, 1 Hof höchst u. niederst Gericht »und 6 Honre«.

In »Gore«, stendal. Land, 6 Stck. »mit aller rechtickeit und freyheyt«. In »Milterde« vor Tangermünde 1 ½ Stck. u. ½ Stck. m allem Recht. In »Grenewitze« 4 ½ Stck... In »Spenige« 4 Stck.. In »Smersow« 25 Stck...In »Polkaw«, Birkholz, Hof 6 Scheffel Roggen und 6 Gerste. In »Gisentze« Bede über 6 Stck.

Es folgen die Schlußsätze: »des zu urkund haben wir unser Insigle an diesen brieff tun henkt der geben ist zu Tangermünde an Skt. Margrethen tag nach gotes geburt virzehenhundert und darnach im zwanzigsten jaren«.

Nachfolgend einige geschichtlich weiterführende Anmerkungen zu den im Lehnsbrief aufgeführten Orten:

Nach den Wolfsburger Urkunden ernannte Markgraf Jost (Jobst) Günther von Bartensleben und Erben am 25.7.1409 zum Vogt der Altmark und der Schlösser Tangermünde und Arneburg. Günther zahlte ihm 1200 Schock bömische Groschen und 2000 rheinische Gulden. Die Kündigung der Vogtei durch den Markgrafen erfolgte nach Rückzahlung. Sonst bestand eine beiderseitige Kündigungsfrist von einem Vierteljahr. Günther setzte zwei Hauptleute ein und konnte das Kirchenlehn (Patronat) verleihen, nicht aber das Patronat über die Propsteien in Stendal, Salzwedel und Tangermünde und den St. Marien-Altar in Stendal. Hauptmann der Altmark war Günther schon nach den Akten seit 8.2.1408. Es handelte sich um den 1416 verstorbenen Günther von Bartensleben. Nach einer Rechnung von 1620/21 war das alte Gebäude der Burg Salzwedel »biß auf das Mauerwerk abgenommen« Das Holz brachte 20 Taler, 10 Groschen und 6 Pfennige ein.

Bellingen wurde 1120 urkundlich erwähnt, 1389 war es Bartenslebensches Lehn. König Gustav Adolf von Schweden übernachtete vor dem siegreichen Burgstaller Gefecht 1630 bei dem dortigen Pastor Jahn und hörte tags darauf dessen Predigt. 1637 wurde der Bellinger Bauer Reppin von hungernden Marodeuren geschlachtet und verzehrt.

Berkau wurde 1238 erwähnt, seit 1405 besaßen die v. Bartensleben das Kirchenlehen (Patrona). Meßdorf wurde bereits 1060 urkundlich erwähnt. 1367 stiftete Markgraf Otto der Faule für den Jakobialtar der Meßdorfer Marienkirche den Hof Hohen Byge bei Meßdorf. In Meßdorf beschlossen die altmärkischen Städte 1354 ihren Beitritt zur Hanse. Die Bartenslebensche Vogtei dort umfaßte: Gr. Ballerstedt, Bellingen, Biesenthal, Dobbrun (1305 erwähnt Erxleben, Flessau, Möckern, Petersmark, Polkau, Rönnebeck, Schernikau, Schmersau, Späningen, Ünglingen, Warburg und die

Ebelingschen Güter Langensalzwedel, Miltern, Scinne, Ost- und Westinsel, Gr. Schwechten). Der Bartenslebensche Richter wohnte dort in der späteren Pfarrei. Schmersau wurde 1375 im Landbuch Kaiser Karl IV. erwähnt und im Dreißigjährigen Krieg mehrfach geplündert. In Gr. Ballerstedt besaßen die v. Bartensleben 1405 das Kirchenlehen. Dort wurde auch der erste Bartenslebener Besitz erwähnt. In Späningen werden 1558 die v. Bartensleben als Patronatsherren genannt. 1739 versahen sie die Kirche mit einem Kupferdach. In Flessau wurde die Petrikirche schon 1230 erbaut. In Schernikau bei Stendal besaßen die v. Bartensleben 1558 das Kirchenlehn. Erxleben bei Osterburg stand schon 1302 unter Wolfsburger Kirchenlehnschaft. Henningen wurde 1571 an die von Schulenburgs verkauft. Osterwalde wurde 1375 im Landbuch erwähnt, die Wolfsburger Lehnschaft fiel 1572 fort. Evesdorf wurde 1380 urkundlich erwähnt. Kl. Bierstedt war deutsch, Gr. Bierstedt wendisch. Bei Gr. Bierstedt war die alte Thingstätte zur Linde. Die Kirche dort wurde 1304 als Filiale der von Rohrberg erwähnt. Die Kirche in Rohrberg gehörte 1264 den Werbener Johannitern, ab 1421 besaß Günzel v. Bartensleben das Patronat über die Kirche. Rohrberg war zunächst ganz im Besitz der v. Bartensleben, wurde aber Ende des 14. Jahrhunderts wegen teilweisen Verkauf an die Schulenburgs betreffs Gerichtshoheit und Kirchenlehen zum Streitpunkt zwischen den von Bartensleben und den von der Schulenburgs.

Die Vogtei Rohrberg umfaßte: Gr. Bierstedt, Darnebeck, Eversdorf, Kl. Gratz, Hohen Tramm, Mahlsdorf, Mösenthin, Stöckheim und Westawe. Hohentramm wurde 1331 an die von Bartensleben verkauft, seit 1440 besaßen dort auch die Schulenburgs Besitzanteile. Steimke wurde 1281 erwähnt. Bis 1854 war die Kirche dort »mater combinate« von Brome.

Brome wurde nach zwischenzeitlichem Bartenslebenschen Pfandbesitz 1583 von den Knesebecks an die von Bartensleben zum Dauerbesitz verkauft, das Kirchenlehen besaßen sie ab 1728. Zeitweise war Brome nach 1309 brandenburgisch. Die alte Marienkirche brannte 1807 nieder, 1842 wurde eine neue Kirche erbaut. Im Schloß Brome wohnte Domherr Joachim Friedrich v. Bartensleben, der seit 14.11.1687 Kommissar des Amtes Knesebeck für alles, was in »Contributions, Viehe, Schatz, Einquartierungs-, Kriegswesen und dergleichen zur Zeit vorfallenden sachen vorkompt«. Die Vogtei Brome umfaßte: Altendorf, Behnitz, Zicherie, Croya (lange wüst), Ehra (im 16. Jahrhundert der Sitz der Aufsässigkeit gegen die von Bartensleben), Voitze, Lessin und Wiswedel. Diese letzten vier Orte trat Brandenburg 1692 bei Grenzregulierung ab. Ferner gehörten zur Vogtei die Wüstungen Schürau, Gemarkung Tülau, Syrau (linkes Ohreufer an der späteren preußischen Grenze) und Boldam zwischen Zicherie, Croya und Jahrstedt. Jahrstedt am Drömling bewirtschaftete das Land des nach 1592 wüst gewordenen Boldam mit. Die Mühle in Wendisch Brome wurde im Wolfsburger Lehnsbrief des Herzogs von Braunschweig-Lüneburg 1535 erwähnt. Der Ort war seit 1558 nicht mehr wüst.

Wiswedel war ursprünglich braunschweigisch, dann vor 1471 wieder brandenburgisch und ab 1692 wieder braunschweigisch. Hohenhenningen wurde 1571 an die Schulenburgs verkauft. Klein Gischau wurde 1321 erwähnt und gehörte zur Pfarrei Beetzendorf. Mahlsdorf gehörte zur Pfarrei Stappenbeck und wurde 1349 erwähnt. Hagen, zum Kirchspiel Salzwedel gehörig, wurde bereits 1215 erwähnt. Grußendorf rief Streitigkeiten zwischen Brandenburg und Braunschweig-Lüneburg hervor, 1692 wurde es an Braunschweig-Lüneburg abgetreten. 1322 hatten die v. Bartensleben dort vier Höfe gekauft. Nach 1553 war der Ort unter Afterbelehnung wieder erbbar. Mösenthin im Kirchspiel Winterfeld wurde schon 1160 erwähnt. Sallenthin im Kirchspiel Winterfeld war nach dem Landbuch 1375 zum größten Teil schulenburgisch. Riebau in der Pfarrei Gr. Chüden wurde 1375 im Landbuch erwähnt.

Auszug aus dem Bartenslebenschen Lehnsbrief 1475 des Herzogs Wilhelm des Älteren von Braunschweig (Wolfenbüttel):

Es werden Jakob, Hans und Bosso von Bartensleben belehnt mit:

dem Hof in der Braunschweiger Burg, Groß Twülpstedt mit Gericht, Kirchlehn und Zehnt (1201 erwähnt). Klein Twülpstedt nur Zehnt. Groß Siesbeck mit Zehnt und Gericht (1160 erwähnt) Papenrode nur mit Zehnt. Erwähnt 1160, 1346 schenkten die Bartensleben den Ort dem Kloster Marienthal (Pape = Pfaffe), Klein Siesbeck nur Zehnt. Volkmarsdorf nur Zehnt, 1120 erwähnt. Rümmer (Nur Zehnt, 1309 erw.) Stepling (wüst, Zerstörung im 30-jährigem Krieg), Klein Hehlingen (nur Zehnt, seit 1720 fehlt jede Spur). Reislingen (nur Zehnt, 1191 erw.) Berndorf, seit 1311 bartenslebisch, dann wüst, lag nördlich der Straße Vorsfelde-Danndorf. Danndorf wurde 1334 von Volkmar von Vorsfelde an die Bartensleben verkauft, seit 1536 wüst, später dann wieder aufgebaut. Grafhorst mit Kirchlehn. Grabow (wüst). Cliverde (wüst). Ein Bauernhof in »Redebecke«, Räbke an der Schunter, wurde 1345 erwähnt. Güter in Wallstor ½ Hufe in (Nord)-Steimke, seit 1846 schulenburgisch. Vogelsang bei Bar-

Burg Brome

dorf wurde 1534 wüst. Zehnt in Hehlingen. Flecken Vorsfelde und der Werder von Wolfsburg, zu dem Herzog Heinrich der Jüngere 1536 folgende Orte rechnete: Parsau, Rühen, Brechtorf (1160 erw.), Wendschott (1536 erw.), Kästorf (1135 erw.), Warmenau, Brackstedt, Hoitlingen, Tiddische, Bergfeld (1135 erw.) und Eischott.

Nach den Recherchen von Joachim Reitemeyer wurde Brechtorf nach dem Urbarium der Abtei Werden an der Ruhr bereits um 1150 als Bracthorpe erwähnt.[4] Vorsfelde (Varesfelt) gehörte 1145 zum Banne Wittingen, seit 1389 war es im Lehnsbesitz der v. Bartensleben. Die Kirche St. Petri brannte 1604 ab und wurde 1669 neu erbaut. Nach den Wolfsburger Urkunden v. 5.12.1423 ernannte Günzel von Bartensleben zum Pastor von Vorsfelde den Magister Heinrich Scheffel, nachdem er sich in Güte mit dem Braunschweiger Herzog geeinigt hatte. Die von Bartensleben müssen also auch dort das Kirchenlehen besessen haben. Der Herrensitz der Bartensleben in Vorsfelde lag nach dem Volksmund am Stechgraben.

Auszug aus dem bartenslebenschen Lehnsbrief des Herzoges Heinrich von Braunschweig-Lüneburg (späteres hannoversches Gebiet) von 1495:

Die Belehnung erfolgt mit: Sandkamp (Zehnte, Gericht binnen Zauns), Osterode (wüst, 1 Bauernhof, 1 Kote), Ehmen (8 Bauernhöfe, Gericht binnen Zauns und Zubehör), Detmerode (Bauernhof, 2 Koten, wüst), Hattorf (Gericht binnen Zauns, ½ Zehnte in Dorf und Feld), Rotzewinkel (2 Höfe, Zehnt), Gr. Heiligendorf (Zehnt, 4 Bauernhöfe, 2Kothen ((Gau) – Grafengericht und -pfennige), Klein Heiligendorf (2 Höfe). Ganz Jemke mit Kirchlehn, Tappenbeck mit Gericht binnen Zauns, Weyhausen mit Gericht binnen Zauns und Mühle, Oslos, Vakesdorf (= Bockensdorf, 1535 Backendorf), Barwedel, Derne (wüst), Walstawe (4 Höfe, 2 Kothen, hohes und niederes Gericht, Zehnt, Kirchlehn und eine Vikarie in der Kirche), Sülfeld ½ Zehnt in Dorf und Feld – nach den Wolfsburger Urkunden v. 15.7.1517 wurde Sülfeld an Herzog Heinrich von Braunschweig abgetreten, wofür die von Bartensleben das Gericht im Boldecker Land erhielten. – Im Wolfsburger Lehnsbrief von 1527 erschien erstmals der Name »Boldecker Land«, zu dem Jembke, Tappenbeck, Weyhausen, Bockensdorf, Barwedel und Derne gerechnet wurden), Wellekamp (4 Höfe, hohes und nied. Gericht) – 1463 nicht als wüst, 1474 aber als wüst erwähnt. 3 Leute aus Heßlingen übernahmen die Flur von Wellenkamp und damit die Verpflichtung zu je einer langen Briefreise und Botengängen. Falls solche Reise ausfiel, trat dafür eine Briefreise nach Braunschweig ein. Die anderen Bewirtschafter jenes Ackers waren gespannpflichtig. Die Wellekamper Flur

St Nicolai Kirche in Höttorf

umfaßte unter anderem Lerchenberg, Solkamp, Lange Wiese, Birnbäumchenfeld, Rönnecke, Bullenberg, Hungerkamp und Böckling – Heiligendorf (Zehnte), Rothehof, Wüste Holz, Swekendorf (wüst), Höttlage (1 Bauernhof und Schunterfischerei), Allersbüttel (1 Hof), Klein Hehlingen mit 2 Höfen, Brome mit 1 Hof hinter dem Kirchhof »bei der Weden«, Wendisch Brome mit der Mühle und ½ Plessow (wüst).

Huner v. Bartensleben, dessen Linie vor dem Aussterben stand, verkaufte Rothehof mit Wellekamp, Swekendorf und dem Wüsten Holz an seine Vettern auf der Wolfsburg, denen dann darüber von Braunschweig-Lüneburg 1474 ein Lehnsbrief ausgestellt wurde. Wann die Burg Rothehof zerstört wurde, ist unbekannt. 1679 berichtete ein Grenzkommissar aus Celle, daß die Wallreste dieser Burg noch zu sehen seien.

Die Größe der Lehnsgebiete veränderte sich im Laufe der Jahrhunderte durch Tausch, durch Ablösung infolge Geldzahlungen oder durch kriegerische Auseinandersetzungen zwischen den verschiedenen Landesherren. Es kam vor, daß Lehnsbereiche von siegreichen Landesfürsten wieder zu den gleichen oder anderen Bedingungen an den gleichen Lehnsherrn übertragen wurden, der es früher schon von einem anderen Landesherrn besessen hatte.

Oft gehörten sogar Teile eines Ortes verschiedenen Landesherrschern, wie in Klein Hehlingen, das im Lehnsbrief des Herzogs von Braunschweig-Wolfenbüttel und auch im Lehnsschreiben des Herzogs von Braunschweig-Lüneburg auftauchte. Wendisch Brome hatten die von Bartensleben als Lehen vom Kurfürsten von Brandenburg und nach Änderung der landesherrschaftlichen Besitzverhältnisse als Lehnsteil von den Herzögen in Braunschweig-Lüneburg.

Wolfsburger Gerichtsbarkeit

Wie es die Lehnsbriefe beweisen, besaßen die von Bartensleben über bestimmte Lehnsgebiete auch das Recht zur Ausübung der hohen und niederen Gerichtsbarkeit, oft aber auch nur das »Gericht binnen Zauns«. Bis 1. April 1849 hatten die Gutsherren wie auch die von Veltheims in Beienrode das »Zaun- oder Pfahlgericht« inne. Innerhalb des Gutsbezirkes, auch wenn dieser nicht überall mit Zäunen oder Pfählen umgeben war, ahndeten diese »Pfahlgerichte« im Rahmen der »Niederen Ge-

Kirche in Heiligendorf / Wolfsburg

richtsbarkeit« kleinere Delikte wie Diebstahl, Rauferei, Körperverletzung, Sachbeschädigung und Unzuchtsfälle, wie sie zwischen ihren Untertanen nicht selten vorkamen, und verhängten entsprechende Strafen. Dieses niedere Gerichtsrecht gab ihnen nicht nur über ihre Gutsleute eine große Machtfülle, sondern verschaffte ihnen durch die Gerichtsgebühren und Strafgelder auch nicht unerhebliche zusätzliche Einnahmen.

Die höhere Gerichtsbarkeit besaß der jeweilige Landesfürst, der mit der Durchführung der Aufgaben des »Hochgerichts« seine juristisch gebildeten Amtleute beauftragte. Diese höhere Gerichtsbarkeit konnte der Landesherr aber auch an seine Lehnsnehmer oder Lehnsherren übertragen. Vor dem höheren Gericht wurden Kapitalverbrechen wie Raubmord, Kindsmord und Totschlag verhandelt und auch mit der Todesstrafe bestraft. Die von Bartensleben besaßen innerhalb verschiedener Orte wie in Mestorff oder Wellekamp auch diese höhere Gerichtsbarkeit stellvertretend für den Landesherrn. Dafür mußten sie Juristen als Richter einstellen, die durch die anfallenden Gerichts- und Strafgelder besoldet wurden.

Da in manchen Ortschaften die Wolfsburger Schloßherren nur die niedere Gerichtsbarkeit besaßen, in anderen dagegen auch die Hochgerichtsrechtssprechung, gab es häufig Schwierigkeiten mit dem nahen Amt in Fallersleben, wie folgendes Beispiel zeigt:

An einem früheren Fall wird das komplizierte Nebeneinander der juristischen Zuständigkeiten besonders deutlich. Auch zeigt sich daran, wie wenig festgelegt die rechtlichen Kompetenzen noch waren. 1614 hatten die v. Bartensleben ihre Diener in das Dorf Sandkamp geschickt, um dort einen Soldaten zu verhaften, dem der Prozeß vor ihrem Hochgericht gemacht werden sollte. Der Mann weigerte sich und setzte sich zur Wehr. Er wurde bei der ausbrechenden Schießerei tödlich verwundet, die Leiche nahmen die v. Bartenslebenschen Diener mit sich auf die Wolfsburg. Zum Zeitpunkt des Geschehens war der Amtmann Grote aus Fallersleben gerade dienstlich in Celle und der Amtsschreiber Predöhl wußte nicht, wie er sich in diesem Fall verhalten sollte, denn die v. Bartensleben hatten zwar die Gerichtsherrschaft in Sandkamp inne, doch in welchem Umfang, war ihm unbekannt. Als Otto Grote zurückkam, war Predöhl gerade dienstlich in Lüneburg und hatte den Schlüssel zur Registratur mitgenommen, so daß Grote, um sich über die Rechtslage zu informieren, sich an den Amtmann Schöneberg vom Nachbaramt Campen wenden mußte. Schöneberg war früher Amtmann in Fallersleben gewesen und

Fallersleben, Schloß um 1900

wurde es zwei Jahre später wieder; diesen bat er nun um Auskunft. Schöneberg empfahl ihm, die Frage an die Regierung in Celle weiterzugeben.[5]

Da die v. Bartenslebens in Sandkamp nur die niedere Gerichtsbarkeit besaßen, wäre die Wegführung des – toten – Gefangenen aus Sandkamp eine Rechtsverletzung gewesen. Dieser Ansicht schloß sich auch die Regierung an. Grote sollte die v. Bartensleben auffordern, die Leiche wieder an den Ort des Geschehens zurückzubringen. Die Wolfsburger weigerten sich aber unter Hinweis auf ihre Gerichtshoheit, und juristische Zwangsmittel waren nicht gegen sie anwendbar. Verärgert wies später der Herzog den Amtmann von Fallersleben an, denen v. Bartensleben, sollten sie bei ihren Jagden künftig auf Fallerslebensches Gebiet geraten, sofort die Hunde und das Jagdgerät abzunehmen und so lange einzubehalten, bis von der Regierung eine andere Verfügung einträfe.

Dieser Streit um eine Leiche wiederholte sich 1726 noch einmal:

Diesmal hatte der Fallerslebener Amtmann, von den Sandkämpern darüber benachrichtigt, daß bei ihrem Dorf eine tote Bettlerin liege, die Leiche ins Amt bringen und medizinisch untersuchen lassen. Die Sandkämper hatten die Frau tags zuvor aus dem Dorf gejagt aus Angst vor einer möglichen Pestinfektion. Anschließend wurde sie auf dem Kirchhof von Fallersleben begraben. Der Amtmann von der Wolfsburg schrieb am gleichen Tag noch seinem Kollegen in Fallersleben, dieser habe umgehend den Körper wieder am Fundort zu reponieren, denn der dortige Acker stände unter der alleinigen Rechtshoheit derer v. Bartensleben. Der Amtmann von Fallersleben antwortete, die Frage der Gerichtshoheit am Klieversberg wäre keineswegs klar, vielmehr sei seit geraumer Zeit ein Prozeß vor dem kaiserlichen Reichskammergericht in Wetzlar deswegen anhängig, der zwar von Seiten der v. Bartensleben angestrengt, aber nicht besonders gefördert würde. Dies wies wiederum Gebhard von Bartensleben in einem weiteren Schreiben zurück; solange aber das Verfahren in Wetzlar nicht abgeschlossen sei, beharre er auf der vollständigen Rechtshoheit über das fragliche Gebiet, mithin sei der Abtransport der Leiche durch den Fallerslebener Amtmann eine Rechtsverletzung gewesen. Eine Rückgabe der Leiche forderte er allerdings nicht mehr.[6]

Die v. Bartensleben besaßen zwar nach dem Lehnsbrief von 1495 in Sandkamp nur die niedere Gerichtsbarkeit »binnen Zauns«, im Wellekamp, zu dem auch der Klieverberg gehörte, hatten sie aber die höhere Gerichtsbarkeit inne. Da die Sandkämper die Bettlerin aus ihrem Ort zum

Klieversberg getrieben hatten, der zur Wellekamper Flur gehörte, wo die v. Bartensleben die höhere Gerichtsbarkeit ausübten, war die Forderung auf Herausgabe der Leiche rechtmäßig, dagegen nicht aber die Mitnahme des bei einer Schießerei in Sandkamp umgekommenen Soldaten, da hier die v. Bartensleben nur die Gerichtsbarkeit »binnen Zauns« besaßen, was aber zum Zeitpunkt des Geschehens der Amtmann von Fallersleben nicht genau wußte, da der Schlüssel zur Registratur zu Akteneinsicht gerade nicht greifbar war.

Kämpfe und Fehden in und um Wolfsburg

Der Lüneburger Erbfolgekrieg im Wolfsburger Raum

Durch die Ächtung und Verbannung des Welfen Heinrich der Löwe durch Kaiser Friedrich Barbarossa im Jahre 1180 verlor dieser alle seine kaiserlichen Lehen und behielt nur seine Eigengüter um Braunschweig und Lüneburg. Der Raum Wolfsburg lag in diesen welfischen Erblanden, die sich schon 1267 die beiden Söhne des ersten Herzogs zu Braunschweig und Lüneburg teilten. So entstanden die welfischen Fürstentümer Lüneburg und Braunschweig. Die Vorsfelder Gebiete kamen zu Braunschweig, während Brome und der Hasenwinkel lüneburgisch wurden. Die Herrscher in beiden Fürstentümern nannten sich auch weiterhin Herzöge zu Braunschweig und Lüneburg. Das Fürstentum Lüneburg ging dann im Kurfürstentum und später im Königreich Hannover auf, während das Fürstentum Braunschweig zum Herzogtum Braunschweig wurde. An den östlichen Grenzen dieser Gebiete herrschten um 1370 die Markgrafen von Brandenburg und die Erzbischöfe von Magdeburg und ab 1701 die Könige von Preußen.

Die welfischen Verwandten im Norden und Süden lebten nicht immer friedlich nebeneinander, oft gab es zwischen ihnen schwere Auseinandersetzungen.

Die Existenz der Wolfsburg in den welfischen Erblanden führte auch während des Lüneburger Erbfolgekrieges von 1372 bis 1374 zu kriegerischen Verwicklungen, da dieser Burgbau in der Zeit erfolgte, als das Gebiet um Brome und der Hasenwinkel zwischen 1300 und 1321 dem Braunschweiger Herzog im Krieg abgenommen worden war und von den Siegern, dem Herzog von Lüneburg und dem Markgrafen von Brandenburg, verwaltet wurden, bis sie schon 1309 dieses Land wieder teilten und der Vorsfelder Raum vorübergehend zu Brandenburg und der Hasenwinkel wieder zu Lüneburg kam. Während dieser 20 Jahre hatte der Markgraf von Brandenburg hier die Hoheitsrechte und erlaubte den Ausbau der Wolfsburg, weil die von Bartensleben tapfer für ihn gekämpft hatten.

Im Jahre 1369 starb der regierende Herzog Wilhelm im Fürstentum Lüneburg. Er hatte nur zwei Töchter, die nach dem welfischen Erbrecht erst erben konnten, wenn es in allen welfischen Linien keine Söhne mehr gab. Als auch der Herzog Magnus I. von Braunschweig starb, wurde sein Sohn

Magnus II. der rechtmäßige Erbe beider Fürstentümer. Die älteste Tochter des Herzogs Wilhelm von Lüneburg war mit Otto van Sachsen-Wittenberg, einem Askanier, verheiratet. Sie hatten einen Sohn Albrecht. Diesen Sohn belehnte der Kaiser Karl IV. nach langem Zögern gemeinsam mit den beiden Brüdern seines Vaters Wenceslaus und Rudolf mit dem Fürstentum Lüneburg.

Magnus der Jüngere von Braunschweig dachte aber nicht daran, auf sein Erbteil Lüneburg zu verzichten und bereitete die kriegerische Auseinandersetzung vor.

Die von Bartensleben, die auf der Wolfsburg saßen und derzeit auch das »feste Haus« in Vorsfelde als braunschweigisches Lehen innehatten, machten einen Vertrag mit dem östlichen Nachbarn und begingen damit einen Treuebruch, da die Burg Vorsfelde bei kriegerischen Auseinandersetzungen dem Eigentümer, dem Herzog Magnus II. von Braunschweig, geöffnet werden mußte.

Um diesen Übelstand abzuhelfen, ließ Herzog Magnus als Gegenbastion gegen die von Bartensleben in Wolfsburg und Vorsfelde in aller Eile das »Neue Haus Vorsfelde«, die Burg Neuhaus, im Frühjahr 1371 mit Hilfe der

Stadt Braunschweig erbauen, die schon im Sommer 1372 fertiggestellt werden konnte.

Noch vor Abschluß der Bauarbeiten verlagerte sich das Kampfgeschehen des Lüneburger Erbfolgekrieges im Frühjahr 1372 in den Raum Wolfsburg-Vorsfelde. Im März 1372 wurde von Braunschweig den von Bartensleben der Krieg erklärt und die Burg Neuhaus mit einer starken braunschweigerischen Besatzung belegt. Im Juni sammelte Herzog Magnus von Braunschweig seine Ritterschaft bei der Burg Neuhaus, während Herzog Albrecht, der sich jetzt Herzog von Sachsen und Lüneburg nannte, zur Unterstützung der Brüder von Bartensleben auf die Wolfsburg zog.

Am 24. Juni 1372 kam es im Raum zwischen der Wolfsburg und der Burg Neuhaus zu einer offenen und erbitterten Feldschlacht, die aber keine Entscheidung brachte, obgleich eine berittene Reservetruppe des Herzogs Albrecht am Abend des 24. Juni das Feld behauptete und Herzog Magnus sich auf die Burg Neuhaus mit seinen ermüdeten und verwundeten Kriegern zurückziehen mußte.

Im Jahre 1906 stieß man übrigens beim Bau eines Kellers auf dem Bauernhof von Christian Nieß in Heßlingen Nr. 7 auf ein Massengrab, das Gebeine, Waffen- und Ausrüstungsgegenstände von 72 Toten dieses Kampfes enthielt.

Am 12. Oktober kam es bei der Burg Neuhaus zu einer erneuten Auseinandersetzung zwischen Herzog Albrecht und Herzog Magnus, die aber das Ausmaß der Schlacht vom 24. Juni 1372 nicht erreichte und ebenfalls keine Entscheidung brachte.

Im Jahre 1373 verlagerte sich das Kampfgeschehen des Lüneburger Erbfolgekrieges nach Leveste am Deister, wo am 25. Juli Herzog Magnus sein Leben im Kampf gegen den Grafen von Schauenburg, einem Verbündeten der Askanier, verlor.

Am 10. November 1373 feierte der jüngere Bruder des gefallenen Magnus – Ernst – den Martinsabend, als die Nachricht kam, daß der Feldhauptmann des Erzbischofs von Magdeburg Jerxheim angriffe. Aus der Festlaune heraus unternahm Herzog Ernst mit seinen Gästen sofort einen übereilten Befreiungsversuch, der aber restlos scheiterte, da man die Gefahr völlig unterschätzt hatte. Herzog Ernst geriet mit seinen Mannen in Gefangenschaft und Magdeburg forderte um Ostern 1374 für die Freilassung 4000 Mark Lösegeld. Darüber gab es in Braunschweig einen Bürgerauf-

Burg Neuhaus vor 1900

stand, bei dem der Bürgermeister und Stadträte öffentlich enthauptet wurden. Über die Stadt wurde daraufhin die Reichsacht verhängt. Braunschweig wurde aus der Hanse ausgeschlossen und verlor das Recht an der Burg Neuhaus und Vorsfelde entschädigungslos.

Diese Ereignisse trugen aber dazu bei, daß am 6. Januar 1374 mit denen von Batensleben ein Sonderfrieden geschlossen wurde und die Burg Vorsfelde und die Feste Neuhaus wieder in die Lehnshoheit der Braunschweiger zurückkamen.

Neue kriegerische Auseinandersetzungen gab es dann wieder 1464, als Herzog Otto von Lüneburg einen Rachefeldzug unternahm und das nördliche Grenzgebiet des Herzogtums Braunschweig-Wolfenbüttel verwüstete. In dieser Zeit regierte in Braunschweig-Wolfenbüttel Herzog Heinrich der Friedfertige, dessen Trachten darauf gerichtet war, seinem Land Frieden und Wohlstand zu erhalten. Auch im Herzogtum Lüneburg herrschte bis dahin ein ebenso friedlicher Regent, Herzog Friedrich der Fromme. 1457 legte dieser Friedrich aber zugunsten seiner Söhne Bernhard und Otto die Regierung nieder und ging ins Kloster.

Im Jahre 1464 übernahm nun nach dem Tode seines Bruders Bernhard der gerade volljährig gewordene Otto die alleinige Regentschaft im Herzogtum Lüneburg. Er war nicht bereit, überall klein beizugeben wie sein Vater und hatte auch bald Erfolg damit, die hochmütige Ritterschaft wieder zum Gehorsam zu zwingen. Noch im Jahre 1464 unternahm er einen Rachefeldzug gegen die von Bartensleben, die sich gegen ihn besonders hervorgetan hatten.

Dadurch wurde die Grenzregion des Herzogtums Braunschweig-Wolfenbüttel wieder mit Krieg überzogen. Die verzweigte Familie von Bartensleben beherrschte seit 1389 den Werder mit Vorsfelde, hatten 13 Dörfer inne, seit 1393 einen Teil des Schlosses Vorsfelde als Pfandbesitz und war seit 1423 Burgherr in Neuhaus. Herzog Otto von Braunschweig-Lüneburg griff 1464 die drei Burganlagen in Wolfsburg, Vorsfelde und Neuhaus an und zerstörte dabei die Burg Vorsfelde so vollständig, daß sie nie wieder aufgebaut wurde. Seine Angriffe auf die Burgen Wolfsburg und Neuhaus konnten abgewehrt werden. Dafür ließ aber Herzog Otto seine Wut an den ungeschützten Orten Vogelsang, Behrendorf, Danndorf, Grabau, Syrau, Klieverde, Steplingen, Gibelgabau und Badekoten aus, die in Schutt und Asche sanken, wie auch die »alte Stadt« von Vorsfelde, die sich in der Nähe der jetzigen Kanalbrücke befunden hatte. Danndorf wurde mit der Errichtung einer Glashütte 1571 wieder aufgebaut, viele Orte blieben aber wüst und wurden nicht wieder errichtet. Erst Kaiser Maximilian gelang es mit seinem Landfriedensgesetz 1495 das Fehde-Unwesen einzudämmen. Bis dahin muß auch die Wolfsburg starke Zerstörungen erlitten haben, denn der herzogliche Schatzrat Fricke, der in Archiven geforscht hatte, schrieb 1742: »In dieser Fehde sol das alte castrum Wolfsburg mehrenteils demoliret worden sein«.

Im Drömling b. Vorsfelde

Die Schäden durch die verbesserten Feuergeschütze an der Wolfsburg müssen so erheblich gewesen sein, daß das Wohnen hinter diesen Mauerresten kaum noch sinnvoll war. Die Familie von Bartensleben wird zwischen 1574 und 1618 dort wohl nicht immer gewohnt haben. Hans von Bartensleben erwarb 1475 das Schloß Hötensleben, das aber nach Fertigstellung des ersten Bauabschnitts an der Wolfsburg 1590 wieder veräußert wurde. Nun war eine starke Hinwendung der von Bartensleben nach Vorsfelde zu beobachten, da sie ab 1475 das Kirchenpatronat dort übernahmen und ihre Beerdigungsstätte nach Vorsfelde verlegten. Ihre Beziehungen zu Magdeburg wurden gelockert, für etwa 100 Jahre setzte die Belehnung mit der Wolfsburg durch die Erzbischöfe von Magdeburg aus, es gab keine Bündnisse mit den Landesherren dort und keine Zwistigkeiten mit den Braunschweiger Herzögen wegen der Wolfsburg.

Die Burg Neuhaus hatte Ottos Rachefeldzug am besten überstanden. Bis zum Neubau der Burg Wolfsburg drängten sich die von Bartensleben, beim Herzog in Braunschweig Burgherren auf Neuhaus zu werden.

Im Jahre 1473, als Huner von Bartensleben auf der Burg Neuhaus saß, bewarben sich gleich zwei Vettern, Jakob und Busso von Bartensleben, für den Fall, daß Huner etwas zustoßen sollte, um die Burgverwaltung. Ihre Beziehungen zu den Herzögen Braunschweig-Wolfenbüttel waren in dieser Zeit ungetrübt. Die Braunschweiger Herzöge versandten jetzt Briefe »an alle von Bartensleben zur Wolfsburg«, aber auch »an alle Bartensleben zum Newenhauß«.

Verheerung Wolfsburgs 1552 durch Mansfelder Kriegsknechte

Kaiser Karl V. hatte nach dem Reichstag zu Worms 1521 über Martin Luther die Reichsacht verhängt und seine Ablehnung der reformatorischen Bewegung bezeugt. Von 1514 bis 1568 regierte Herzog Heinrich der Jüngere in Braunschweig-Wolfenbüttel. Dieser Regent stand treu dem Kaiser zur Seite, damit sich das Schicksal Heinrich des Löwen nicht wiederholen konnte. Durch Heinrichs häufige Abwesenheit in Geschäften des Kaisers konnten die evangelischen Fürsten, die sich im »Schmalkaldischen Bund« zusammengeschlossen hatten, fast kampflos erstmals 1542 sein Herzogtum besetzen und die Zwangsreformation hier durchführen.

Graf Vollrad von Mansfeld vom Schmalkaldischen Bund hatte am 15. Oktober 1552 wieder Herzog Heinrich den »Absagebrief«, die Kriegserklärung, übersandt und war plündernd in das Herzogtum eingefallen. Der Graf von Mansfeld hatte 18 Fähnlein Fußvolk, etwa 5400 Landsknechte und sieben Geschwader Reiter – etwa 2100 Mann – bei sich und führte schwere Geschütze, darunter die großkalibrigen »Fürmösers« mit und verbreitete damit Angst und Schrecken. Sogar von den Städten Hamburg, Lübeck, Lüneburg und auch von Goslar hatte er Gelder erpreßt, mit denen er seine Kriegszüge finanzieren konnte.

Herzog Heinrich hatte diesem Grafen nichts Gleichwertiges entgegenzustellen. Auch Kaiser Karl V. konnte ihm keine Hilfe gewähren, da er selbst in glücklose Kriegshandlungen verwickelt war. So mußte Heinrich der Jüngere zusehen, wie Steterburg, Wendhausen, Bokenem, Zellerfeld, Wildemann und die Klöster Wöltingerode, Reifenberg und Lamspringe in Schutt und Asche aufgingen. Bald drangen des Grafen von Mansfeld Kriegsknechte auch in den Wolfsburger Raum vor und erschienen vor der Burg Neuhaus. Obgleich die Zeit der Ritterburgen durch die weitere Verbesserung der Feuergeschütze vorbei war, wurde hier noch Widerstand geleistet. Der letzte Ritter zum Newenhauß (Neuhaus), Busso von Bartensleben, erlebte aber diesen Kampf nicht mehr, da er schon 1543 verstorben war. Die Burg Neuhaus wurde so stark demoliert, daß man später die Burgkapelle nicht wieder aufbaute. Sieben Hofbesitzern aus Reislingen wurden Getreide, fünf Hengste, drei Stuten, zwei Schweine, ein Wagen, eine Sense und verschiedene Hausgeräte fortgenommen. Die Gebäude blieben aber von Brand verschont.

Im Frühjahr 1553 warteten die Mansfelder Kriegsknechte vergeblich auf ihre Ablösung und glaubten, daß ihnen der Graf ihren Sold nicht auszahlen würde. Herzog Heinrich kehrte gerade nach Wolfenbüttel zurück und nahm einen Teil der sich nun verlaufenden Landsknechte gleich in seine Dienste. Mit diesen Leuten gelang es Heinrich in der Pfingstzeit die Festung Steinbrück zu erobern, wo ihm auch alle mansfeldischen Geschütze und die schweren Mörser in die Hände fielen. Jetzt war ihm niemand mehr gewachsen, er bestrafte alle, die den Grafen von Mansfeld unterstützt hatten und brachte einen großen Goldschatz zusammen, mit dem er Wolfenbüttel zur modernen Festung ausbaute, Schlösser renovierte und in Not geratene Untertanen unterstützte.

Glaubens-Toleranz 1555 in Alt-Wolfsburg

Schon 1530 wurde im Herzogtum Braunschweig-Lüneburg durch den zu Celle residierenden Herzog Ernst, den die Geschichte »Ernst den Bekenner« nennt, und durch Herzog Franz in Gifhorn die evangelische Glaubenslehre eingeführt. Beide Herzöge zogen 1530 zum Reichstag zu Augsburg und bekannten sich dort zur Augsburger Konfession. Im Herzogtum Braunschweig-Wolfenbüttel regierte Herzog Heinrich der Jüngere, der die neue Glaubenslehre ablehnte und als Oberst des »Heiligen Bundes«, in dem sich die katholischen Fürsten zusammengeschlossen hatten, für den Kaiser Karl V. gegen die evangelischen Fürsten des »Schmalkaldischen Bundes« kämpfte. 1542 verwüstete dieser Schmalkaldische Bund sein Herzogtum und führte hier die »Zwangsreformation« durch. 1552 kam es zwischen Herzog Heinrich der Jüngeren und dem Grafen Vollrad von Mansfeld vom Schmalkaldischen Bund erneut zu schweren Kämpfen, bis im Frühjahr 1553 Heinrich der Jüngere die mansfeldischen Kriegsknechte wieder vertreiben konnte und die bestrafte, die die Evangelischen unterstützt hatten.

Mitten zwischen diesen beiden welfischen Herzogtümern saßen die von Bartensleben auf der Wolfsburg. Vom Herzogtum Braunschweig-Lüneburg hatten sie als Lehn das Boldecker Land und Brome, vom Herzogtum Braunschweig-Wolfenbüttel den Werder und Vorsfelde. Beiden Fürstenhäuser waren sie daher auch roßdienstpflichtig.

Während die Wolfsburger von Bartensleben dem evangelischen Glauben anhingen, bleiben einige der Familienmitglieder von Bartensleben dem katholischen Glauben treu. Dennoch kam es innerhalb dieser verzweigten Adelsfamilie zu keinem Glaubensstreit, da sie in einer für die damalige Zeit erstaunlichen Glaubens-Toleranz miteinander lebten, wie es der Vertrag der von Bartensleben vom 13. Juli 1555 über die Benutzung der 1434 erbauten Kirche St. Marien in Alt-Wolfsburg beweist: Nach demselben sollte der evangelisch gewordene Teil seinen eigenen Geistlichen anstellen, der des Sonntags in der Kirche des Morgens von sechs bis acht, des Nachmittags von zwölf bis zwei Uhr den Gottesdienst besorgen und die Sakramente verabreichen könne.

Busso und Hans von Bartensleben, die katholisch geblieben waren, sollten den katholischen Cult von Morgens neun bis elf und des Nachmittags von zwei bis vier besorgen lassen. Das ganze geistliche Vermögen sollte geteilt und die eine Hälfte dem evangelischen Prediger, die andere Hälfte dem katholischen Priester überwiesen werden. Über die Teilung und Benutzung der Meßgewande, der Kelche und der übrigen Kirchen-Kleinodien sollte ein besonderer Vertrag das Nötige feststellen. Ferner setzte der Vertrag fest, daß niemand unter ihnen seine Hausfrau bereden solle, die Religion zu ändern, sondern jeder solle seinen freien Willen behalten, seiner eigenen Überzeugung zu folgen. Auch den Kindern, dem Gesinde und den Untertanen sollte es völlig frei stehen, zu welchem Gottesdienst sie sich begeben und welche Sakramente sie nehmen wollten.

Weiter heißt es in dem Receß: »Es wollen auch die Bartensleben ein Jeder seinen Dienern, Gesinde und Untertanen mit großen Ernste gebieten, sich den Priestern und Kirchendienern auf beiden Theilen, weder mit Worten noch Werken bei Ungunst und Strafe nicht zu vergreifen, sondern denselben ganz gewähren lassen. Wer dagegen handelt, soll mit gebührlicher und unnachlässiger Strafe bestraft werden, damit Friede und Einigkeit erhalten und keine Zwietracht gestiftet werde.»

Übertritt des Hans von Bartensleben 1580 zum evangelischen Glauben

Noch 1555 waren Busso, Jakobs Sohn, und Hans von Bartensleben katholisch. Busso, der Enkel des Erbauers der St. Marien-Kirche von 1434 starb bald, während Hans, der »der Reiche« genannt wurde, noch bis 1583 gelebt hat. Als Erklärung für Hans von Bartenslebens abwartende Haltung, dem evangelischen Glauben beizutreten, können sicher Erlebnisse seines Vaters, der ebenfalls Busso hieß und der 1548 starb, herangezogen werden. Hans' Vater Busso war Landeshauptmann der Altmark. 1530 schickte ihn der brandenburgische Kurfürst Joachim nach Stendal, um dem Franzikanermönch Lorenz Kuchenbäcker das Singen von Luthers Liedern bei seinen reformatorischen Predigten zu verbieten. Obgleich dieser Mönch selbst wenig sangeskundig war, so forderte er seine Zuhörer doch mit folgenden Worten zum Singen der Luther-Choräle auf: »Wert kann, de heve (hebe) an, ik kan et nich!« Darauf sangen die fahrenden Wanderburschen, denen überall Luthers Lieder entgegengeklungen waren, tapfer los. Diese Choräle erschallten um so lauter, »als wohl nicht bei Menschen Gedenken so viel lose, arme Leute und lose Gesellen zu Stendal gewesen sind.»

Als Busso von Bartensleben im Rathaus die Bürger im Auftrage des Kurfürsten ermahnte, »die Gesänge und Martin Luthers Ding abzuschaffen«, waren diese dort durchaus willig, das zu tun. Der Rat der Stadt hatte nachts einige lärmende Schuhmachergesellen schon verhaftet. Kuchenbäcker, dessen Klostervorsteher ebenfalls den Auftrag hatte, ihm seine evangelischen Predigten zu verbieten, fürchtete das gleiche Los wie das der eingesperrten »Schoknechte«. Kuchenbäcker floh und fand bei den Tuchmachern, die gerade in fröhlicher Stimmung beim Pantaleonsessen ihrer Gilde waren, offene Ohren für sein Wehgeschrei. Es entstand eine wilde Empörung mit Rathaussturm und Plünderung der katholischen Priesterhäuser. Sie »störmeden und plünderten de papenhöfe dorch de ganze Stadt.« Busso von Bartensleben konnte mit seinen Begleitern gerade noch entkommen. Diese Erlebnisse seines Vaters waren seinem Sohn Hans in schrecklicher Erinnerung geblieben, so daß ihm Reformation als Revolution erschien. Daher bleiben wohl auch Hans und sein Vetter Busso noch 1543 auf katholischer Seite.

Der Sohn des Kurfürsten Joachim I., Kurfürst Joachim II., war im Gegensatz zu seinem Vater evangelisch gesonnen und wollte das Priegnitzer Nonnenkloster Heiligengrabe schließen lassen, auch weil er den Klosterbesitz in seinem landesherrlichen Interesse verwenden wollte. Die streitbare Klostervorsteherin Domina Anna von Quitzow widersetzte sich aber diesem Vorhaben gemeinsam mit ihren kriegerischen Klosterjungfrauen und mit Schmähworten, Hetzreden, mit Stangen und Steinwürfen. In ihrer Eingabe an Joachim II. spielte sie dann das bescheidene, unglückliche Nönnchen, was auch eine gewisse Wirkung beim geduldigen Kurfürsten zeigte.

Bald war es wieder ein evangelischer Franz von Bartensleben, der in kurfürstlichem Auftrag loyal im landesherrlichen Sinne unterhandelte und die Domina Armgard von Bartensleben überzeugte, sich mit ihrem Kloster Mariental der Reformation zuzuwenden. Auch Hans der Reiche von Bartensleben besuchte im Altar immer häufiger die evangelischen Gottesdienste des Predigers Baurmeister aus Vorsfelde und trat schließlich zum Protestantismus über. Als evangelischer Christ vermachte er sein großes Vermögen einer Stiftung, da er keine Söhne hinterließ. Nach Abzug der Gelder, die er in Magdeburg, Lüneburg und Braunschweig den Armen vermacht hatte, blieben für sein Testamentsvermächtnis noch 34 800 Taler übrig, dazu kamen noch die Renten, die er bei Lebzeiten bezog. Hans der

Reiche von Bartensleben war bis zu seinem Tode auch im Pfandbesitz des Schlosses Hötensleben, das 1590 mit 11 350 Goldgulden vom Erzstift Magdeburg eingelöst wurde. Dieses außerordentliche Vermögen ließ er kirchlichen, sozialen und kulturellen Zwecken zukommen. Sein Testament leitete er mit folgenden Worten ein: »Anfänglich befehlen ich meine arme Seele nach meinem tödlichen Abgange in des Allerhochgelobtesten, Allmächtigsten Hände, unseres barmherzigsten und gütigsten Herrn, einigen Heylands und Seeligmachers Jesu Christi, der sie ohn allen meinen Verdienst und Zutun durch sein Sterben, Leiden, heiliges teurbahres Blut Vergießen vom ewigen Tod, Teufel und der Hölle aus lauter großen Gnaden und Barmherzigkeit erlöset hat in sein ewig Reich.»

Er legte großen Wert auf oftmalige Gottesdienste und deren würdige Ausgestaltung. Vorsfelde sollte sich einen besonders orgelkundigen Organisten halten »zu Lob und Preis des Allerhöchsten«, dafür setzte er jährlich fünfzehn braunschweigische Gulden ein. Freitags sollte das Benedictus Dominus Israel (Luk. 1, 68 ff) erklingen; Sonntags durfte das Tedeum (Großer Gott, wir loben dich) nicht ausfallen, egal, ob es lateinisch oder deutsch gesungen wurde. In der Kirche in Wolfsburg mußte stets das »Allein Gott in der Höhe« angestimmt werden. Wenigstens einige Male sollte auch am Mittwoch in Heßlingen ein Predigtgottesdienst stattfinden.

Außer für das Hötenslebener Spital St. Johanni stiftete er jährlich 143 Taler für das Laken (Linnen) armer Leute in Wolfsburg, für den Werder und das Boldecker Land wie für das Rümmersche, das Bromer und Salzwedler Land 48 Taler für Schuhwerk und 209 für Korn. Notleidende Mägde, Witwen und Waisen wurden bedacht, doch sollten sie »fromm und keine Schälke sein«, und auch nicht welche, »die wohl arbeiten, sich ernähren könnten und nicht wollten«. Mit Vorrang wurden die Dienstleute der von Bartensleben bedacht. 181 Taler setzte er jährlich für einen etwaigen Mehrbedarf des Hötenslebener Spitals und für ein hiesiges zu errichtendes Armenhaus ein. Dem Siechenhaus in Schöppenstedt führte er 22 Taler zu, den Armen in Oebisfelde jährlich zehn und den in Königslutter 33. Der Lehrer in Vorsfelde, dessen Schule »wenig Hebung« bekam, erhielt die beträchtlich Zulage von 95 ½ Talern und sechs Mariengroschen, »damit man einen annimmt und hält, der gelahrt, gottesfürchtig, verständig und tüchtig dazu ist und das er die armen Knaben und Schüler zu Vorsfelde, auch von den Dörfern um lang her, so arm sein und es nicht haben, unsonst lernen sollen.»

Die Stiftungsverwaltung und Überwachung sollte das »Collegium testamentarium der Distributoren«, zu dem auch die drei Pastoren von Wolfsburg, Vorsfelde Hehlingen und der Richter und die damaligen vier Bürgermeister aus Vorsfelde gehörten, übernehmen. Diese Stiftungsbedingungen wurden von Hans dem Reichen am Mittwoch Misericordias domini anno 1581 in seinen Testament festgelegt. Hans von Bartensleben starb 1583 und wurde in der Petrikirche in Vorsfelde beigesetzt.

Der Dreißigjährige Krieg

Am 21. Juni 1619 weilte der Kurfürst Johann Siegismund auch auf dem Schloß Wolfsburg. Dieser untersetzte Regent in Kniestrümpfen, Pluderhosen, Wams und Schlapphut war bei Tisch stets zu lustigen Scherzen aufgelegt und lachte gern, aber düstere Wolken überschatteten nun sein Land, zu dem auch noch das Herzogtum Preußen aus Ordensbesitz gefallen war. Schon 1610 mußte einmal die Ritterschaft aufgeboten werden. Auch die Herren von Bartensleben hatten wegen ihres märkischen Besitzes bei Gardelegen sieben Pferde und einen vierspännigen Rüstwagen zu stellen. Daß aber nun, 1619, allergrößte militärische Anstrengungen nötig werden würden wegen des sich von Böhmen ausweitenden Kriegsgeschehens, wollte dem Kurfürsten zunächst niemand glauben.

Einen Tag vor Heiligabend 1619 holte der Tod in dieser unruhigen Zeit erst einmal diesen Regenten zu sich. Allmählich kam aber auch die alles zermalmende Kriegswalze der Wolfsburg näher. Man machte sich große Sorgen. Günzel und Achaz, Sophie von Bartenslebens Söhne, suchten längere Zeit hinter den festen Mauern Braunschweigs Schutz. Dort starb auch Achaz von Bartensleben 1636.

Zunächst kamen nur Flüchtlinge, Abgebrannte und Vertriebene durch das Gebiet um die Wolfsburg, die man mitleidig mit Almosen unterstützte. 1621 schwollen die Landessteuern im braunschweigisch-Wolfenbütteler Gebiet so an, daß die von Bartensleben auf viele Pachtzahlungen verzichteten, da sie wegen allgemeiner Geldnot nicht einzutreiben waren. Die Münzstätten hatten den Edelmetallgehalt des Geldes so verschlechtert, daß kaum jemand diese minderwertige Zahlungsmittel noch annehmen wollte.

Die ersten kriegerischen Eindrücke brachten die Dänen und der mit ihnen verbündete welfische Katholikenfresser Christian von Braunschweig. Bei seinem Abzug nach Schladen hatten die Wolfsburger 1622 30 Taler zu zahlen, weitere Gelder wurden von ihm 1625 angefordert. 1636 verließ Christian von Braunschweig sein Quartier im Schöningen, wo er mit den plänkelnden Operationen Wallensteins beschäftigt war. Eine Wolfsburger Rechnung 1622/23 von 170 Talern für den Obristen Meyen wurde mit den Worten »periculum in mora« (Gefahr bei Säumigkeit) abgebucht. Am 29. Mai bekam dieser Meyen noch ein Perlenhalsband im Werte von 200 Reichstalern und weitere 120 Taler, da er mit Brandschatzung der Wolfsburg gedroht hatte, obgleich von Wolfenbüttel im gleichen Jahr 1621 Taler für Schatzung, Landtag und Roßdienst schon erpreßt worden waren.

1626 erlitt die evangelische Vormacht mit dem Dänenkönig bei Lutter am Barenberg eine vernichtende Niederlage. Der Wolfsburger Prediger Linde schrieb:

»Es ist geschehen im verflossenen Jahre den 21. August nach dem Kampf bei Lutter und des (Dänen) Königs Niederlage, daß eine panische Angst und Schrecken entstundt, daß der Heeresbesiegger alle orter von den Königlichen zuvor ocupieret, würde greulich angegriffen und infestieret werden.« Pastor Linde floh aus Angst vor der Rache Tillys von Wolfsburg nach Jemke, blieb dort aber nur kurz mit seinen Kindern.

Vor der Schlacht am 21. August bei Lutter befanden sich im Mai 1626 auf der Wolfsburg als Vertreter der Evangelischen Christian von Halberstadt und Bernhard von Weimar, beide in dänischen Diensten. Ein anderer Gast, der sich hier einstellte, war die Pest, die am Juni 1626 auch den Hehlinger Pastor mit sich nahm, wie auch die 400 Pesttoten aus dem kleinen Oebisfelde.

Im September 1626 erzwang der sterngläubige katholische Wallenstein nach starker Kanonade den Einzug in die Wolfsburg. Da er seine Kriegsknechte oft nur schlecht bezahlte, ließ er seine Truppen rücksichtslos räubern und plündern – im Gegensatz zu Tilly, dem katholischen Bayerngeneral, dessen Weg im Oktober ebenfalls zur Wolfsburg führte. Das übelste Lumpengesindel tauchte dann 1627 hier mit Graf Marode marodierend auf. Elf Jahre tobte schon der Krieg, als sich am 9. Juni 1629 der Wolfsburger Magister Linde auf sein Sterbelager legte.

Pastor Steding wurde sein Nachfolger und blieb acht Jahre. Er erlebte, daß der Major Peter Andersson zum Dank, daß er seine Reiter nicht in der Wolfsburg, sondern in Vorsfelde einquartierte, von den von Bartensleben einen Rüstwagen im Wert von 135 Talern geschenkt bekam. Auch Schutztruppen von Dragonern aus dem Gardelegener Lager wurden von dieser Familie bezahlt.

In einer Kriegspause wurde Achaz von Bartenslebens Sohn Werner getauft. Ein Händler, der die Zahlung des für dieses Fest gelieferten Bieres quittierte, wünschte sogar gutlaunig, daß »der liebe Gott helfe mit Liebe, daß kunftiges Jahr im gleichen so viell magk gefoddert (Bier gefordert) wird.»

Aus Klein Oschersleben und Germershausen wurden aber neue Schrekkensnachrichten gemeldet:

»Von den Sächsischen und Schwedischen zu Unterschiedlig mahl rein Ausgeplünderrt, alle Pferde Wekkgenohmen, auch einestheils vom getreydig so woll aufm Felde als scheuer ausgetroschen, verfüttert und also ein Wulp (Wolf) dem andern die Hande auch mehr nicht bieten oder helffen können«. 1637 zog daher Günzel von Bartensleben mit den Seinen wieder flüchtend von der Wolfsburg ab.

Auch aus Braunschweig wurden jahrelang neue Geldforderungen erhoben, die selbst nach dem Ausfischen des großen Wipperteiches nicht befriedigt werden konnten, aber schließlich doch bezahlt wurden.

Wolfsburg wurde nach längerer Belagerung durch die inzwischen völlig verwahrlosten Schweden erobert. Am 6. Januar 1636 wurde dort ein Obrist Hannemann bezeugt. Beim Abzug der Schweden aus Sachsen meldete der Wolfsburger Amtmann Behr die Anwesenheit zweier Kompagnien 14 Tage lang in der Wolfsburg, dort ist die Rede vom »roten und blauen Regimente wie sie bey der Wolfsburger mutiniert.« Am 7. Februar 1637 wurde die Allerfeste durch den kaiserlichen Oberst Lymbach belagert, was zum Abzug der Schweden führte.

Aus der Wolfsburger Geldrechnung des Amtmannes Bebenroth ist bekannt, daß am 4. Juli Oberst Lohr mit seiner Truppe hier durchkam, ebenso auch das Lützowsche Reiterregiment und der sächsische Obrist von Vitztum, die alle zur Sächsisch-Kaiserlichen Partei gehörten. Weitere Truppen zogen 1638 durch das Wolfsburger Gebiet. Generalfeldmarschall Rettberg, die Schlickschen, Bredowschen, Hannoverschen (Hanauschen?) und ungarischen Regimenter verbreiteten Angst und Schrecken, bis die Schweden unter ihren Feldherren Bauer und Torstenson an Gardelegen vorbei im Bogen nach Niedersachsen zogen und in Fallersleben hörten, daß die Wolfsburg von Kaiserlichen besetzt war. Ohne großen Widerstand fiel ihnen die Wolfsburg wieder in die Hände, die sie bis Kriegsende in Besitz behielten. 1639 erschien als Kommandant der Schwede Kapitän Johann Furch, der am 27. Juni 1640 vom Obristen Carl Ruth mit stärkeren Kräften ersetzt wurde, weil schwache brandenburgische Truppen in der Altmark das Gebiet beunruhigten. 1641 erschien als Wolfsburgs Kommandant ein Major Morn, der aber schon 1642 hier seinen Abschiedstrunk erhielt. Der schwedische Oberst Tobias Duwald, der bis 1650 als selbständig agierender Unterführer in Gardelegen blieb, kam 1641 durch die Gegend, um gegen Mageburg am 11. und 15. Dezember zu patrouillieren und die Operationen bei Wolfsburg abzuschließen. 1642 tauchte der schwedische Generalmajor aus märkischem Adel Königsmarck auf und mit ihm der Oberstleutnant Marquard Ernst von Penz, Herr auf Malchow, Dessin und Langenheide. Er heiratete am 26. Februar 1643 die erst 17-jährige Armgard von Bartensleben, die am 21. Mai 1626 geborene Tochter von Günzel von Bartensleben und seiner Frau Agnes Maria, geb. Berlepsch. Penz war von Königsmarck nach Oebisfelde zur Anwerbung von sechs Reiterkompanien in erzstiftliche Ämter geschickt worden. Als halbes Kind wurde Armgard Frau eines Soldaten. Wegen »des bevorgestandenen weiten schwedischen march« hielt es selbst von Penz für ratsam, daß seine Frau ihn nicht weiter begleitete und im sicheren Braunschweig ihr Kind zur Welt bringen sollte. Hier wurde ihr ein totes Kind geboren. Einige Tage später stellte sich bei ihr ein rapider Kräfteverfall ein. An ihren Sterbebett wurden ihre Lieblingsverse gebetet: »Herr Jesu Christ meins Lebenslich…«, bis sie am 8. Januar 1644 starb.

Im weiteren Kriegsverlauf nahmen in den Rechnungen der von Bartensleben die »Retardaten«, die ausbleibenden Pflichtzahlungen zu, da die Bauern und Kotsassen ihre Abgaben nicht mehr zahlen konnten. Besonders die Bevölkerung in Bockensdorf, Brackstedt, Danndorf, Grafhorst, Hehlingen und Rühen hatte sehr gelitten, viel Hofstellen waren wüst. Noch aber rauchte der Kalkofen am Klieversberg; die Ziegelei in Rothehof, die schon 1551 erwähnt wurde, ging 1625 durch Unvorsichtigkeit in Flammen auf und wurde erst 1663 wieder aufgebaut. Auch die Viehwirtschaft hatte große Verluste erlitten. 1639 bei der Belagerung der Wolfsburg hieß es, der Hirte habe die Lämmer nicht rechtzeitig in Sicherheit bringen können, sondern »mit dem Viehe von einem Orte zum andern herumb terminirn müssen«. Besondere Bedeutung hatte um diese Zeit die Fischerei. Man bezahlte die Reiter der Besatzung der Wolfsburg, damit sie zum Schutz nach dem Wipperteich trabten. Dem Oberst Bellinghausen wurde 1642 ein »Präsent« überreicht , weil er diesen Teich verschont und nicht gefischt hatte. Die Bewohner Eischotts und Velstoves haten im Winter den Teich offen zu halten.

Wichtig war in dieser Notzeit auch die Jagd. Es erging ein strenges Verbot der Obrigkeit, die Dorfköter nicht wildern zu lassen und ihnen Knüppel umzuhängen. Dieses Knüppelgebot wurde auch 1713 von König Friedrich Wilhelm I. erneuert. Im Jahre 1626 wurde von großen Wolfsjagden berichtet.

Auch die Preise für Vieh schnellten in die Höhe. 1637/38 kosteten zwei anderthalbjährige Mastschweine schon 8 Taler, ein Hammel 1 Taler und 6 gute Groschen, zwei magere einjährige Schweine 4 Taler und 12 Groschen, ein zweijähriger Hengst gar 17 Taler und 12 Groschen. Gegen Bezahlung beschaffte man sich für jede Reise, für jedes Gehöft, das geschützt werden sollte, Schutzwachen. Ein wildes Volk flutete auch am Wolfsburger Schlagbaum vorüber, an dem ein Korporal Wache stand. 1642 schlug ihn der vielleicht angetrunkene Obrist Schütze so über den Schädel, daß er zum Bader gebracht werden mußte.

Seit dem 22. Mai 1637 amtierte in Wolfsburg Pastor Oeding, der unter militärischem Schutz zu seiner Amtsstelle gebracht werden mußte. Aber schon am 14. September 1639 verstarb er in diesen unruhigen Kriegszeiten.

Gerichtsprotokolle

Die an militärisch wichtiger Stelle gelegene und zur Festung ausgebaute Wolfsburger Burganlage hatte eine Reihe von Belagerungen, Eroberungen, Plünderungen und Brandschatzungen im Dreißigjährigen Kriege zu ertragen. Unmittelbar nach dem Ende dieses Religionskrieges folgte dann auch noch von 1648 bis 1668 der »Wolfsburger Krieg« zwischen dem Herzog von Braunschweig und dem Erzbistum Magdeburg um das Wolfsburger Ländchen, das im wesentlichen aus den späteren brandenburgischen, ab 1701 preußischen Stammexklaven (Alt)-Wolfsburg, Heßlingen und Hehlingen bestand.

Im September 1626 eroberte Wallenstein die Wolfsburg, im gleichen Jahre tauchte dann auch Tilly hier auf. Auch der Herzog Bernhard von Weimar durchzog plündernd dieses Ländchen. Dann aber folgte die schwedische Belagerung und Besatzung ab 1636, woran noch heute Reste der »Schwedenschanze« südwestlich der Burg erinnern. Wie fürchterlich die verschiedenen Söldner- und Landsknechthaufen hier hausten, zeigt das Wolfsburger Gerichtsprotokoll vom 1.8.1644 auf:

»H. Magistri Caroli Oedings Sel. Wittbe, berichtett Daß den 30. July als verschienen (vergangenen) Dinstagk nachmittags zwischen 3 und 4 Uhr ein

Capitain-leutenandt von der Wolfsburg, woselbst er sich zuvor mit dem Commendanten (schwed. Major Peckmann) volgetrunken, nacher Heßlingen geritten undt vor ihre thüer kommen, und gefraget, Weß das Metchen (Mädchen) im Hause wehre, Darauff Sie geantwortett, Eß wehre ihre Tochter, hette er gesagt, Sie Solte Sie ihm geben, Er wolte Sie mit in Krig nehmen, Worauff Sie geantwortett, Eß wehre sein ernst nicht, Er möchte in Gottesnahmen seinen Wegk reiten, und wie er gesagt, Selbiger soltte Sie nicht, Sondern Er wolte Sie haben, und wehre darauf vom pferde gestiegen, und gesagt, Nun siehestu das es mein ernst ist, Weistu nicht, das ich Keyserl. Parthey führe, Darauff Sie zum Metchen gesagt, lauff, Er wehre zu ihr ins haus gedrungen, Sie angefasset und begehret das Metchen widerzuschaffen, Da hette Sie gesagt, Er möchte Sie gehen lassen, Wollt Sie alßdan wiederholen, Er hette Sie aber nicht gehen lassen willen, sondern sich mit ihr gerissen, dz (daß) Sie an die kammer kommen, die kammer ufgestoßen undt gesagt: So tu dar Undt Wie er Sie mit einer handt damals gehalten, den (denn) er mit der andern die Kammer uffgestoßen, Wehre Sie ihm zustark worden, sich entrissen, durch den Gahrten undt nach Kochs hause zugelauffen, Da hette er Kochs Magt uff der Dehlen angefasset, Wie aber ihr Herr Lüddecke Koch uff der Dehle gestanden, hette der Capitainleutenandt den Degen ausgezogen, nach ihm gehawen aber niedergetürzet, dz (daß) er den hieb nicht voloringen können, Inmittelst Koch undt seine Magt davon gelauffen…»

Im heutigen Deutsch lautet die Fortsetzung des Berichtes so: »Er, der Kapitänleutnant, hätte dennoch die Magd mit dem bloßen Degen bis auf den Jakobshof verfolgt, wobei er sie mehrmals durch die Wagenschuppen gejagt hätte, bis sie endlich zu Jakobs Frau ins Haus gekommen wäre. Da habe er mit Ungestüm an die Tür gestoßen und begehrt, ihn einzulassen. Da die Frau schwanger war, hätte sie aufgemacht. Dann habe er sie erst an den Kopf geschlagen, danach mit dem Degen über ihre rechte Hand gehauen, die andere Hand hätte er dann entzweigeschlagen und sie noch in den linken Arm gestochen, so daß sie sich fast zu Tode geblutet hätte, bis mit einer Naht die Wunde verschlossen werden konnte. Nach diesen Auseinandersetzungen wäre der Kapitänleutnant über den Zaun gesprungen und mit blankem Degen nach Hans Tappenbecks Haus gerannt. Da wäre er dann herumgelaufen und hätte gerufen: »Feuer her, ich will das Haus anstecken!« Da er aber kein Feuer bekam, wäre er vor das Fenster gekommen, hätte das Glas herausgeschlagen und wäre mit dem Degen im Haus herumgelaufen.

Da hätte er die Frau eines Schäferknechtes, die ein kleines Kind auf dem Arm hatte, bei der Hand genommen, sie in die Stube gesteckt, die Tür hinter sich zugezogen und der Frau zugemutet, bei ihm zu schlafen. Das hätte Sie nicht tun sollen, so sagte die Frau, denn sie wäre krank und er sollte sich eine andere suchen. Da hätte er verlangt, ihn zu dem Mädchen – Tochter des Pastorenwitwe Oeding – hinzubringen. Er hätte die Schäfersfrau dann über die Diele geschleift, sie bei der großen Dielentür niedergestoßen und ihr mit dem Degen am rechten Arm eine Wunde geschlagen und in die linke Lende fingertief hineingestoßen, so daß der Barbier später zwei »Pflaster« auflegen mußte. Schließlich hätte er sie mit dem blanken Degen noch braun und blau geschlagen und sei dann endlich davongegangen. Als Günzell Tappenbeck vor dem Hause bei des Kapitänleutnants Reitern gestanden hätte und ihm den Weg zeigen sollte, habe der Kapitänleutnant den Degen wieder herausgezogen und Tappenbeck in den Hut geschlagen und in die Schulter gestochen, worauf dieser davongelaufen sei. Nach solchen Untaten sei der Kapitänleutnant mit seinen Begleitern dann endlich davongeritten.»[7]

Daß dies Geschehen durchaus kein Einzelfall war, geht auch aus einer Gerichtsverhandlung vom Mai 1646 hervor, denn dort wurde niedergeschrieben, daß das Wankische (?) und Würzburgische Regiment im November 1645 »ober alles ins Dorf Heßling gefallen, geplundert und unter andern auch die lade (des Kontributionseinnehmers) weggenommen habe.»[8]

Aberglaube und Geisterangst

In der Zeit des Dreißigjährigen Krieges blühte wie überall in Deutsch land auch im Wolfsburger Raum der Aberglaube und die Angst vor Hexen und Geistern. Die Sterndeuter hatten großen Zulauf, da man ihren Voraussagen vertraute. Die Menschen waren durch die Not der langen Kriegsjahre so verroht, daß zum Beispiel hungernde Marodeure in dem Dorf Bellingen 1637 den Bauern Ebel Reppin schlachteten und verzehrten.[9] Der katholische Feldherr Wallenstein ließ sich von seinem Astrologen sein Kriegsgeschick vorausberechnen und führte nach diesen Voraussagen seine militärischen Operationen durch.

Auch die Herren von Bartensleben konnten sich diesem Volksaberglauben nicht entziehen. So fürchtete sich der gebildete Joachim Friedrich von Bartensleben vor Lichterscheinungen, die er in der Kirche in Brome beobachtet hatte. Sein Verwandter Hans Daniel führte diese Erscheinungen zunächst sehr vernünftig auf Herbstdünste in der Art von Elmsfeuer zurück, meinte dann aber auch, daß sie »vielleicht gar böser Leute Hexenwerk« sein könnten. Dieser Hans Daniel vertraute auch den Weissagungen eines gewissen Riesebergs über die Mädchenjahre seiner Gattin Adelheid von Veltheim, die sich aber nicht bewahrheiteten.

Über das damals sehr verbreitete »Gesundbeten«, das sogenannte Böten, gab die Gerichtsverhandlung vom 8. April 1644 Auskunft:

»Lißbeth Werncken Hans Göhdecken oder Marx zu Vorßfelde ehelige Hausfrau berichtet, nach scharpffem Zurehden die Warheit auszusagen, daß alß Sie vorm halben jahr im Kindelbette gelegen, undt Unmenschliche schmerzen in den brüsten, rücken undt den beinen gehabt, denn es ihr in den beinen wie 3 mäuse hintereinander her herumb gelauffen, ihr Rese Schütten von Wendschott nach Weihenachten, zuentbieten lassen, sie wollte ihr woll helffen, hette Sie Sie darauff zusich fordern lassen, wehre auch an einem Dienstage zu erst zu ihr kommen, Selbigemahl nichts mehr getan alß bey ihr gessen undt gesagett, es solle woll besser werden, Sie wolte ihr wolhelffen, den Donnerstagk hernach wehre Sie zum andermahl kommen, da hette Sie gesaget, gebet mihr risch Waszutrincken, ich bin durstig, hette Sie ein quartier (0,96 l) mumme (Bier) holen lassen, welches Rese stracks ausgetruncken, darauff Sie angefangen das Bein zu böeten, hette mit dem maule geflistertt, aber Selbigesmahl nicht hören können, was Sie gesagett, hette etwas zwischen zween fingern gehabt, undt mitt der handt das bein gestrichen, Was es gewesen, wisse Sie auch nicht, In dem Sie so getrichen hette Sie auch mit dem maule gehustett, undt mitt der handt übers bein Creütze gemachett, Darauff hette Sie ihr essen und trincken gegeben, undt woll 3 kannen voll mumme ausgetruncken, darüber Sie auch truncken worden, undt wie Sie so eine Weile bis Mittag hin gesessen hette Sie gesagett, das Sie nocheinmahl böeten müsse, Wehre uffgestanden undt wieder zu ihr gangen, daß bein wieder angegriffen, ein dick Maull gemachet undt gepaustett undt gesagett: Wo will jy hin? Ich will hin nach Vorßfelde zu Lißbethen gahn, zu Hanß Marx seiner frawen; Wat will du den dar thun? Ich will ihre Knocken bräcken, undt ihr Fleisch frehten, undt will ihr blutt drincken. Das solstu nicht thun, Daß wil ich dich verbehden bey dem hochwürdigen Abendmahl undt bey dem hochwürdigen Sacrament. Jy Sollt herutth, undt müttet heruth, Jy Twerge, Jy Twerge, Jy Holdihnen undt Bösnerinnen (?) herühter Jy grünen, Jy gehlen, Jy grawen, Jy brunen, Jy blawen.»

Im heutigen Deutsch fährt sinngemäß die Protokollniederschrift wie folgt fort: »Dann hätte Lisbeth Resi gefragt, was denn diese Worte bedeuten sollten. Rese hätte geantwortet, Gott solle ihr helfen. Sie würde nur so sie gesundbeten können. Lisbeth hätte wieder gesagt: »Rese, wollt ihr mir helfen, so helft mir bald und quält mich nicht so lange. Dies sind doch seltsame Worte, unser Herr Gott möchte mich strafen.« Rese hätte geantwortet, es wären lauter Gottesworte, sie täte auch hohe Worte dazu, die ihr wohl helfen sollten. Beim Böten hätte Rese etwas in der Hand gehabt. Ob es nur Plunder war, wüßte sie nicht. Das hätte sie oft naß gemacht und das Bein damit bestrichen. Anfangs hätte sie gefordert, daß sie von ihrem Wasser (Urin) hergeben sollte, um das Ding damit anzufeuchten. Sie, Lisbeth, hätte das aber nicht tun wollen. Da hätte Rese gesagt, so wolle sie reines Wasser nehmen, das wäre egal. Sie wollte, daß Wasser und der Plunder so wie Knoblauch riechen und dann alles auf einer Scherbe auf den Kreuzweg zwischen Butter – (?) und der Meinstraße gießen. Das hätte Lisbeth aber nicht habe wollen, weil dort auch redliche Menschen entlanggingen. Da hätte Rese gesagt, so wolle sie es in einen Garten gießen, wo drei Zäune zusammenstoßen, oder auch unter einen Holunderbusch, dann wäre sie fortgegangen. Als sie aufgehört hatte zu »böten«, hätte Lisbeth ihr allzeit die Hand geben müssen und dann hätte Rese gesagt: »Ihr müßt mir immer danken, sonst hilft es nicht, und es soll euch bei dem werten heiligen Kreuz nun wohl besser gehen.«[10]

Nach dem »Boeten« ließen in Lisbeths nun anschwellenden Beinen die Schmerzen nach. Aber dennoch wurde Lisbeth diese Geschichte so unheimlich, daß sie sich dem Pastor Christoph Glimann anvertraute und dieser sie dann wohl veranlaßte, dies abergläubische Tun vor Gericht zu Protokoll zu geben.

Auch Folterungen und Hexenprozesse waren noch üblich. So gab es ein Gesetz- und ordnungsmäßiges Verfahren gegen die »Markgrafische«, ein (wegen Hexerei?) schwer beschuldigtes Weib. Man holte den braunschweigischen Scharfrichter herbei, damit er gegen Entgeld von 6 Talern 1639 die Angeklagte »peinlich befragte«, also folterte, damit sie aussagte. Auch »Hans der Reich« von Bartensleben spukte in den Schauergeschichten der

Leute herum, wie ein Wandererschreck, der nächtliche Kemphans, im Sturm um die Häuser zwischen Eischott und Velstove sein Wesen trieb und unartige Kinder heimsuchte.

Natürlich geisterten im Volksglauben nachts auch die unten im Turm der St. Marienkirche beigesetzten von Bartensleben um ihre Gruft herum. Und wer durchs offene Gruftfensterchen faßte, dem würde die Nase abfaulen, meinten die Leute.

Der »Wolfsburger Krieg«

In diesem Krieg, der sich von 1648 bis 1668 hinzog, handelte es sich nicht um Grenzlappalien in der Art der Raufereien zwischen den Heßlingern und Sandkämpern, wo die Heßlinger Hirten den alten Dreyer aus Sandkamp fast zunichte schlugen, sondern um elende Drangsalierungen ohne richtigen Kampf und doch mit aufgebotener Waffengewalt. Ähnlich wie die Oebisfelder Obergs haben auch die Bartenslebens von Fall zu Fall eine gewagte Politik betrieben. Ihre Lage an der Grenze, ihr Besitz in verschiedener Herren Länder nötigte die Obergs wie die Bartenslebens dazu. Wie in Oebisfelde senkte sich auch in Wolfsburg die Waagschale schließlich zu Gunsten des Erzstifts in Magdeburg. Die Magdeburger boten viel, da ihnen die Wolfaburg als Ausfallstor sehr gelegen war, sie forderten wenig, um die Bartenslebens zu gewinnen.

Die Verträge der Schloßherrschaft mit Braunschweig von 1394 und 1397 mochten nun anstößig erscheinen, da sich die Bartenslebens samt ihrer Burg in den erblichen welfischen Dienst stellten, denn die Burgherren wollten keine Befestigungen anlegen, die gegen Braunschweig gerichtet waren. Die braunschweig-bartenslebenschen Untertanen sollten zur Unterstützung ihres Landesherrn stets zur Verfügung stehen. Dennoch springt ins Auge, daß Wolfsburg nicht nur ausdrücklich für den Kriegsfall gegen Brandenburg und Magdeburg den Welfen verschlossen blieb, sondern daß überhaupt eine scharfe Grenzlinie gezogen wurde zwischen zu allem, was die Bartenslebens von Braunschweig als Lehen hatten, wie den Werder und Vorsfelde.

Als kurz vor dem Dreißigjährigen Krieg der braunschweigische Herzog in Wolfenbüttel die Wolfsburg zu dem von ihm verliehenen Werder rechnete und auch Hoheits- und gar Lehnsrechte darüber beanspruchte, sprach daraus nur sein Land- und Machthunger, da Jahrhunderte hindurch von diesem braunschweigischem Ansprüchen nichts bekannt war. Die Not des Dreißigjährigen Krieg ließ diese Verhandlungen zwischen Braunschweig und Magdeburg vorübergehend zur Ruhe kommen. Aber die langwierigen Friedensverhandlungen in Münster und Osnabrück am Ende des Dreißigjährigen Krieges zeigten, daß die Welfen gegenüber dem anwachsenden Brandenburg schlecht abgeschnitten hatten und daß das Erzstift Magdeburg auf den Aussterbeetat gesetzt worden war. Das war ein Grund für den Herzog, die Bartenslebens und ihre Untertanen zur braunschweigischen Botmäßigkeit zu zwingen, damit sich die schwachen Magdeburger dann in die vollendeten Tatsachen fügten. Eine Hallische Denkschrift vom September 1724 traf aber die richtige Feststellung, daß Wolfsburg seit der Reformation auch kirchlich von den Magdeburger Verordnungen stets abhängig war. Nun die Ansprüche auf Hehlingen waren etwas diskutabel.

Der Wolfenbütteler Herzog August, ein Herrscher nicht ohne Größe, der als Privatmann bescheiden auf Schloß Hitzacker, seinem »Ithaka« wohnte, bis er im Alter zur Regierung gelangte, wollte Wolfsburg zur Botmäßigkeit zwingen. Obgleich dieser Herzog beispielsweise ein Förderer der Universität Helmstedt war, die 1627 nur noch zwei Studenten besaß, und die dann unter seiner Führung zur Höchstfrequenz von 2000 Studierenden kam, so atmete man doch in Wolfsburg auf, als er tot war, da man sehr stark seinen Besitzanspruchsdruck empfunden hatte.

Noch nicht 43-jährig starb Wolfsburgs Burgherr Günther von Bartensleben 1663. Die Ärzte sagten, daß der Kummer seine Körperkraft untergraben hätte. Dieser fromme Mann ließ sich in Kissen zu den Gottesdiensten in die Kirche tragen, da er weder stehen noch sitzen konnte. Als man ihn auf dem Sterbebette die Frage stellte, ob er seinen Feinden verziehen hätte, erwiderte er: »Ich habe meinen Feinden von Herzen vergeben. Ich habe sie dem Gerichte des gerechten Gottes befohlen, der als rechter Richter sie zur rechten Zeit finden wird!»

1647 lag in der Wolfsburg noch die schwedische Garnison. Sie von dort wegzubekommen, war des Welfenherzogs August erstes Anliegen, da ihn fortlaufend Klagen aus dem Werder wegen Belästigungen durch die Schweden erreichten. Die Bartensleben alarmierten das Erzstift in Magdeburg, weil sie nach dem Abzug der Schweden die Besetzung der Burg durch den Herzog befürchteten. Der schwedische Feldmarschall Wrangel war zunächst auf den Wunsch des Herzogs eingegangen und wollte beim Abzug die im Dreißigjährigen Krieg entstandenen Befestigungsanlagen schleifen lassen, bis ihm der Administrator des Erzstiftes August auf die geheimen Wünsche des Herzogs aufmerksam machte. »August gegen August, Magdeburg wider Wolfenbüttel«, hieß jetzt die Parole.

Joachim Friedrich und Günther von Bartensleben reisten in des Administrators Auftrag zum schwedischen Generalmajor Axel Lillie, der sofort die bereits begonnene Demolierung der Befestigungswerke einstellen ließ. Das gute Verhältnis zu den schwedischen Gästen bewirkte, daß diese jetzt lieber die Wolfsburg einer magdeburgischen Salvaguardia anvertrauen und abziehen wollten, wenn auch die kaiserliche Generalität dem Wolfsburger Ländchen Neutralität gewährleistete. Um auch das durchzusetzen, machten sich die beiden Bartenslebens zum Feldmarschall Graf Holzapfel auf. Unterwegs wurden sie von einer »frechen Raube-Parthey« (Marodeure) ausgeplündert und hätten auch wohl ihr Leben verloren, wenn nicht die Schreiben der Schweden und der Kaiserlichen den Wegelagerern Respekt eingeflößt hätten. Graf Holzapfel gab aber nur die Garantie, die Burg nicht zu besetzen, wenn auch die Schweden eine weitere Nichtbesetzung garantierten.

Inzwischen hatte sich der Herzog in Wolfenbüttel mit den Magdeburgern geeinigt, gemeinsam die Befestigungsanlagen der Burg zu »rasieren«. Das war ein feiger Ausweg des magdeburgischen Administrators, der damit schon jetzt die Hälfte seines alleinigen Rechts aufgab. Der schwedische General Wrangel wollte aber nicht auf des kaiserlichen Feldmarschalls Holzapfel eingehen, um sich nicht für alle Zukunft die Hände zu binden.

Noch immer hatten ja die Schweden die Burg in Besitz, waren aber bereit abzuziehen, wenn auch Braunschweig-Wolfenbüttel und Magdeburg die Neutralität des geräumten Platzes anerkennen würden. Da das Erzstift in Magdeburg dazu keine Zusage gab, übernahm der Welfenherzog allein die verlangte Garantie.

Die Schweden räumten nun endlich die Burg. Alle Verhandlungen zwischen Wolfenbüttel und dem Erzstift standen unter einem Unstern für Magdeburg. Eine Einigung kam im Februar 1648 auch deshalb nicht zustande, weil der Herzog August als alleiniger Bürge der Neutralität auch das alleinige Besatzungsrecht für diese Allerfeste forderte. Er belegte, um den Widerstand der Bartensleben zu mindern, deren Einkünfte aus dem Werder mit Arrest und rückte mit seinen Truppen ein. Darauf schlug nun das gekränkte Erzstift Magdeburg Alarm, da der Westfälische Friede 1648 keinen Vorwand dafür gäbe, daß in Wolfsburg eine neue Besatzung einzöge.

Auch die Bartensleben schlossen sich diesen Protesten an. Der Administrator aus Magdeburg schickte Bittgesuche an den Pfalzgrafen Carl Gustav, den damaligen schwedischen Generalissimus und späteren König und an die Gesandten des Nürnberger Kongresses. Wie Günzel (gest. 1658) und Katharina Dorothea von Bartensleben schrieben, zog der Herzog erst am 21. August 1650 seine Besatzung von der Wolfsburg ab, da ihn der Einmarsch von vier schwedischen Kompanien ins eigene Land eingeschüchtert hatte. Nun einigten sich der Herzog und die Schloßherrschaft, die ihre Lehnsgüter im Werder zurückerhielt und dafür die Schleifung der Befestigungsanlagen, vor allem einer Halbmondschanze, eines Blendgangs und zweier Blockhäuser, zusagte. Man atmete nun in Wolfsburg auf, auch wenn man die Zerstörung der Befestigungsanlagen, die dem Ort eine gesteigerte Bedeutung gaben, bedauerte. Da die Erntearbeiten drängten, ließ man sich Zeit mit der Niederreißung, bis schon am 30. August der Herzog mit Demolierungsgeräten an die Burg klopfte. Die Braunschweiger wurden zwar nicht eingelassen, aber ein Widerstand war unmöglich. Gewaltsam drang der Welfentrupp ein und begann das Zerstörungswerk, wozu auch Landleute aus der Umgebung herangezogen wurden, die sich besonders ruppig betrugen, da es ihnen Vergnügen machte, unter herzoglichem Schutz den Burgherren eins auszuwischen.

Nun nahmen die Bartensleben eigene Söldner in Dienst, wie sie es früher gelegentlich auch schon getan hatten. Am 10. September 1651 waren es nur wenige, die von einem Gefreiten angeführt wurden. Am 4. Juli 1653 übernahm der »Officirer« Christoph Hans Caßell den Befehl über diese Truppe. Die Eidesformel, die dieser Offizier ablegen mußte ist erhalten geblieben.

Wolfsburg etablierte sich wieder als Festung, zog die Heßlinger und Hehlinger zum abwechselnden Wachdienst heran und baute die demolierten Befestigungsanlagen wieder auf. Zur Kostendeckung wurde dafür der bartenslebensche Zoll in Vorsfelde erhöht und ein neuer in Wolfsburg eingerichtet. Geschütze wurden auf die Mauern gestellt, was natürlich Herzog Augusts Empörung hervorrief. Aber er hätte ja mit einem Federstrich alles ändern können, indem er Magdeburg zuerkannte, was dem Erzstift gehörte, das am 19.08.1654 den Bartensleben verbot, jemals Braunschweiger in die Wolfsburg einzulassen. Im Ernstfall sollte der Amtmann von

Oebisfelde Hilfe leisten. Am 1. Juni 1658 schickte Magdeburg einen Sergeanten mit einem kleinen Trüpplein zur Bekräftigung seines Rechts.

Herzog August war empört und herrschte die Bartensleben an: »Aus einem fremden Territorio« hätten sie Soldaten gerufen. Wie man sich weiterhin benahm, verdeutlichte eine Eingabe der Hehlinger vom 18.10.1658, die besagte, daß der braunschweigische Nachbar auf den althergebrachten Weiden Schwierigkeiten machte, die Hirten verjagte und Vieh pfändete – denn um das ganze hiesige Territorium magdeburgischer Souveränität, also Wolfsburg, Heßlingen, Schillermühle und Hehlingen drehte sich der Streit. Den Bartenslebens wurden die Einkünfte des Werders entzogen, die Pferde wurden ihnen fortgeführt und ihre Leute aufgefordert, den Braunschweigern den Untertaneneid zu leisten. Der Herzog ließ magdeburgische Musketiere aufgreifen und legte einen zufuhrsperrenden Blockadering um die Wolfsburg.

Nun riß aber dem Erben des Erzstifts Magdeburg, dem Großen Kurfürsten, der Geduldsfaden. Zwei märkische Kompanien, Fußvolk und Reiter, rückten ein. Die Braunschweiger zogen nun ab und schließlich auch wieder die Brandenburger, nachdem sie die Versicherung erhalten hatten, daß Wolfsburg frei bleiben sollte. Einer vereinbarten Oktoberkonferenz in Quedlinburg sollte die Schlichtung aller weiteren Händel vorbehalten bleiben. Vergilbte Urkunden wurden herausgesucht und Schadeneratzansprüche berechnet. Der Oebisfelder Amtsschreiber stellte eifrig die Hehlinger Grenzen fest und sparte nicht mit Drohungen, damit die dortigen Untertanen beim Erzstift aushielten. Als diese Angelegenheit auf die Höhe einer deutschen Sache hinaufgeführt werden sollte, übertrug der Kaiser des Römischen Reiches deutscher Nation die Vermittlung zwischen den Parteien der reichsunmittelbaren Frau Äbtissin von Quedlinburg. Die Braunschweiger bleiben aber der dortigen Tagung fern. Die Übergriffe verstärkten sich wieder, Vieh wurde erneut weggenommen und das Einbringen der Ernte in Wolfsburg unterbunden. Am 17. November 1659 beschwerten sich die Bartenslebens, daß ihnen zweimal Saat und Ernte vernichtet und sogar Pachtkorn aus der Schillermühle geraubt worden sei.

Brandenburg schickte wieder einige Dragoner und schärfte dem Geschlecht Bartensleben im Oktober 1658 ein, nur Verfügungen aus Magdeburg anzunehmen. Aber die welfische Zermürbungspolitik trug doch Früchte, denn der letzte Administrator Magdeburgs wollte sich, da sein Erzstift bald ausgespielt hatte, nicht mehr die Hände verbrennen, während der

Kurfürst Erbe, aber im politischen Spiel nur Hintermann blieb. Alle Wolfsburger Vorbürger, die der Braunschweiger Herzog eingesperrt hatte, leisteten nun in Vorsfelde den verlangten Untertaneneid. Derweil fischte der unternehmungslustige braunschweigische Truppenführer Philipps 1663 den Schillerteich aus, um die Landesgrenze dort durchzulegen, und kassierte den Roggenzehnt Hehlingens.

Christian Wilhelm von Bartensleben erhielt strenges Verbot, seine Base zu heiraten, weil es gegen das braunschweigische Kirchengesetz sei, worauf allerdings am 27. Januar 1664 der Magdeburger Dispens für diese Verwandtenehe eintraf.

Sogar im »Lustgarten« des Wolfsburger Schlosses tummelten sich die Braunschweiger. Selbst das Haus Lüneburg / Celle ließ Herzog Augusts Ruhm nicht mehr schlummern, da es plötzlich selbst sonderbare Ansprüche stellte. In diesem »Hexensabbath« blieb die Magdeburger Septemberkonferenz 1664 erfolglos, obgleich die Bartenslebens in großer Genauigkeit vor dem Landeshauptmann Achaz von der Schulenburg als kurfürstlichem und Dr. Michael König als erzbischöflichem Generalbevollmächtigten ihre Beschwerden vortrugen.

Anfang 1665 verstärkte die Kurmark Brandenburg ihre Besatzung, und alle von Braunschweig erpreßten Huldigungen in diesem kleinen Gebiet wurden annulliert. Aber schon protestierte ein braunschweigischer Beamter und machte die Bartensleben für alles Getane unter ihrem Widerspruch haftbar, »als ob – welche Ironie! – die große Wolfsburg das artige kleine Berlin und gutmütige Magdeburg am Gängelband zum Unrecht verführte«. Einer neuen Konferenz in Magdeburg blieben die welfischen Abgesandten fern. Im Oktober 1665 fand wiederum eine Tagung dort statt, zu der diesmal sowohl Lüneburg-Celle wie auch Braunschweig-Wolfenbüttel Bevollmächtigte schickten. Wohl aus Respekt vor dem großen Kurfürsten war der herzogliche Vertreter bereit, die Wolfsburg allein, ohne Hehlingen und Heßlingen als magdeburgisches Lehen anzuerkennen, zumal die Kurmark ihre Besatzung kurz davor zurückgezogen hatte, um ihrerseits Einlenken zu bekunden. Die Bartenslebens waren in größter Sorge um ihre Ernte 1666, da der herzogliche Truppführer Philipps schon im August 1665 die erzstiftlichen Bedeckungsmänner aus dem Steplinger Holze vertrieben hatte, die die Schweinehüter der armen Hehlinger beschützen sollten. Dann endlich starb im September 1666 der alte zähe Herzog August von Braunschweig-Wolfenbüttel.

Jetzt bot sich eine Möglichkeit zur Verständigung, da dieser Krieg bereits alle Parteien mürbe gemacht hatte. Christian Wilhelm von Bartensleben schrieb im August 1667 in einem Brief an Dr. König in Magdeburg:

»Philipps kommt bald aus irgendwelcher privater Ursache nach Magdeburg. Wie wäre es mit einer tüchtigen Prügelsuppe, die der Biedermann sich redlich verdient hat?« 1668 wollte der Administrator von Magdeburg seine paar Söldner von der Wolfsburg zurückrufen lassen, falls die Bartenslebens den Unterhalt dieser Truppe nicht aus eigener Tasche bezahlen wollten. Aus Hehlingen wurden schon die Truppen des Administrators zurückgezogen, obgleich Herzog Augusts Nachfolger seine Besitzrechte geltend gemacht hatte.

Vom 16. bis zum 18. August 1668 kam es auf einer neuen Konferenz zu wortreichen Kampftagen. In einem Interimsrezeß wurde schließlich eine vorläufige Einigung erzielt. Bezüglich der Herrschaft über die Vorburg, die Heßlinger, Hehlinger Feldmarken, den Schiller- und Neuen Teich, Steplinger Wald und Steimker Berg wurde ein status quo erreicht.

Dann übernahm 1669 Brandenburg die Besetzung Wolfsburgs als Erbe des Erzstiftes. Noch 1671 wurde diese Besatzung bezeugt, und 1708 bis 1713 befanden sich dort noch drei kommandierende preußische Soldaten. Friedrich Wilhelm I. scharfem Detailblick entging auch das Recht auf dieses Fleckchen Erde keineswegs, der größere Sohn glich hier dem in seiner Art großen Vater.

Aber das Aussterben der Bartensleben stand bevor. 1742 wurden Schlafsuchtsanfälle des alten Gebhard Werner gemeldet. Schon ging das Gerücht um, daß die Braunschweiger zur Eroberung der Burg in Vorsfelde Militär und auch Dragoner in Königslutter bereitgestellt hätten. Daraufhin befahl Friedrich der Große am 1. Januar 1742 einen Unteroffizier mit einigen Leuten nach Wolfsburg. Nun schwebte der preußische Adler hoch genug in den Lüften, so daß diese Geste Friedrich II. ausreichte, um seinen Widerwillen gegen abermalige »Philippsereien« deutlich zu machen. Die Julikommision beider Staaten (Preußen, Braunschweig) kam schnell ins Reine über die Zugehörigkeit der drei Orte zu Preußen, nicht aber über die Zugehörigkeit vieler Feldstücke.

Die Bartenslebensche Erbtochter, Gräfin Anna Adelheid Katharine von der Schulenburg, war eng mit den preußischen Interessen verflochten, weil man sie nur in Preußen und Kurhannover bei dem erledigten Lehen anstandslos erben ließ. Sie hat durch Privatvereinbarungen gegen Zahlung von 14000 Reichstalern an Braunschweig, die 1746 Herzog Carl, 1747 auch der große Preußenkönig billigte, jene fraglichen Flurstücke für Wolfsburg gehalten. Dennoch hatte sich der Herzog immer noch Pläne vorbehalten, die er der Krone Preußens wegen der strittigen Landeshoheit über diese Ländereien machen wollte. Diese Vorschläge gelangten aber nie nach Berlin, und weil damals auch die Gerichtsgrenzen genau festgelegt wurden, war solche halbe Lösung doch das Ende des »Wolfsburger Krieges«.

Die lange Notzeit dieses Krieges brachte den Bartenslebens wenig Gewinn, aber große Nachteile. Obgleich sie mit größter Genauigkeit ihre Einbußen und Kriegskosten auf 68.271 Taler, 17 Groschen und 4 Pfennig berechneten, erhielten sie dafür nie eine Entschädigung. Aber dieses Geschlecht hat manche Last, besonders die der Kontribution, für sich und seine Leute mit dem Gedanken getragen: »Vorsicht, Porzellan! Noch ist der status quo nirgends verbrieft. Jede Beschwerde vermag die schlummenden Kriegsgötter wieder aufzuwecken!»

Auch stimmte jenes Verhalten wahrscheinlich die Hohenzollern den Wolfsburger Wünschen geneigt – so glaubte jedenfalls der Chronist von Loewenfeld, daß die Superintendenturrechte der Bartenslebens des Großen Kurfürsten rasche Billigung auch wegen jener Standhaftigkeit fanden. An ihnen hatte sogar König Friedrich Wilhelm I. nicht gerüttelt, obgleich er sonst keine Scheu hatte, mit Sonderrechten aufzuräumen, wenn diese sein Vorhaben behindern konnten, galten doch für ihn folgende Worte: »Quid vult, vehementer vult«. – Was er will, das will er voller Ungestüm.

Weltliche und christliche Adelsbräuche

Bartenslebensche Eidformeln

Auch während des »Wolfsburger Krieges« stellten die von Bartensleben Söldner ein, die die Wolfsburg schützen und bewachen sollten. Diese Wachmannschaften hatten folgenden Eid zu leisten:

Eidformel für die Besatzung anno 1651

Ich (Name), gelobe undt schwehre, das ich denen Hoch Edlen, Gestrengen undt Vesten, Sembtlichen von Bartenschleben Meinen itzigen Hern Obern, so lange ich in dero Dienst hier zur Wolfsburgk sein werde, trew undt holdt sein, ihren schaden verwarnen, das Wachen aufm Hause Wolfsburgk fleißig mit verrichten, undt ohn Wolgemelter Meiner gebietender H. Obern ausdrücklichen Willen wedder heimlich noch öffentlich nichts Verdächtiges noch jemandt unbekandtes ufs Schloß gestahten, Sondern mich bey diesem anvertrawten Wachthalten, Wie einen redlichen Soldaten gebühret, verhalten auch denen von Bartenschleben pariren will, So wahr mihr Gott zur Selgkeit helffen soll.[11]

Auch die Zehntbauern in den Dörfern, die die von Bartensleben von den Braunschweiger Herzögen als Lehen erhalten hatten, mußten einen Eid ablegen, damit sie ihre Zehnt-Abgaben treu ablieferten und nichts ihren Herren heimlich entzogen.

Eid eines Zehntbauern oder Krügers, der in Rümmer seinen Bartenslebenschen Dienst 1648 antrat

Ich (Name) schwohre hiermitt zu Gott einen leiblichen Eydt, dz nachdem von denen Wol Edlen Gestr. undt Vesten Meinen gg (großgünstigen) lieben Junckern ich dies iahr aufs Zehntwartten in Rümmerfest mit verordnett, ich Solchen nach meinem besten fleiße inachtnehmen, treuwlich wartten, undt wissentlich nicht zugeben will, daß damitt betriglich umbgangen, Partiererey gehalten, oder den Junckern davon ichtwas heimlich entzogen werde, Sondern da ich deßwegen dz geringste verfführe alßvorth im Ambte anzeigen undt berichten will. So wahr mihr Gott undt Sein Heiligs Wortt helffen soll.

Da sich die Herren aber wohl nicht allein in Treu und Glauben auf die Angaben der Zehntbauern verlassen konnten, ließ man ihre Äcker durch Ackertaxatoren besichtigen und abschätzen. Diese Taxatoren hatten 1642 folgenden Eid zu leisten:Sie schwören, daß »wier sothane Besichtigung ohnpartheyisch Keinem zu nahe oder zu fern trewlich nach Unserem besten Verstande und Wissenschafft dergestalt verrichten und wie iedes Stück befunden, nach Einsaath taxiren, schätzen und verzeichnen wollen und sollen das sich Keiner darüber mit recht und grunde zubeschwerden haben möge. Und wollen solches nicht unterlassen weder umb freund: feindschafft, gifft gabe, oder wie das nahmen haben magk sondern alles redlich außrichten und trewlich. So wahr mir Gott v. sein h. Wort helffen soll.«[12]

Eine Tauffeier im Wolfsburger Schloß

Früher wurden die Kinder schon unmittelbar nach der Geburt getauft, damit der Säugling bei der damals sehr hohen Sterblichkeitsrate nicht als ungetauftes Heidenkind begraben werden mußte. Auch Martin Luther wurde bereits einen Tag nach seiner Geburt, am Martinstag, getauft. Da bei diesen Taufen in der Kirche noch nicht die Mutter teilnehmen konnte, wurden diese Feiern dann mit der genesenen Sechswöchnerin nachgeholt und ausgiebig oft mehrere Tage lang begangen.

Bei der Feier am Neujahrstag 1671 wurde die Taufe der am 12. November 1670 geborenen Marie Elenore, Tochter des Christian Wilhelm von Bartensleben und seiner zweiten Frau Anna Elisabeth, geb. von dem Knesebeck, nachgeholt. Diese Marie Elenore heiratete später den sächsischen Geheimen Rat und Kanzler Ernst Friedrich von Döring und starb 1752. Da zu diesen Feiern viele Gäste erschienen, mußte genügend Vorrat an Essen und Getränken beschafft werden.

Selbst zu einer Taufe während des »Wolfsburger Krieges« erschienen 1663 37 auswärtige Gäste mit 90 Pferden.

Viele Besucher von auswärts trafen schon einige Tage vor Beginn der Feier ein und mußten schon vorher untergebracht und verpflegt werden. Hier der Bericht des Kellermeisters über seine Vorräte:

Den 31. December Anno 1670

Von Sr. hochedelgestrengen im Keller angewiesen Vaß an Wein und Bier vorhanden und gezappt: 1.) Rheinwein 2 Fässer, Franzwein 3 Fässer, 6 halbe Fässer.

3 halbe Fässer unberührt, 2 Halbfässer nur f. Gesinde verbraucht, 1 Halbfaß f. Gefolge mit Vorrat. – Ein Faß Franzwein unberührt, 1 Faß Franzwein f. Küche

und Vorbürgerfrauen m Vorrat, 1 Faß Franzwein f. Herrentafel m. Vorrat. – 1 Rheinweinfaß m Vorrat, das andre verbraucht, z.T. aber für Auffüllung eines Weinfasses mit altem Wein.

Zerbster Bier (2 Fässer unberührt, 1 Halbfaß it.) ½ m Vorrat (Herrentafel) Halberstedisch breyhan (1 Halbfaß unberührt) 2 Halbfässer getrunken, 1 Halbfaß m Vorrat (Herrentafel)

Dukstein (1 Halbfaß unberührt) 2 Halbfässer f. Musik, Gefolge, Reitknechte und Kutscher. Oebisfelder (»Obstfeldisch breyhan«) 2 Halbfässer verbraucht – (Broyhan, nach dem hannoverschen Bierbrauer und Erfinder Cord Broyhan genannt) – für Musik, Vorbürgerfrauen, Reitknechte und Kutscher.

Was man in der Küche für die Zubereitung des Festessens an Lebensmitteln und Gewürzen benötigte, zeigt der Voranschlag vom 24.11.1670:

Wolffsburgh, 24. November 1670

Anschlag auf eine adeliche Kindt – Tauff

2 Gute Ochsen von 600 Pfund½ Ctr. Hechtesten zu bekommen

10 Kälber½ Ctr. Karpfen 80 Pfd. Butter

16 Lämmer12 Pfund Karuzen (Karauschen) 80 Pfd. Reiß

4 gute Bratschweine 20 Pfd. Forellen 20 Pfd. Pfundt pflaumen

6 Spanfercken 40 Pfd. Frischer Lachs 10 Pfd. Mandeln

20 Kalkun (Puter)Waß von Wiltbret alß 10 Pfd. Kirsch Mauß

60 Junge Hüner Rehe und Hasen 4 Pfd. Braunellen(Prünellen)

20 Paar Tauben Waß von Scheeling 2 Feiste Hamel

(Schmaltier?) oder son-

3 Pfd. Große rosinen 3 Quenten Soffran (Saffran)wächs alß Endivien

6 Pfd. Zucker 1Pfd. Baum Ohl (Baumöl)Blumen Kohl Savyer

3 Pfd. Karyyan (Coriander) ½ Faßguten Bir EssigKohl Meiran Timian

3 Pfd. Kleine Rosinen 2 Stübgen weinessigSalbey

8 Schock Gründling 12 Schock Eyer

300 Frische Ostern (Austern) 2 Himpten weitzenmehl

¼ Ganze ¼ gestoßener 2 Himpten rockenmehl

Pfeffer 2 Himpten Saltz

Ebensoviel Ingfer 10 große Töpfe jeden zu

6 Loht muschatenblumen 3 Stübgen

6 Loht Canel10 zu 2 Stübgen

½ Kümmel 10 zu 1 Stübgen

¼ Pfd. Annieß 1 Fuder Kohlen

¼ Pfd. Haber Kümmel 1 Fuder Trucken Holtz

10 CitronenVon allerhandt Garten Geerntet»

Diese Feier dauerte 4 ½ Tage.

Aber auch in der bäuerlichen Bevölkerung wurden solche Familienfeste ausgiebig gefeiert. Aus einem Gerichtsprotokoll von 1657 geht hervor, daß ein Bauer aus Sandkamp, das die von Bartensleben vom Herzog Braunschweig-Lüneburg-Celle als Lehen hatten, sich durch eine Hochzeit in hohe Schulden stürzte, weil er drei Tage lang zehn Tische mit Gästen speiste und Freunde auch noch am vierten Tag weiter feierten.

Trotz der großen Notzeit nach dem Dreißigjährigen Kriege wurden für diese Feier sieben Faß Bier, zwei Ochsen, vier Schweine, zwei Schafe, zwei Hühner und vier Säcke Roggenmehl prasserisch verbraucht.

Hof- und Roßdienste der Rothehofer von Bartensleben

Die von Bartensleben aus der Rothehofer Linie des verzweigten Adelsgeschlechtes lassen sich von 1423 bis zur Mitte des 16. Jahrhunderts fast lückenlos als Burgverwalter der herzoglichen Burg Neuhaus nachweisen. Im Gegensatz zu den Wolfsburger von Bartensleben, die sich den Erzbischöfen von Magdeburg und den Kurfürsten von Brandenburg stets – mit einer Unterbrechung von fast 100 Jahren – angeschlossen hatten, dienten die Rothehofer von Bartensleben als Burgherrn auf Neuhaus den Braunschweiger Herzögen mit Hof- und Roßdiensten. Sie standen in kriegerischen Auseinandersetzungen mit Pferd und Ausrüstung den braunschweigischen Landesfürsten zur Seite. Wie der Chronist Achilles betont, konnte die Überlassung der Burg Neuhaus nach den schweren Auseinandersetzungen mit den Besitzern der Wolfsburg an eine Seitenlinie der Familie von Bartensleben zur Wolfsburg nur als kluge Politik des Fürstenhauses bezeichnet werden. Die Braunschweiger Herzöge banden dadurch das mächtige Adelsgeschlecht an sich und beruhigten so dieses wichtige Gebiet an der oberen Aller.

Am 1. Mai 1423 verpfändeten die Braunschweiger Herzöge Bernd, Otto und Wilhelm das Schloß Neuhaus an Huner von Bartensleben und seine Erben für 300 Mark. Im Jahre 1473 hieß es: »Huner von Bartensleben wurde der Stadt Helmstedt Feind und nahm der Stadt Vieh weg. Die von Helmstedt setzten ihm nach und holten von den Gefolgsleuten einige ein, welche sie sogleich aufhängten«.[13] Im Jahre 1488 verpfändete Huner das zur Burg gehörende Dorf Volkmarsdorf an das Kloster Mariental, wo diese von Bartensleben damals ihre Begräbnisstätte hatten. 1521 starb Huner auf der Burg Neuhaus. Seiner Frau Adelheit und dem Sohn Joseph wurde der Pfandschilling, die 300 Mark, die bei der Verpfändung gezahlt wurden, ausbezahlt. Joseph starb 1534 kinderlos auf dem Rothen Hof. Die Rothehofer Linie derer von Bartensleben war somit nach etwa 200 Jahren ausgestorben. Ihr Besitz ging auf die Verwandten auf der Wolfsburg über.

Nachfolger auf Neuhaus wurde Busso von Bartensleben aus der Wolfsburger Linie. 1535 unterzeichnete und siegelte er als »Busso von Bartenßleben zu Newenhauß« den Primogeniter-Vertrag, der die Erbfolge im Herzogtum regeln und weitere Teilungen verhindern sollte. Die Wolfsburger von Bartensleben hatten dem Herzog wegen der Braunschweiger Lehen mit vier Ritterpferden zu dienen, dem Herzog von Lüneburg mit sieben. Wegen der Wolfsburg waren sie gegenüber dem Erzbischof von Magdeburg roßdienstfrei.

1542 schloß dieser Busso von Bartensleben für immer die Augen. Nach seinem Tode wurde noch ein jüngerer Busso erwähnt, dann wurden die Schriftstücke des Herzogs »an alle von Bartensleben zum Newenhauß« versandt. 1552 endete die Zeit der Neuhaus als Ritterburg und damit auch die Periode derer von Bartensleben auf dem »Newenhauß«.

Am 6. Januar 1742 starb mit dem Schatzrat Gebhard Werner das Geschlecht von Bartensleben auf der Wolfsburg aus. Von den sieben Kindern des Gebhard Werner und seiner Ehefrau Anne Elisabeth starben zwei minderjährig. Die hoffnungsvollen Söhne Hans, Daniel, Kraft und Burchard, die an der Universität Halle studierten, verlor diese Familie im Abstand von sechs Wochen durch die Pocken. Die einzige noch lebende Tochter Anne Adelheit Catharina, Mutter von vierzehn Kindern, verlor ihren Ehemann, den Generalleutnant Adolf Friedrich Graf von der Schulenburg, 1741 im Dienste des Preußenkönigs in der Schlacht bei Mollwitz. Die Bartenslebener Lehen von Herzog von Braunschweig-Wolfenbüttel vererbten sich nur auf männliche Nachkommen. Herzog Carl zögerte nach dem Tode des

Schatzrates denn auch keinen Augenblick, seine Lehnsstücke wieder einzuziehen. Dabei handelte es sich um das geschlossene Gebiet des alten Vorsfelde, während die südlich der Aller gelegenen Orte Danndorf und Grafhort zum Amt Neuhaus kamen.

Die Geschichte der Wolfsburg und des restlichen »Wolfsburger Ländchens« wurde von nun an von den Grafen von der Schulenburg und deren Nachkommen weitergeführt.

Die Inschrift des Epitaphs in der St. Marienkirche

Ach, Wechselfälle der Dinge: der Tod kommt nicht nur den Helden, sondern auch den Nachkommen der Helden. Zeuge ist dieses Grab, in dem die traurigen Überreste nicht eines Mannes, sondern eines berühmten Geschlechtes, verkörpert in einem Menschen, geborgen werden. Bestattet ist hier, was an Sterblichem der Mann hatte, der groß von Abstammung, größer an Taten, am größten durch seine Tugend war.

GEBHARD, WERNER von BARTENSLEBEN

Herrscher über die Klientelen Wolfsburg, Brohme, Bistorff und viele andere des berühmtesten und allerletzten, ach, Sproß des berühmtesten und seit den Zeiten Heinrich des Löwen unter den Sachsen blühendsten Geschlechtes der Grafen von Peine und Schwerin, geboren am 15. Februar im Jahre 1675,

nachdem sein Verstand in Wissenschaften und Disziplinen gebildet war und sein Klugheit gemehrt und fein ausgebildet war durch verschiedene Reisen, ließ er sich nieder in dem Wohnsitz der Vorfahren, es für befriedigender und ruhmreicher haltend, für sich und die Seinen zu leben, als hin und her getrieben zu werden durch den Wirbel der (fürstlichen) Höfe:

Ehren, die von den höchsten Fürsten Deutschlands ihm häufiger angeboten wurden, lehnte er hochherzig ab, nicht durch Trägheit veranlaßt, sondern durch Einsicht, für die er ein glänzendes Beispiel gab, als er es zuließ, daß er in die Ständeversammlung der welfischen Provinz und als Erwählter des Ritterstandes gewählt wurde.

Er zog vor – kein Wunder – die niederen, aber sicheren und nützlicheren Titel den höheren, aber gefährlicheren und unsicheren aus Liebe zum allgemein Wohl. Glücklicher Ehemann aufgrund der Ehe, die mit der hochberümten Frau

ANNA, ELISABETH von BODENHAUSEN,

aus dem berühmten Haus Rade, dem alten Schmuckstück des obersten Sachsens, am 28. Dezember 1697 unter günstigsten Vorzeichen geschlossen worden war.

Nicht in gleicher Weise glücklicher Vater: er trug nämlich drei Söhne, die einzige Hoffnung für die Fortplanzung des Geschlechtes, und ebensoviele Töchter aufgrund eines beklagenswerten Schicksals zu Grabe.

Es beschwichtigte die Trauer, die er aus so großem Verlust erhalten hatte, einigermaßen eine glückliche Ehe der einzigen Tochter, die ihm das Schicksal übriggelassen hatte, nämlich der

ANNA, ADELHEID, KATHARINA

Mit dem glänzendsten Helden

ADOLPH, FRIEDRICH, Graf von der Schulenburg,

aus der öfter Großvater und einmal Urgroßvater wurde: aber schließlich vermehrte es die Trauer, als ein so bedeutender Schwiegersohn, der Propräfekt der Kavallerie des preußischen Königs und Ritter des schwarzen Adlers, in der Schlacht bei Mollwitz in Schlesien 1741 gefallen war, den Sieg dem König, sich selbst ewigem Ruhm hinterlassend.

Ein Mann von alter Treue und Tugend, von fester Frömmigkeit gegen Gott, von bewunderungswürdiger Klugheit und Reinheit des Charakters, von unglaublichem Eifer, sich um alle verdient zu machen, verehrungswürdig allen guten Menschen, wenig lästig durch den Namen der Tüchtigkeit, aber dennoch nicht verhaßt, glänzend ohne übertriebenen Aufwand, ernst ohne Hochmut, klug ohne Verschlagenheit, großartig ohne Verschwendung, freundlich ohne Schmeichelei, ein Verächter des Neides, ein Bezwinger von Glück und Unglück, ein Sieger über den Tod, verschied er in Hannover am 6. Januar 1742, wohin er sich in der Hoffnung, seine Gesundheit wieder herzustellen, begeben hat. Er lebte 66 Jahre, 10 Monate, 20 Tage.

Dem unsterblichen Manne, dem unvergleichlichen Gatten, dem süßesten Vater haben dieses Denkmal des ewigen Schmerzes und der Sehnsucht voll Trauer und Tränen die Witwe und die einzige Tochter gesetzt.[14]

Begräbnisstätten der Wolfsburger Schloßherren

Von 1670 bis 1831 wurden die Familienangehörigen der adligen Schloßherrschaft in der Gruft der St. Marienkirche zu Wolfsburg beigesetzt. Darunter befinden sich auch die Särge von mehreren Kindern, die schon im Alter von einem, zwei oder drei Jahren starben. Nach Öffnung der Gruftmauer sind heute hinter einer Glasscheibe ihre Särge wieder zu sehen.

Es ruhen dort: Hans Daniel v. Bartensleben (1633 – 1689), Anna Adelheid v. Bartensleben, geb. v. Veltheim (1631 – 1706), Gebhard Werner v. Bartensleben (1675 – 1742), Anna Elisabeth v. Bartensleben, geb. v. Bodenhausen (1678 – 1752), Gräfin Anna Adelheid Catharina v. d. Schulenburg, geb. v. Bartensleben (ihr Gatte ruht in Beetzendorf), Gräfin Helene Christiane v. d. Schulenburg (1731 – 1732), Graf Friedrich Wilhelm (gest. 1720), Charlotte Sophie v. Bartensleben (gest. 1708), Gräfin Luise Friederike v. d. Schulenburg (1758 – 1759), Amalie v. Vestem (1634 – 1686), Sophie v. Veltheim (1635 – 1718), Hinrich Julius v. Bartensleben (1669 – 1671), Gräfin Elisabeth Sophie Marie v. d. Schulenburg (1761 -1762), Carl Ludwig v. Bartensleben (1712 – 1714), Achaz Günther v. Bartensleben (1667 – 1670), Graf Gebhard Werner v. d. Schulenburg (1722 – 1788), Gräfin Sophie Charlotte v. d. Schulenburg, geb. v. Veltheim (1735 – 1793), Juliane Albertine Christiane v. Marschall, geb. v. Münchhausen (1775 – 1818), Gräfin Anna Wilhelmine v. d. Schulenburg, geb. v. Münchhausen (1769 – 1832), Graf Carl Friedrich Gebhard v. d. Schulenburg (1763 – 1818), Gräfin Mathilde v. d. Schulenburg (ohne Datum) und Gräfin Luise Sophie Charlotte v. d. Schulenburg (1804 -1805).

In der Gruft der Petrikirche in Vorsfelde befinden sich die Särge mit folgenden Familienangehörigen der von Bartensleben: Elisabeth (1623 – 1665), eine Tochter von Achaz (gest. 1636), Sophie Judith (1618 – 1655), Günther (1620 – 1663) – ein Sohn von Achaz -, Catharina Dordthee (1601 – 1663) geb. Kotze, Achaz zweite Frau, Günzel (1590 -1658), Achaz Bruder, Agnes Maria v. Berlepsch (1596 – 1664), seine Frau, Christian Wilhelm (1622 – 1676), sein Sohn, Anna Elisabeth v. dem Knesebeck (1649 – 1684), Christian Wilhelms zweite Frau, Joachim Friedrich (1621 – 169?), des vorigen Bruder, Günzel Ernst Gottlieb (1674 – 1678), Christian Wilhelms Sohn, Joachim (1520 – 1558), Sohn des magdeburgischen Hofmeisters Jobst.

St. Petrikirche in Vorsfelde

Von den älteren von Bartensleben wurden außerdem in der Kirche zu Vorsfelde bestattet: Jost v. Bartensleben (gest. 1562), verh. mit Leveke v. Bülow, Günzel (gest. 1577) verh. mit Armgard v. Jagow, Günter (gest. 1579) verh. mit Catharina v. Rössing, Hans der Reiche (gest. 1583), Catharina v. Rössing (gest. 1585), Agnes v. Rutenberg, Hans des Reichen Gattin (gest. 1587), Armgard v. Jagow (gest. 1587) und Jakob (gest. 1590).

Der letzte männliche Erbe dieses alten Adelsgeschlechts, Gebhard Werner von Bartensleben, wurde am 15. Januar 1742 in der Gruft der St. Marienkirche zu Wolfsburg still, wie man es vor 22 Jahren bei der Beisetzung seines Sohnes Hans Daniel auch getan hatte, bestattet. In den vielen »untertänigen« Dörfern der v. Bartensleben wurden vier Wochen lang täglich für eine Stunde die Trauerglocken geläutet.

Da der »Wolfsburger Krieg« nicht mit einem ratifizierten Friedensvertrag beendet war, fragte man in Vorsfelde vorsichtig in Braunschweig an, ob auch sie läuten dürften. Der Herzog gab Bescheid, sie sollten nur läuten. So klangen dann vier Wochen lang aus allen umliegenden Orten die Trauerglocken, alle Lustbarkeiten wurden abgesagt. »Und doch sind die Bartenslebens,« wie der Chronist v. Loewenfeld schrieb, »hierzulande fast vergessen, verschollen, verklungen, ein ergreifend Bild davon, daß der rasche Strom der Zeit nicht nur unser Leben, sondern auch Andenken und Erinnerung auf flüchtiger Welle ins weite Meer der Unendlichkeit trägt.»[15]

Unterstützung kirchlicher und mildtätiger Einrichtungen durch die Grafen

Die Fortsetzung der Wolfsburger Tradition, kirchliche und mildtätige Einrichtungen zu unterstützen, war in diesem Maße ohne den Einfluß und die Mithilfe der Frauen der Schloßherren wohl kaum denkbar. Schon die verwitwete Armgard von Bartensleben förderte die christlichen Einrichtungen ihres Vetters Hans des Reichen, wie das von Bartenslebener Testament aussagt:

> Weiln sich meine Vetter von Bartensleben haben vernehmen laßen, daß sie förderlichst allhier zur Wolfsburg ein Armen-Hauß wollen erbauen, wo das geschehen wird und rechte arme Leute darin erhalten werden, als will ich zu dem, daß meine Vettern dazu geben und vermachen werden, von diesen Einhunderteinundachzig thalern vierzehn Mariengroschen. Auch Einhundert

thaler, weil diese Welt stehet, belegen und denen Armen dabey zum besten geben.

Schon der Wolfsburger Amtmann Penne erwähnte, daß 1613 im Armenhaus acht Personen waren. Diese erhielten 184 Taler, 21 Groschen und 4 Pfennig in bar und 17 Taler, 18 Groschen und 8 Pfennig für Kleidung. 1719 bekam jeder Insasse 12 Taler, der Küster für die tägliche Betstunde jährlich 13 Taler, der Pastor als Inspektor 3 Taler. Jeder Hospitalit wurde von dem ev. Pfarrer meist in Gegenwart eines Beamten ins Armenhaus eingeführt. – 1746 bekam man für 3 Taler einen feisten Hammel.

Der Graf von der Schulenburg hatte als Patron der Kirche das Recht, ihm angenehme Pastoren zu berufen, mit denen er dann meist ein sehr herzliches Verhältnis hatte. So hatte der 1792 geborene Graf Friedrich Gebhard Werner von der Schulenburg, ein »weltmännisch geprägter Edelmann«, 1826 den Pastor David Lochte berufen, der einer »freien, liberalen religiösen Richtung« zuneigte und der in seiner »republikanischen Gesinnung« eine intime Freundschaft mit Hoffmann von Fallersleben, seinem alten Schulfreund vom Katharineum in Braunschweig pflegte und ihn auf seiner Flucht beherbergt hatte.

Aber schon bald nach dem Tode des alten Grafen brach im Januar 1862 zwischen Pastor Lochte und dem neuen strenggläubigen Grafen Günter Ernst Gebhard Karl von der Schulenburg (geb. 18.12. 1819, gest. 22.2. 1895) und dessen erster Ehefrau Adelheid (geb. 13.2. 1834, gest. 7.7. 1870) ein schwerer Konflikt aus, der dazu führte, daß dieser freisinnige Pastor Wolfsburg verließ.

Dafür wurde von der »biblizistischen« strenggläubigen Grafenfamilie der pietistische Pastor Karl August Vorhauer in Wolfsburg eingeführt. Dieser »Wunschpastor« der Grafenfamilie führte 1863 unter dem Einfluß der Erweckungsbewegung, wie sie in der »Berliner Mission« gepflegt wurde, die alljährlichen Wolfsburger Missionsfeste ein, die bis lange nach dem 2. Weltkrieg jährlich abgehalten wurden.

Maßgebliche Vertreter der Berliner Missionsgesellschaft, wie der Direktor Wangemann und der Hofprediger Stöcker wurden als Redner oft nach Wolfsburg eingeladen, so daß sich Wolfsburg unter Schutz und Förderung der Grafenfamilien zu einem wesentlichen Missionszentrum im östlichen Niedersachsen und der Altmark entwickelte und mit Hermannsburg »konkurrierte«. Durch die Sammlungen auf den Missionsfesten und durch die Spenden der Grafenfamilien kamen so große Summen zusammen, daß dadurch die Arbeit der Berliner Mission, der Goßner Mission und der Berliner Stadtmission wesentlich unterstützt werden konnte. So lag die Kollekte auf den Missionsfesten ab 1885 jeweils über 1000 Mark, ein Betrag, den sämtliche Wolfsburger Tagelöhner zusammen in einem Monat bei einem Monatslohn von 30,- bis 40,- Mark verdienten.

Neben den Missionsfesten wurde am 6. Januar, dem Epiphaniasfest, das sogenannte Heiden-Weihnachtsfest gefeiert, auf denen ebenfalls große Spendenbeträge für die Heidemission aufgebracht wurden. Diese hohen Kollektensummen waren für den »kleinen Mann« in ihrer Höhe fast unvorstellbar. Sie wiesen den Wolfsburger Patron als »offensichtlich wesentlichen Finanzier« der Berliner Missionsgesellschaften aus. Ihre Arbeit war den Grafen alle finanziellen Möglichkeiten wert. Diese Missionsarbeit wurde von der Gräfin Adelheid von der Schulenburg maßgeblich mitgefördert und unterstützt. Sie stiftete auch für die Kirche in Heßlingen am 26. Juli 1869 einen prächtigen romanischen Kelch, der nach einem Muster im Mainzer Dom in Leipzig gearbeitet wurde und eine neue Zierde für diese kleine Kirche darstellte.

Die Gräfin Anna, Schwester des Grafen Günther Ernst Gebhard von der Schulenburg, schenkte ebenfalls als »eine Liebhaberin des Hauses Gottes« einen schweren stattlichen siebenarmigen Leuchter für die Gemeinde der St. Marienkirche, dessen Lichter am 6. Januar 1869, dem »Heiden-Weihnachtsfest«, erstmals angezündet wurden. Das Ende des Lebensweges der frommen und freigiebigen Gräfin Adelheid, geb. von der Schulenburg-Emden, der Gattin des Grafen Günther Ernst Gebhard, die schon im Alter von 36 Jahren, 4 Monaten und 24 Tagen starb, hatte der Pastor Fiensch in seiner Chronik festgehalten:

Der älteste Sohn Werner, seit Ostern auf dem Gymnasium zu Wernigerode, brachte, nachdem die Schule krankheitshalber geschlossen war, die Masern mit nach Hause, wodurch sämtliche Geschwister angesteckt wurden. Die in der Pflege ihrer Lieblinge sich aufopfernde Mutter wurde, als diese schon fast genesen waren, gleichfalls von der Krankheit befallen, so daß sie sich am Montag, d. 4.7.sehr unwohl fühlte, am Dienstag, den 5.7. sich legte und am Donnerstag abends 9 Uhr abgerufen wurde. Wie ein Donnerschlag traf die Nachricht die Gemeinde, die solches nicht im Entferntesten geahnt hatte; vor allem aber beugte der Herr tief den theuren Gatten, der die so hoch verehrte und geliebte Gattin hingeben mußte. Welch schwerer Schlag für die ganze hohe Familie vor allem für die 6 noch unmündigen Kinder. Wir waren schier betäubt vor Schreck und nicht bloß hier, in weiten Kreisen, denen die selige Entschlafene Helferin gewesen war, zeigt sich die tiefste Teilnahme und aufrichtigster Schmerz. Die Gemeinde hat die Mutter verloren.

Am Montag, den 11.7.1870 mittags 1 Uhr wurde die irdische Hülle zur Ruhe bestattet. Vor einer großen Trauerversammlung, an dem mit Blumen reich gezierten, von Wachskerzen umgebenen Sarg (der Gartensaal war reich mit Blumen geschmückt) hielt Superintendent Althaus aus Fallersleben nach dem Gesang und einem Gebet auf den Knien eine kurze ergreifende Rede über Psalm 39; darauf wurde der Sarg von den Gräflichen Forstbeamten die Freitreppe hinunter zur Bahre getragen und zur Kirche gebracht, dort vor dem Altar unter Palmen und zwischen brennenden Kerzen aufgestellt. Die Liturgie und Predigt über Offenbarung Johannes 7, 9 – 17 wurde vom Ortspfarrer gehalten, dazwischen gesungen: »Jerusalem, du hochgebaute Stadt«. Dann ordnete sich der Zug zum Kirchhof in Rothenfelde. Voran die Schüler und Lehrer, dann ein langer Zug von Geistlichen, dann der vierspännige Leichenwagen mit dem Sarg, dann das große Trauergefolge. – Auf dem Rothenfelder Kirchhof angelangt, hielt Pfarrer Köl aus Hehlingen die Begräbnisliturgie. Der Sarg wurde in dem herrschaftlichen Erbbegräbnis vorn links vom Mittelweg eingesenkt; der Herr verleihe der Hülle eine selige Auferstehung. Er lohne es der seligen hohen Frau, was sie getan an der Gemeinde und weit darüber hinaus, besonders was sie für sein Wort und Ehre hier gewirkt hat. Er segne ihr Andenken reichlich und in den Herzen aller.

Er erbarme sich aber der Gemeinde, die Er so heimgesucht hat. Ihre Liebe zu Gottes Wort und Haus, ihr Eifer für seinen Ruhm und Ehre, ihre Werke der Liebe an Armen, Kranken, Witwen und Waisen sollen der treuen Entschlafenen nicht vergessen werden. – Reichen Trost aber gieße der Gott allen Trostes in die Herzen des trauernden Gatten, der ganzen tiefbetrübten Familie.[16]

Schon für den 20. Juli 1870 war das 8. Missionsfest angesetzt worden. Obgleich am 7. Juli die Gräfin Adelheid starb und der Deutsch-Französische Krieg begann, fiel dieses Missionsfest doch nicht aus. Pastor Fiensch schrieb darüber:

Schon auf die Mitte Juni war unser Fest festgelegt. Bruder (Missionar) Schmidt aus Südafrika, den wir gern haben wollten, konnte erst am 20. Juli nach hier kommen. Das Fest wurde verlegt; da rief der Herr am 7. Juli unsere treue Frau Gräfin heim, die sich schon so sehr auf dasselbige gefreut hatte; das Fest schien nicht stattfinden zu können, denn in Wolfsburg war wahrlich keine Feststimmung. Auf speziellen Wunsch des Herrn Grafen sollte es doch stattfinden. Da brach der Krieg aus, die Reserven strömten zu den Fahnen. Wirds nun doch nicht zu Wasser? Angezeigt wirds und siehe, die Gäste bleiben nicht aus. Wenige nur fehlten. Freilich der Festprediger Bruder Schmalenbach aus Memmingen kam nicht. Er konnte mit der Eisenbahn wegen der Truppentransporte nicht durch, aber Bruder Schmidt half aus, predigte früh, hielt nachmittags Bericht, und es war eine Lust, ihm zuzuhören.

Waren auch die Herzen so unruhig um des Weltgetümmels willen, wir wurden ruhig im Herzen.[17]

1895 erwählten wohl auch unter dem Einfluß dieser Missions- und Erweckungsbewegungen drei junge Mädchen den Diakonissenberuf. Es waren Anna Mueller, ein Tagelöhnerkind aus Wolfsburg, Linda Mueller, Tochter des Windmüllers auf der Schillermühle und die jüngste Tochter des Grafen Günther Ernst Gebhard, die Gräfin Catherine von der Schulenburg, die als Krankenschwester im Ersten Weltkrieg den Straßenkämpfen in Löwen beiwohnte. Sie erlag ihren dort erlittenen Verletzungen am 2. September 1914 und wurde in Thienen (Tirlemont) beigesetzt.

Die Kirchen des Wolfsburger Ländchens

Das jüngste der drei ehrwürdigen Gotteshäuser des Wolfsburger Ländchens ist die Kirche St. Marien, die erst erbaut wurde, als die Kapelle in der Burg nicht mehr genutzt wurde. Dennoch konnte die Marienkirche schon am 17. Juni 1989 ihr 555-jähriges Bestehen feiern. Obgleich sie im Laufe der Jahrhunderte seit ihrer Gründung »außerhalb des Schlosses und nahe der Wolfsburg«, wie die Weiheurkunde berichtet, ihre Gestalt beträchtlich verändert hat, birgt sie auch heute noch interessante Sehenswürdigkeiten in ihrem Innern. Der älteste Teil des Baues ist die Marienkapelle an der Ostseite, während der Turm in der jetzigen Gestalt im 17. Jahrhundert neu gebaut wurde, wie die Jahreszahl 1679 an der Westseite aussagt. Beim Umbau der Kirche in den Jahren 1825 bis 1832 wurde der meiste Barockschmuck bis auf das Epitaph aus geweißtem Holz und Marmor für Gebhard Werner von Bartensleben und seine Ehefrau und die Deckenverzierung entfernt.

Schon 1362 wurde eine Kapelle neben der Burg »Wulfesborch« erwähnt. Später erst muß diese Kirche, die zu Ehren der Jungfrau Maria vom Bischofsvertreter aus Halberstadt am 17. Juni 1434 geweiht wurde, errichtet worden sein. Sicher hat diese Kirche dann auch nächtlichen Reisenden im dortigen Sumpfgebiet zur Orientierung gedient. Die Familie von der Schulenburg übernahm nach dem Tode von Gebhard Werner von Bartensleben das Schloß und die Kirche. Der preußische König Wilhelm III. schickte 1824 der Gemeinde seine Kirchenagende mit einer persönlichen Widmung. Die Grafen nahmen in ihrer Prieche in der Sitzecke, die sich über der Gruft der Verstorbenen der Familie von Bartensleben im Turm befindet, an den Gottesdiensten teil.

Eine kleine Treppe führt in die Gruft, in der man heute die gut erhaltenen Bleisärge mit Schmuckkanten und Wappen sehen kann. Außer dem reich verzierten und mit Figuren versehenen Epitaph ist das Sandsteintaufbecken aus dem 16. Jahrhundert im Altarraum sehenswert, da es mit Szenen aus dem Leben Jesu und den Wappen der Kirchenpatrone von Bartensleben reich und kunstvoll verziert ist.

Die Grundsubstanz der heutigen Orgel entstammt dem 17. Jahrhundert und trägt die Inschrift 1681. Diese Orgel, die 1944 unter Denkmalschutz gestellt wurde, hat insgesamt 29 Stimmen und wurde 1825 bei Reno-

Alt Wolfsburg, St. Marien

vierungsarbeiten mit geschnitztem Blattschmuck in klassizistischer Art verziert.

Weitere Kostbarkeiten in der Kirche sind: die wohl aus einem Triptychon stammende Sichelmadonna aus dem 15. Jahrhundert, etwa 1460 bis 1480, die als Marienstatue die Gottesmutter als Himmelskönigin auf der Mondsichel mit Zepter, Krone und Jesus auf dem Arm darstellt. Diese Madonnenfigur ist auf dem heutigen Kirchensiegel wiederzufinden.

Die geschnitzte Pieta in der Kapelle stammt aus dem 15. Jahrhundert. Sie verkörpert die Mütterlichkeit, die den gekreuzigten Christus bergend auf ihrem Schoß hält.

Am eindrucksvollsten ist aber wohl das Kruzifix aus dem 14. Jahrhundert im Kirchenschiff, das den leidenden Christus mit starker Betonung der anatomischen Einzelheiten mit einer Krone aus gewachsenen Dornen auf dem Haupt darstellt. Die Menschlichkeit Jesu wird hier erstaunlich lebendig und beeindruckend zum Ausdruck gebracht.

Der Turmknopf mit der Wetterfahne stammt aus dem Jahre 1908. Die »Heimatlichen Glockenklänge« berichteten über diese Erneuerung und über die Geschichte der Kirche, da sich die Marienkirche infolge Baufälligkeit und notwendig werdender Vergrößerung – letztmalig 1832 – mehrfach und nicht immer zu ihrer Verschönerung verändert hatte:

»Die ältesten Teile sind der massive Turm mit den alten Grabgewölben und Teile der Kapelle. Aber auch der Turm hat sein Angesicht im Laufe der Jahrhunderte bis zur Glockenerneuerung von 1928 verändert; vollends der Turmknopf mit der Wetterfahne, von der die Singdrosseln allem Autogebrause zum Trotz jeden Morgen und Abend ihr Loblied zu Gottes Ehre und uns zum Vorbild lieblich ertönen lassen, stammt erst aus dem Jahre 1908. Aber der Turmknopf ist nicht leer; er enthält Kunde aus Wolfsburgs Vergangenheit. Graf Werner, der Vater unseres jetzigen Herrn Grafen, ließ ein Schriftstück »mit guter Handschrift auf bestem, festesten Neumühler Papier« darin einlegen.« Am 28.10.1908 meldete der damalige Rentmeister Steinhoff, daß die befohlenen Sachen, in einer verlöteten Bleiröhre gesichert, in den Knopf des Turmes gelegt sind. Der Inhalt des Schriftstückes, der gerade für die jetzt lebende, an Wolfsburg und seinem Grafen hängende ältere Generation eine liebe Erinnerung bedeutet, sei darum hier mitgeteilt:

Es lebten um diese Zeit in Wolfsburg: der Besitzer des Gesamtfideikommisses Wolfsburg, Reichsgraf Werner von der Schulenburg-Wolfsburg, Erbherr auf Brome, Bisdorf pp, Patron der Kirche zu Wolfsburg, geb. am 15.3.1857, dessen Gemahlin Gräfin Frieda, geb. Freiin von dem Busche-Ippenburg, genannt von Kessell, geb. den 21.3.1871, getraut in der Kirche zu Essen bei Ippenburg am 3.7.1890, deren Kinder: Graf Günther, geb. am 15.4.1891, besucht zur Zeit die Ritterakademie zu Brandenburg an der Havel, Gräfin Elisabeth, Ursula, Renate, Gisela, Graf Werner, ferner Gräfin Marie von der Schulenburg, Schwester des Besitzers, verwitwete Frau Charlotte von Veltheim, geb. Gräfin von der Schulenburg Schwester des Besitzers.

Zeitiger Pfarrer ist der Pastor Ludolf Koven, seit Januar 1905 in Wolfsburg, Kantor und Organist ist der Lehrer Adolf Schulze, seit 1870 in Wolfsburg. Küster ist der Lehrer Paul Ziems, seit 1905 in Wolfsburg.

Der Gemeindekirchenrat besteht aus folgenden Personen: Graf Werner von der Schulenburg-Wolfsburg als Patron, 2. Pastor Koven als Vorsitzender, 3. Kantor Schulze, 4. Gräflicher Oberförster Spranger, 5. Gräflicher Sekretär Wedde, 6. Gräflicher Revierförster Kühne (für Rothehof und Rothenfelde), 7. Halbackermann Christian Nieß, 8. Halbackermann Wilhelm Peyer (beide für Heßlingen).

Der Gutsbezirk zählt zur Zeit 300 Seelen. Von den Gräflichen Beamten seien hier genannt: Oberförster Hugo Spranger, seit 1903 in Wolfsburg, Rentmeister Oskar Steinhof, seit 1905 in Wolfsburg, Inspektor Willy Meyer, seit 1899 in Wolfsburg. Gutvorsteher, vom Besitzer hierzu ernannt, ist der Rechnungsführer Artur Windberg, seit 1906 in Wolfsburg.

Die ersten Nachrichten über die Wolfsburger Kirche liegen nach der 1434 erfolgten feierlicher Erweihung aus dem Jahre 1579 vor, in welchem Jahre Güntherus von Bartensleben, Herr von Wolfsburg, die Kirche ausbaute. Bestanden hat außerdem, bis nach der Reformation jedenfalls, eine Kapelle im Schloß. Sie soll im kleinen Erker, und in dem anstoßenden Raum neben dem Wendelstein soll wahrscheinlich der Altarplatzg gewesen sein. Im Jahre 1824/25 und in Jahre 1832 wurde die Kirche von dem Hannoverschen Wirklich Geheimen Rat Grafen Friedrich Gebhard Werner von der Schulenburg-Wolfsburg renoviert und nach Norden und Nordosten vergrößert. Im Jahre 1898 ließen die Gräfin Margarethe von der Schulenburg, die 2. Gemahlin des Vaters des jetzigen Besitzers, Gräfin Frieda, die Gemahlin des letzteren, Gräfin Marie, Frau v. Veltheim, seine beiden in Wolfsburg wohnenden Schwestern und Gräfin Katharine von der Schulenburg, Diakonisse am Elisabeth- Krankenhaus in Berlin, eine innere Ausschmückung der Kirche vornehmen. Das Gestühl und die Kanzel wurden erneuert. Der Altar erhielt durch das große Kruzifix, ein Werk des Professors Küsthardt in Hildesheim, einen besonders herrlichen Schmuck.

Unter dem Turm befindet sich das Erbbegräbnis der Wolfsburger Besitzer und deren Gemahlinnen. Als Letzter seines Stammes wurde hier der Hannoversche Schatzrat Gebhard Werner von Bartensleben beigesetzt. Nach dessen Tode war Wolfsburg als Allod auf seine Tochter Anna Adelheid Catharina, Gemahlin des Generalleutnants Grafen Adolf Friedrich von der Schulenburg auf Beetzdorf, übergegangen. Mit dem Grafen Adolf Friedrich waren diese Güter somit in den Besitz des Schulenburgischen Geschlechts gelangt. Sein Nachfolger war der älteste Sohn des Generalleutnants Adolf Friedrich; und Hofmarschall Graf Gebhard Werner von der Schulenburg. Dieser vereinigte die vom Vater ererbten Güter mit den mütterlichen Gütern zu einem Gesamtfideikommissbesitz zu Gunsten seiner Descendenz mit dem Rechte der Erstgeburt. Der nächste Besitzer war demzufolge sein ältester Sohn, der Staatsminister Graf Friedrich Gebhard Werner, Wirklicher Geheimer Rat, Erbküchenmeister der Kur- und Neumark. Nach dessen Tode fiel das Gesamtfideikommiß Wolfsburg an seinen ältesten Sohn, an den Grafen Günther, dem Vater des zeitigen Fideikommißbesitzers Reitmeister a.D. im Königsulanen-Regiment, Grafen Werner von der Schulenburg-Wolfsburg am 27. Oktober 1809 gez. Werner, Graf von der Schulenburg-Wolfsburg.

Ferner vermerkte diese Urkunde: »Im Herbst des Jahres 1909, im 21. Jahre der Regierung seiner Majestät, des deutschen Kaisers, Wilhelms des Zweiten, König von Preußen, wurde das bis dahin stumpfe Dach dieses Turmes der Wolfsburger Kirche erneuert und erhielt eine steilere Form. Es war auch beabsichtigt, den Turm zu erhöhen; hiervon mußte Abstand genommen werden, da der obere Teil des Turmes in Fachwerk erbaut ist und die Belastung einer Erhöhung nicht zu tragen vermochte. Im Knopf der neuen Turmspitze wurden außer dieser Nachricht niedergelegt: 11 Mark und 68 Pfennig in Silber-, Kupfer- und Nickelmünze deutscher Reichswährung, sowie ein Exemplar der Neuen preußischen (Kreuz) Zeitung.«

Die Hehlinger Kirche

Diese Kirche kann auf ein 850-jähriges Alter zurückblicken. Nur spärliche Nachrichten liegen über ihre Gründung vor, da viele Aufzeichnungen Bränden zum Opfer fielen, wie der Chronist schrieb: »Weil von anno 1642 die sämmtlichen Kirchenbücher in der anno 1724 den 15ten August in Hans Jacob Scharenbergschen Hause enstandenen Feuersbrunst mit dem Pfarrhause verbrannd, ist dieses Kirchenbuch von neuem wieder angefangen (im Jahre 1724).»

Der Ort Hehlingen selbst kann auf eine gut tausendjährige Geschichte zurückblicken, denn eine erste urkundliche Erwähnung des »papus helinge« liegt von 959 aus Magdeburg von Kaiser Otto dem Großen vor. Auf Grund der Verbindung zum Kloster Hamersleben bei Halberstadt und zum Erzbistum Magdeburg entwickelte sich dieser Ort in seiner Grenzlage zum Marktflecken und hat wahrscheinlich einen Roland als Zeichen der Marktgerechtigkeit besessen, der heute noch in Neuhaldensleben steht. Dieser Grenzort wurde zum häufigen Streitobjekt vieler Herrschaftsinteressen. Er gehörte dann bis 1932 zum »Wolfsburger Ländchen« und war so eine westliche Exklave Sachsens. Über die wechselvolle Geschichte dieses Dorfes und der Kirche berichtete ein Chronist:

»Hehlingen wurde ehemals Groß-Hehlingen genannt. Ob Halig und Klein-Halig, die nicht mehr existieren an noch zwei verschiedene Dörfer gewesen, wovon die Tradition der Bauern jetzt noch die Dorfstellen angiebt, laße ich dahingestellt sein. Genung Hehlingen ist ein uraltes Swewisches Dorf und hat ehedem einen ganzen Gau dieser Gegend den Nahmen gegeben. Es wurden dazu alle damals existierenden Dörfer zwischen Öbisfelde und Fallersleben auch Staplingen in unserer Feldmark ehemals gelegen, gerechnet, und hat der Gau-Graf oder Richter allhier gewohnt (vide das Deplom Otto des Großen von Jahr 950, Seite 7). Nachmals haben hier Ritter des Tempel-Ordens gehauset, wovon noch jetzt ein adeli Afterlehn, der Tempel-Hof und 5 Kothsaßen-Höfe, die Tempel-Bauern genannt, Zeuge sind.

Der Stifter der Hehlingschen Kirche ist das Kloster Hamersleben und die Zeit der Gründung derselben fällt etwa um das Jahr 1150, denn nach der Stiftungsurkunde dieses Klosters vom Jahre 1112 besaß das Kloster damals in Hehlingen nur gewiße (nemlich 30 Hufen) Landes; aber eine Kirche des Ortes wird noch nicht gedacht. Nur erst in einem Privilegio, welches der

Kirche in Kehlingen

Kapelle in Almke/Wolfsburg

Bischof Ulrich oder Odatricus von Halberstadt im Jahre 1178 dem Kloster Hamersleben gab, wird außer dem Grund- Stücken des Klosters Hamersleben in Hehlingen auch ausdrückl. die hiesige Kirche als eine Kl. Patronats-Kirche angeführt. Da nun nach den alten canonischen Rechten der Schluß von 1.ten Patronats-Rechte auf den Stifter zurückgiebt, so leidet es keinen Zweifel, daß das Klosters Hamersleben die hiesige Kirche und Pfarre fundiert habe. Mit wie vielen Grund-Stücken ist mir unbekannt und könnte aus dem Archiv des Klosters Hamersleben, wenn es in jenen langen Zeitraum keine Zerstörung erlitten, am besten documentiert werden.

Sämtliche Rechte des Klosters Hamersleben in Hehlingen sind in der Folge an die Herrn von Bartensleben gekommen. Zu welcher Zeit und unter welchen Umständen, ob erst nach Aufhebung des Ordens der Tempel-Ritter, ist mir nicht bekannt.»

1264 war die Hehlinger Kirche jedenfalls schon wieder so weit zerfallen, daß das Kloster Hamersleben an seine Patronatspflichten erinnert werden mußte. 1311 wurde durch einen Neubau die Kirche verändert. Die Reformation wurde hier 1547 nach der Magdeburger Ordnung durchgeführt.

Die Hehlinger Kirche ist ein Rechteckbau mit eingezogenem Wehrturm. Im westlichen Bereich befindet sich nach Süden hin eine Vorhalle. An der Nordseite ist neben zwei kleinen Fenstern eine Renaissancetür mit der typischen Steinleibung zu finden. Die glattabschließende Chorwand zeigt über einem Fenster auf einer Tafel die Buchstaben XVcXIX, womit wohl die Jahreszahl 1519 gemeint ist. Durch die Vorhalle betritt man den etwa 60 cm tiefer liegenden Kirchenraum, was vermuten läßt, daß der Vorbau erst später angebaut wurde. An den schmalen Fenstern nach Osten ist der Verteidigungszweck der Vorhalle erkennbar, die auch als Leichenhalle diente. An der Brüstung der Empore an der Nordwand sind die Gemälde des Pastors Fuchs zu sehen, der von 1708 bis 1733 in Hehlingen amtierte.

Im Chorbereich steht rechts eine barocke Kanzel auf einer gewundenen Säule. Über der Kanzel befindet sich ein flacher Baldachin. Am Predigerstand sind Johannes, Petrus, Paulus und Christus dargestellt. Von der Kanzelbrüstung schauen Engelsköpfe herab. Eine sehr alte Grabplatte an der Wand daneben zeigt einen Geistlichen, der das Pallium, eine hohe Auszeichnung des Papstes, trägt. Der verzierte Pfarrstuhl an der Kanzeltreppe wurde früher als Beichtstuhl benutzt.

Wolfsburg-Neindorf, Kirche

Der Taufstein trägt die Inschrift »G.W.R. Graf von der Schulenburg 1759«. Die Altarplatte stammt noch aus der vorreformatorischen Zeit, auf ihr befinden sich Eckkreuze und zwei Vertiefungen, in denen früher die Reliquien der Heiligen, denen die Kirche geweiht war, aufbewahrt wurden. Wahrscheinlich hatte diese Kirche wegen der zwei Vertiefungen auch zwei Heilige als Schutzherren, wie auch die Stiftskirche in Königslutter den beiden Heiligen Peter und Paul geweiht war.

Im Altaraufbau ist in der Predella das Abendmahl, die Kreuzigung und darüber Christi Auferstehung dargestellt. Das Bild der Kreuzigungsszene soll aus der St. Annen-Kirche in Heßlingen stammen. Reichgeschnitzte Akanthuswangen zieren den Altaraufsatz. An der Chorwand befindet sich noch ein altes Sakramentshäuschen mit Kielbogen, darüber stehen in gotischen Schriftzeichen die Worte »hily ihs« und darunter »hic deu adora« (Heiliger Jesus, hier bete Gott an). Um den Altar entlang der Ostwand bedecken Grabplatten den Boden, von denen eine mit griechischem Kreuz im Kreis besonders interessant ist.

Im Chorbereich links an der Nordwand befindet sich das Porträt des Pastors Christian More mit weißem »Mühlsteinkragen« über dem Taler aus dem Jahre 1598.

Die St. Annen-Kirche

Sie ist das älteste Gotteshaus im Wolfsburger Ländchen, das schon 1934 in Gegenwart des Landrates und des Superintendenten sein 1000-jähriges Bestehen feiern konnte. Diese Kirche hat fast 1060 Jahre hindurch ihre äußere und innere Form mit Ausnahme des Einganges, der wiederholt umgebaut wurde, beibehalten.

Das Dorf »hesslinge« soll bereits 871 urkundlich als Bischofshof mit einer späteren Pfarrei, die zum Bistum Halberstadt gehörte, erwähnt worden sein. Diese Kirche ist wahrscheinlich als »Tochterkirche« der ältesten »öffentlichen Landkirche« in Ochsendorf, die vom ersten Bischof Hildegrin in Halberstadt gegründet wurde, entstanden und unterstand dem dortigen Archidiakon, dem Bischofsvertreter. Der Vorgängerbau der St. Annen-Kirche, die 934 erbaut wurde, war als eine Wehrkirche auf einer Erhöhung in der Allerniederung errichtet worden, um vor Hochwasser und Wendenaufständen geschützt zu sein. Nach der Einweihung der Marienkirche beim

Schloß Wolfsburg 1434 wurde Pfarrer Hinrik Clinkow 1450 verpflichtet, dort wie auch in der Kirche am Schloß wöchentlich eine Messe zu lesen.

Im Dreißigjährigen Kriege brannte die Kirche aus, die Nordwand wurde zerstört und der Eingang auf die Südseite verlegt. Einen weiteren Umbau erfuhr die Kirche 1867/68 im Auftrag der Gräfin Anna von der Schulenburg, worüber das folgende Kapitel berichtet.

1952 begann eine weitere zweijährige Restaurierung der Kirche, dabei verlegte man den Eingang wieder an den alten Platz nach Norden und verkleinerte die Fenster. Der hohe, alles überragende Turm hat nur wenig Sehschlitze, da er Zuflucht und Abwehr gewährte. Das Langhaus nimmt die Gemeinde wie in einer großen Scheune auf, während sich der kleine Chorraum als heiliger Bezirk mit den Rundungen der Apsis und der Konstruktion der Halbkreisbögen davon abhebt. Dort steht der Altar so, wie es besonders in Kirchen der Altmark und in Sachsen üblich ist.

Der Turm hat teilweise eine Mauerstärke bis zu 1,50 m. Neben dem wieder zugemauerten Westeingang stehen rechts zwei Grabplatten. Die linke mit dem Todesjahr 1636 stammt aus dem Dreißigjährigen Krieg. Im Giebel der Ostwand befindet sich ein kleines kreuzförmiges Fenster, durch das das Licht der Morgensonne kreuzförmig in das Kircheninnere fallen kann. Die dunkle Holzdecke schluckt alles Licht, so daß die ganze Aufmerksamkeit der Besucher wie in allen romanischen Kirchen auf den Altarbereich gezogen wird.

Den einzigen Schmuck im Langhaus der Kirche bietet die gotische Plastik der »Anna selbdritt«. Sie zeigt eine große Frau, die Mutter Anna, in der Mitte. Links an ihrer Herzensseite steht etwas kleiner ihre Tochter Maria, die Gottesmutter, und auf ihrem rechten Arm trägt Anna ihren Enkel, den Jesusknaben, der seine rechte Hand zum Segen erhebt. Diese Darstellung war im Mittelalter sehr beliebt, da sie die Generationsabfolge Großmutter – Mutter – Kind und die Gottesnähe des Menschen versinnbildlicht. Die einfache Holzkanzel steht links am Chorbereich. In der Wand zur Apsis links ist ein kleiner spitzbogiger Wandschrank, das frühere Sakramentshäuschen zu finden. Hinter diesem Schrank rechts verbirgt sich die Piscina, ein Steinbecken, in dem früher die liturgischen Geräte gesäubert wurden. Der Boden um den Altar ist mit Grabplatten verschiedener Größe ausgelegt.

Schaut man vom Altar nach Westen, so fällt ein großer Bogen über der Empore ins Blickfeld. Die Emporenbrüstung mit der Renaissancetäfelung stammt aus der Stadtkirche in Bodenwerder. Unter der Empore tritt man durch einen kleinen Bogen in den unteren Turmraum, der als Taufkapelle dient, wo in der Nische an der Westwand ein neugotischer Taufstein steht. An der Nordwand sind unterhalb der Treppe weitere Grabplatten eingelassen. Im Turm dieser Kirche hängt neben einer Glocke von 1468 eine der ältesten Glocken Niedersachsens aus dem 13. Jahrhundert.

Im Rahmen der Straßenbaumaßnahmen nach Gründung der Stadt des KdF-Wagens 1938 fürchtete man, daß die St. Annen-Kirche abgerissen werden könnte. Durch Einspruch der damaligen Denkmalschutzbehörde konnte dieses Vorhaben verhindert und die Straßenführung um die Kirche herum angelegt werden, so daß dieses Gotteshaus heute, von einem Friedhof eingefaßt, neben dem verkehrsreichen »St. Annen-Knoten«, der Hochbrücke der Heßlinger Straße und dem Berliner Ring als ein ehrwürdiger Zeuge einer über tausendjährigen Tradition erhalten blieb.

Restaurierung der St. Annen-Kirche in Heßlingen 1867/1868

Wieder einmal mußte die älteste der Wolfsburger Kirchen, das Gotteshaus in Heßlingen, renoviert werden. Durch den Krieg 1866, in dem Preußen die österreichische Hauptarmee bei Königgrätz besiegte und die Vereinigung Schleswig-Holsteins, Hannovers, Kurhessens, Nassaus und Frankfurts mit Preußen erfolgte, hatten sich die Bauarbeiten verzögert. Doch bald nach Pfingsten 1867 wurden die Arbeiten in Angriff genommen, so daß am 13. September 1868 die Heßlinger Kirche wieder eingeweiht werden konnte. Pastor Vorhauer, der drei Monate nach der Kircheneinweihung starb, berichtete über den Zustand und die Restaurierungsarbeiten der Kirche,

> ... die jetzt gründlich restauriert ist. Es ist eine alte romanische Kirche mit guten Verhältnissen. Aber einmal ist von Anfang an für würdige Ausschmükkung wohl wenig getan worden. Die Decke z. B. bestand nur aus rohen Brettern und Balken. Das Gestühl, aus späterer Zeit, war auch schmucklos und nach damaligen Stil unbeholfen. Von den alten Fenstern waren nur noch zwei kleine an der Nordwand übrig, die anderen waren weit ausgebrochen und hatten die Form eines Oblonzums (Rechteck).

Wolfsburg, St. Annen Kirche

Endlich befand sich die Eingangstür in der Südwand, wo der Turm vom Schiffe sich abgrenzt. Dieser Tür gegenüber führte die Treppe (innerhalb des Schiffes) zur Empore. Da erbot sich die Schwester des Herrn Patrons, Gräfin Anna von Schulenburg, welche mit ihrer verwitweten Frau Mutter zusammen wohnt, eine recht wackere und opferwillige Christin, die Urheberin und Vorsteherin des Paramenten-Vereins, auf ihre Kosten die Restauration der Kirche vornehmen zu lassen.

Die alte Tür wurde beseitigt und vermauert, die neue in der Westseite durch den Turm gebrochen. In das Innere des Turmes ist auch die Treppe zur Empore gelegt. Die viereckigen Fenster wurden in kleine romanische verwandelt, aber auch die alten, wohl der Comformität und des Lichtes wegen, vergrößert und den neuen gleichgemacht. Auch in die Apsis ist eine Fensteröffnung gebrochen, die mit einem bunten Fenster geziert wird. Der alte unförmige Altar ist durch einen neuen in altem Stil ersetzt und wird ein Antependium erhalten. Ein hölzernes Kruzifix wollen die beiden Schwestern der Gräfin Anna, Frau Gräfin von der Schulenburg-Beetzendorf, und Frau Freiin von Vincke schenken. Die Leuchter sind nach einem uralten in Nordsteimke aufgefundenem Lichtträger von Meister Siebenkees in Nürnberg gegossen. (...) Nun sind die Stühle alle gegen Osten gerichtet, der Durchgang, breiter als die früheren, geht in der Mitte, und ist, wie auch der ganze Chorraum, mit getäfelten Steinen belegt. Die Empore ist schön und zweckmäßig eingerichtet. Die Wand graugrün gestrichen, die Decke mit ausgekehlten Balken geziert und letzteren dunkel, die sie verbindenden Bretter hell in Ölfarbe gestrichen, den Turm schmückt ein vergoldeter Knopf, den Chorabschluß ein vergoldetes Kreuz. Das Portal ist in Velpke gehauen. Die Grabsteine, welche früher in der Kirche lagen, sind jetzt an die Kirchenmauer gelegt. ... Superintendent Schlaaf in Weferlingen ist auf Ansuchen des Herrn Patrons vom Königl. Konsistorium mit der Einweihung beauftragt worden. (...) Sup. Schlaaf überreichte mir den Schlüssel mit Hindeutung auf das Amt der Schlüssel und der Mahnung, dasselbe treu zu warten. Ich sagte: »Nun denn in Gottes Namen. Der Herr, dessen Güte uns heute dieses Heiligtum aufschließt, der wolle nach seiner Barmherzigkeit uns auch einst die Tür des himmlischen Heiligtums aufschließen. Er segne unseren Ausgang und Eingang von nun an bis in Ewigkeit. Amen.« und schloß auf. Voran ging der Superintendent, dann folgte auf meine Einladung der Herr Patron, Gräfin Anna und ihre Cousinen (die übrigen Familienmitglieder des gräflichen Hauses waren aus Furcht vor Überfüllung der Kirche ausgeblieben, und fanden sich erst abends ein), dann ich, die Lehrer und recht ausgewählte Schulkinder, dann die Gemeinde. Während des Einzugs sangen wir: »Komm, Gott Schöpfer, heiliger Geist«. Obgleich die Menge der Menschen groß und das Gedränge unvermeidlich war, so kam doch keine Störung vor ...[18]

Wolfsburg vor und nach dem Ersten Weltkrieg

Die ruhigen Jahre

Nach dem Tode von Pastor Fiensch führte ab 1895 sein Nachfolger Schwarzkopff die Wolfsburger Chronik fort. Am 12. Juni 1895 berichtete er: »Im Äußerlichen hat Gott mich und die Meinen gesegnet und vor schwerer Krankheit gnädig bewahrt. 6 Kinder, 3 Knaben und 3 Mädchen, sind uns geschenkt, von denen der eine, ein Knabe in einem Alter von einem Jahr heimgerufen ist. Meine Stellung zu meinem Patron ist durch nichts getrübt und immer inniger und näher geworden. Im Verlauf des Winters haben wir zu reicher Erbauung Martenson's Ethhik und »Das Selbstbewußtsein Jesu« außer anderen gelesen durch fast neun Jahre hindurch. (...) Die Missionsvereine hier und in Rothenfelde unter M. Hansmanns, der Kleinkinderschullehrerin, Leitung haben sich im Winter alle 14 Tage, sonntags resp. Mittwochs, versammelt. Besonders der Beginn ist für die Tagelöhnerfrauen in Rothenfelde und einzelner Heßlinger eine Quelle des Segens und stiller Sonntagsfreude geworden. Leider halten sich hier (in Wolfsburg) die Tagelöhnerfrauen und in Heßlingen die Bauerfrauen bis auf eine gänzlich fern.

Der Jünglingsverein, der sich an jedem dritten Sonntagabend versammelt, bietet mir viel Schwierigkeiten. An dem Widerstreben der Jünglinge sind meine wiederholten Versuche, ihn ganz aufzugeben, bisher stets noch gescheitert.

Der Jungfrauenverein, der unter Leitung meiner Frau arbeitet und sich jeden zweiten Sonntag im Monat versammelt, erfreut sich größter Beliebtheit. Oft sind über 40 Mitglieder da. (...) Das Spinnstubenunwesen und die Tanzböden florierten, trotz aller Kämpfe und Bemühungen, der Staat würde sich durch sein Verbot des ersteren doch großen Verdienst erwerben. Ich sehe darin nach wie vor die Quelle aller Unsittlichkeit. Eine große Freude ist mir seit dem Winter 1894, daß sich mehrere ältere Mädchen aus dem Bauernstand den Besuch der Burschen nicht mehr gefallen lassen. Tapfere Mädchen! Man hat ihnen den Spott- und Ehrennamen »der Nonnenzug« gegeben.

Familienabende, gelegentlich veranstaltet, haben erfreuliche Anziehungskraft erwirkt. Vermächtnisse für Mission sind selten, Frl. Charl. hat 200 M. der Mission, um 1890 300 M. für Wolfsburger Arme vermacht; letztere sind bei der Sparkasse in Gardelegen belegt. Herr Graf, mein Patron, hat je 9.000 M. vermacht für die Berliner Mission I, die Goßnermission (Berlin II), die Berliner Stadtmission und das Gymnasium zu Gütersloh.

Am 22. Februar des Jahres ist er, der Graf, nach oft namenlosen Schmerzen von einer schweren Krankheit genesen (erlöst worden). Ich durfte ihm täglich vorlesen und an den letzten Tagen, da er schon fast sprachlos war, mehrmals mit ihm beten und dann an seinem Sarge an den drei Tagen täglich seinem ganzen Hause Andacht halten. Der Gemeinde ist unbeschreiblich viel mit ihm genommen, mir ein väterlicher Freund von unveränderlicher Güte und Treue. (...) Ich habe unsagbar schwere Schläge mit ihm durchlebt und seine Geduld aus unerschütterlicher Gottergebenheit aus ganzem Herzen bewundert. Am 5. Februar 1888 ging seine verwitwete Mutter, die feine Frau Gräfin Excellenz in einem Alter von 90 Jahren, 8 Monaten und 29 Tagen heim, zuletzt sehr gequält.

1889 in den letzten Junitagen nahm Gott an Diphtheritis seine drei einzigen Enkelkinder, die Kinder seiner einzigen verheirateten Tochter, v. Stralendorff-Feldberg hin, während wir unser Missionsfest in gewohnter Weise feierten.

Im Juli 1890 heiratete zur Freude seiner Eltern der älteste Sohn, Graf Werner von der Schulenburg, zu Hannover, kommandiert als Adjutant das Reitinstitut daselbst, die Freiin Frieda von der Bussche -Ippenburg: Das ungetrübte Glück dieser Kinder durch ihre drei Kinder (Günther, Elisabeth, Ursula) war der hellste Sonnenstrahl des alternden Großvaters, zumal seit Graf Werner seit 1893 dauernd seinen Wohnsitz in Wolfsburg genommen hatte, wodurch allerdings Gräfin Anna sich veranlaßt sah, ihre Wohnung in Braunschweig zu beziehen, um jenen Platz zu machen. Doch kehrte sie oft und zu längeren Aufenthalt hierher zurück.

1889 Pfingsten starb vom Schlage getroffen das etwa einjährige Trostkindchen v. Stralendorff's, wieder ein dunkler Weg. Und am 8.9. desselben Jahres starb an seinem Hochzeitstag in Leipzig Ludolf v. Veltheim, der Gemahl der Comtesse Charlotte von der Schulenburg, der dritten Tochter des Grafen. Die Sorge um das Ergehen dieses Kindes hat ihn bis zuletzt beschäftigt.

Vom Frühjahr 1894 an kränkelte er selbst und litt oft unter unsäglichen Schmerzen. Es kamen bessere Zeiten, wo er in gewohnter Weise an allem teilnahm und für Großes und Kleines sein Interesse bezeugte. Aber sein

Zimmer hat er seitdem nie mehr und sein Bett nur noch an 8 – 10 Tagen auf Stunden verlassen; die Seinen sammelten sich um ihn, so gut sie konnten, und warteten auf sein Ende. Fremde Gesichter sah er nicht mehr gern um sich. Sein Sohn übernahm mehr und mehr die Geschäfte, und er lebte schon in der Ewigkeit, Ave pia anima! (Sei gegrüßt, heilige Seele!)«.[19]

1910 verwüstete ein furchtbarer Wirbelsturm den Park und Lerchengarten, vor allem aber den Lustgarten. In zwei Minuten brach der Sturm Riesenbäume, die den alten Festplatz im Park beschatteten und warf sie umher, wie Spielzeug. Für 1911 wurde daher eine neue Gestaltung des Lerchengartens in Aussicht genommen. Das Unwetter kam um Mitternacht, forderte aber keine Menschenopfer. Die Oberförsterei wurde schwer beschädigt, während Heßlingen wenigstens ziemlich verschont blieb.

1911 predigte auf dem neuen Festplatz Pastor Fr. v. Bodelschwingh, der Sohn des Gründers der Betheler Anstalten. Die Kleinkinderschulen in Heßlingen, Rothenfelde und Wolfsburg feierten 1911 ihr 50-jähriges Bestehen. Der Jungfrauenverein traf sich jetzt dreiwöchentlich im Pfarrhause und wurde geleitet von der Diakonissin von Wolfsburg, Frau von Veltheim, Gräfin Marie von der Schulenburg und von dem Pastorenehepaar. Reichstagswahlen wurden durchgeführt.

Aber schon wuchs auch im Wolfsburger Raum die Ahnung und Furcht vor kriegerischen Auseinandersetzungen, wie Pastor v. Loewenfeld Silvester 1911 schrieb: »Am politischen Horizont wetterleuchtete es stark und ein Krieg stand wegen Marokko recht nahe – mir ist schwer ums Herz, wenn ich an Deutschlands Zukunft denke.»[20]

Die Kriegsgefahr stieg. Silvester 1912 notierte der Chronist: »Die ernsten Zeichen der Zeit mehren sich. Im verflossenen Jahr hat zwischen Serbien und der Türkei ein Krieg stattgefunden, der im Frieden von Lausanne sein Ende fand, dem sich aber unmittelbar der momentane Balkankrieg mit den blutigen Schlachten von Kirke Kilisse und Lüle Burgas und der Einnahme von Saloniki anschloß. Ob wir durch unsere Liierung mit Österreich und Italien nicht doch noch hereingezogen werden in kriegerische Aktionen, ist fraglich und steht bei Gott. Wenn – dann ist ein Weltkrieg da.»[21]

Schwester Gertrud begann mit der Mütterberatung zur zwanglosen Besprechung wichtiger Fragen. Der Vaterländische Frauenverein gründete eine Ortsgruppe, aus der später das Wolfsburger Rote Kreuz hervorging.

Hirtenhaus in Wolfsburg-Heßlingen

In der gräflichen Familie fand Palmarum die Konfirmation von Gräfin Renate und am 6. Juni die Hochzeit von Gräfin Elisabeth mit dem Majoratsherrn von Burgscheidungen, Graf Adelbert von der Schulenburg, statt. Die Förster bliesen den Fürstengruß. »Und im übrigen wimmelte es von Vertretern derer von der Schulenburg, daß ein Nichtgeneologe sich kaum zurecht fand. Der Hochzeitszug, bei dem die Kinder der Kleinkinderschulen Hand in Hand gefaßt Spalier bildeten und die Brautjungfern in Weiß voran gingen, muß nach den Photographien ein hübsches Bild dargeboten haben.

Das Jahr war der Witterung nach ebenso naß und ungemütlich wie das Vorjahr trocken und heiß. Durch den Bazillen tötenden gleichmäßigen Sonnenschein von 1911 ist wohl mit die geringe Sterblichkeit des Jahres 1912 zu erklären.«[22]

Alt-Wolfsburger Streiflichter aus dem Jahr 1913

Mit den sittlichen Zuständen in der Kaiserzeit vor Beginn des Ersten Weltkrieges war Pastor von Leowenfeld nicht immer einverstanden, wie er es Silvester 1913 niederschrieb:

> ... das Kaliwerk bringt Elemente in das überfüllte Heßlingen, über die man sich nur zum kleinsten Teil freuen darf – viele Betrunkene, besonders vor der Rhotenfelder Gastwirtschaft her, begegnet man auf der Chaussee.
>
> Die Ernte war im wesentlichen sehr gut – der Roggen, Grünsaat und die Kartoffeln vorzüglich; trotzdem reißt die Unsitte der Sonntagsarbeit mehr und mehr ein. Vom Obst fielen Äpfel und Frühkirschen fast aus, indessen die Pflaumen zum Brechen trugen. Man verkaufte hier 1 Zentner für 2 – 3 Mark. (...) Da seit den Freiheitskriegen ein Jahrhundert vergangen, sind ... auch hier Feiern veranstaltet worden, vor allem zum Andenken an die Leipziger Schlacht. Fackelzug, Höhenfeuer, Festgeläute und am Sonntag darauf, am 19. 10., ein Festgottesdienst, zu dem die Posaunen bliesen. Derselbe war nur von 64 Erwachsenen besucht, da am 18.10. bis in die Nacht hinein »gefeiert« worden war. Diese Feste sind oft nichts als anständig angefangene, aber schlecht endende Trink- und Tanzgelegenheiten. Was im Dunkel der Nacht nebenbei geschieht, ist sehr traurig, besonders beim Heßlinger Sommerfest. (...) Erinnerungssteine 1813 – 1913 sind wie in Vorsfelde, Oebisfelde, Werferlingen auch in Heßlingen und am Klieversberg geweiht worden, hier in Verbindung mit dem Regierungsjubiläum Kaiser Wilhelm II., Graf von der Schulenburg hielt die Festansprache.

Auch schon damals schrieben sich die Schüler schöne Sprüche ins Poesiealbum, wie Pastor von Loewenfeld berichtete: »Dafür sind Zeugnis die Verse, die sich im übrigen ganz wacker raufende Jugend gegenseitig in ihre Poesiealbums mit orthographischen Schrecknissen schreiben und schreiben lassen, z. B. »Ich lag im Walde und schlief, da kam ein Engel und rief: Albert, du sollst früh aufstehn und zum Heiligen Abendmahl gehen!»

Ein Tagelöhnerkind, das Läuse hatte, an sich ein oberflächliches, aber gutartiges Kind, schrieb: »Sei wie das Veilchen im Moose, bescheiden, sittsam und fein und nicht wie die stolze Rose, die immer bewundert will sein!»

Oft kehrt der schöne Erinnerungsspruch wieder: »Gedenke nah, gedenke fern, gedenke meiner oft und gern, gedenke auch an meinem Grabe, daß wir getreue Freunde waren.»

Oder ein Bürschchen, das anständig und empfänglich ist, aber um alles in der Welt gern krakeelt, schreibt seinem Heßlinger Freund: »So wie die Rosen blühen, so blühe stets dein Glück, und wenn du Rosen siehest, so denk an mich zurück!»

Diese Proben mögen genügen – sie erklären auch, warum man oft nicht die Unwahrheit fühlt, wenn man, Welt und Sünde im Herzen, frömmelnde Sentenzen ausspricht.»[23]

Dem bleibt wohl nichts hinzuzufügen.

Die Kriegsjahre von 1914 bis 1918

Nach dem Pfingstfest 1914 fand auf dem Klieversberg im leerstehenden Forstaufseherhaus, einem umgebauten Kalkofen mit geräumigem Saal, ein Bibelkongreß von der deutschen christlichen Studenten Vereinigung (D. C. S. V.) statt, zu dem über 40 Studenten, darunter auch ein Russe und ein Finne, erschienen waren.

Das schon vorbereitete Wolfsburger Missionsfest wurde wegen der Maul- und Klauenseuchengefahr vom Regierungspräsidenten verboten, unerklärlicherweise aber nicht das große Schützenfest in Weferlingen.

Am 1. August 1914 vermeldete der Chronist:

> Die Sorge, die in dieser Chronik im Silvesterbericht 1912 ausgesprochen wurde, hat wieder Einzug gehalten, nur, daß es diesmal so gut wie sicher ist: der große Weltkrieg steht vor der Türe. Das strenge Schreiben, das Österreich nach Ermordung des Thronfolgers in Sarajewo an Serbien, dem Herd des Attentates, richtete ist von diesem nicht erfüllt worden. So begann der Krieg zwischen beiden Staaten, worauf Rußland mobilisierte – das genügt uns, in die Waffen zu treten. (...) Die ersten Einberufungen sind mit sofortigem Abreisebefehl schon erfolgt – Schrader – Heßlingen und Grunz – Wolfsburg sind zu dem Schaumburger Jägerbataillon beordert. Die Eisenbahn steht unter Bewachung – die ersten Verkehrssperrungen fanden statt. Wir sorgen uns um Englands Haltung.

Am 5. August schrieb v. Loewenfeld: »Bis auf Italien ist die Haltung der Großmächte nun völlig klar. Rußland, Frankreich, England sind unsere Feinde – der Krieg ist da. Flieger der Gegner sind vielerorts wie über Nürnberg und Chemnitz gesichtet – Schaden richten sie nicht an. Aber Spione in Weiberkleidern, die Bomben werfen und in Autos das Land durchchauvieren, Jungen, die unsere Brunnen vergiften wollen, sind auch im Lande und zum Teil gefaßt und erschossen. Wir bewachen hierorts die Bahnübergänge und Brücken bei Heßlingen und haben vor der Stellmacherei an der Kästorfer Straße einen Schlagbaum mit Wache.« Am 11. August trug der Chronist ein: »Nun rollen sie vorüber – Eisenbahnzug an Eisenbahnzug – nach der Westgrenze – auf den Geschützen draußen, in den Gepäckwagen drinnen sitzen sie, je nachdem die Wagen geschlossen oder offen sind – und alles ist mit Laub geschmückt und alles jubelt und schreit ›Hoch‹. Deutschland ist erwacht, der Michel ist zum Helden geworden.«[24]

Ende August wurden die Wachen an der Bahn, die seit 1866 hier vorbeirollte und auf der auch schon 1870/71 während des Deutsch-Französischen Krieges Truppen befördert wurden, abgezogen. Nur noch die Schillerbachbrücke wurde von sechs Mann und einem Vorgesetzten bewacht, die sich alle zwei Stunden ablösten. In Wolfsburg lagen noch keine Meldungen über Gefallene und Verwundete vor.

Am 25. August 1914 rückte der Kirchenpatron, Graf Werner von der Schulenburg, nach einer stillen Abendmahlsfeier in der Kirche zu den Feldtruppen ein.

Das Erntewetter war nicht mehr ganz so gleichmäßig schön wie es vorher war.

Am 7. September berichtete der Chronist, daß die Diakonisse Gräfin Catharine von der Schulenburg bei den Straßenkämpfen in Löwen eine Beinwunde erhalten hatte und nach einer Operation gestorben war. Der Sohn des Tagelöhners Schrader war verwundet worden. In Heßlingen und Wolfsburg wurden Kriegsgebetsstunden abgehalten.

Die Truppen, welche vom Westen wiederum gen Osten dirigierte, hier vorüberfuhren und zum Teil in Oebisfelde verpflegt wurden, waren gehaltener, ernster – aber dieselbe Siegeszuversicht trug auch sie. So wird man es auch dem Chronisten nicht übel vermerken, wenn er bald als Feldprediger den vielen frischen Söhnen Deutschlands nachrückt.

Aufmerksam verfolgte man die Nachrichten von den Kämpfen an der Front. Man machte sich große Sorgen, wenn von den Angehörigen im Felde längere Zeit keine Post eintraf. Gerüchte entstanden, die die Angehörigen oft schrecklich aufregten, die sich dann aber doch als falsch erwiesen, wie der Chronist schrieb:

> Ein Verwundeter schreibt aus Arnsberg, ihm ginge es wie dem Herrgott in Frankreich in seinem Lazarett. Schmerzlich ist der Druck, den das lange Ausbleiben von Post im und nach dem Felde erzeugt – ich schrieb gestern eines Rothenfelder Kindes wegen, das ... seit 5 Wochen der Mutter keine Zeile geschickt hat. Er steht in Rußland. Vor einem sollte man sich hüten – dem törichten Aussprechen von Gerüchten, die bald in falscher Siegesfreude und bombastischen Erfolgsnachrichten schaukeln, bald schaurige Mär bringen und von Leuten im Felde Tod und Sterben berichten. ... Ich habe neulich in der Heßlinger Kirchenbetstunde einmal die Gelegenheit wahrgenommen, sehr energisch dawider aufzutreten, was vielen gefallen hat.[25]

Bis Mitte September 1914 waren allein aus Heßlingen schon 32 Männer einberufen worden.

Tief bewegt hörte man die Meldungen vom Einbruch der Russen in Ostpreußen und sammelte für die Flüchtlinge, wie der Chronist am 19. September berichtete:

> Da wir für das halb zerstörte und ausgeraubte Neidenburg, in das die Russen 300 Granaten schleuderte, sammelten (149 Mk.), lag es jedem nahe, den Vergleich zu ziehen. Hier die Ernte gut eingebracht, sogar die Rüben tadellos, die Apfelernte ausgezeichnet – daher auch kein Mangel, keine Not – alles friedlich, wohlhabend, mit Äußerem gesegnet – und drüben in Ostpreußen, welch Elend! Rauchgeschwärzte Mauern, Trümmer, demolierte Zimmer, Blut, Schutt, herrenloses Vieh auf den Friedhöfen grasend! Wie gut haben wir es doch durch Gottes Barmherzigkeit noch! Es wird mancherlei hier getan – am Spenden von Lebensmitteln und am Helfen bei den Transportzügen der Soldaten, auch der armen Verwundeten, hat es unsererseits in Oebisfelde nicht gefehlt ... Nach Ostpreußen gehen heute Kleidungsstücke ab. Aber sonst klingt der Krieg eigentlich nur wie ein fernes Sturmläuten in unseren Dorffrieden herüber. Und doch ist er da. Wenn ein aus Rothehof gebürtiger Soldat im Felde seit Ausbruch des Krieges noch keine Zeile geschickt hat, wenn die einen schreiben, sie tränken Rotwein und die anderen nur von trockenem Brot und Wasser und etwas Schokolade als Tagesration erzählen – Kriegsart, Kriegsnot![26]

Mit Dankgebeten gedachte man der Siege der deutschen Ostarmee unter Hindenburg und Ludendorff, die vom 26. bis 30. August bei Tannenberg und vom 6. bis 15. September 1914 an den Masurischen Seen die russischen Armeen zurückgeworfen hatte. Von den vielen russischen Kriegsgefangenen brachte man auch etwa 10000 Mann in ein Gefangenenlager nach Gardelegen, das von einem Landsturmbataillon bewacht wurde.

Der Wolfsburger Chronist wurde Divisionspfarrer der 47. Reserve Division, lag vor Verdun, machte die Beskidenschlacht und den Stellungskrieg am Demajec mit und war dann in der Etappe der Südarmee als Lazarettpfarrer tätig.

Im April 1916 waren aus Wolfsburg bereits 5, aus Rothenhof 2 und aus Heßlingen 5 einberufene Kriegsteilnehmer gefallen. Die Saaten standen gut. In Wolfsburg waren neben den Brotkarten auch die Butterkarten eingeführt worden. Ein Pfund Fleisch kostete 1,80 – 2 Mark und darüber. In den Städten gab es Fleisch-, Fett- und Kartoffelarmut und Milchknappheit. Zwei Wolfsburger Kriegsteilnehmer wurden als vermißt gemeldet, einige waren in Gefangenschaft geraten.

Im Kriegswinter 1916/17 bekam Wolfsburg und die Kirche mit dem Pfarrhaus elektrisches Licht. In der Heßlinger Kirche wurde im Herbst 1918 die elektrische Lichtanlage fertiggestellt.

Am 29.7.1917 läuteten zum letzten Mal alle drei Wolfsburger Glocken, von denen dann die zwei größten zum Einschmelzen für Kriegszwecke abgegeben werden mußten.

22 Kriegsteilnehmer aus Wolfsburg, darunter als erste Kriegstote die Diakonisse Catharine von der Schulenburg, waren im Felde geblieben. Aus Rothehof-Rothenfelde kehrten 10 Soldaten nicht mehr aus dem Krieg zurück.

Not- und Inflationszeit

Am 1. Januar 1919 fanden sich die heimgekehrten Feldzugsteilnehmer in geschlossenen Zügen in der Kirche ein, nur wenige blieben fort. Aber schon bald danach zerfiel dieser Zusammenhalt, wie der Chronist berichtete: »Die Zeit ist schwer, auch auf dem Lande. Man spürt einen Abbruch der Sittlichkeit. Diebstahl, Vergnügungssucht und Liederlichkeit gebärden sich viel dreister, und alles politische Streben der meisten ist diktiert vom Neid und Selbstsucht.»[27]

1920 ließ die gräfliche Familie aus Sorge über die Menschenansammlungen das Reformationsfest ausfallen. Ein Paar Stiefel kosteten 1920 360 Mk., Sohlen 50 Mk. Die Obstblüte war traumhaft und die Saaten standen gut. Im Sommer 1920 besuchte der alte Feldmarschall von Hindenburg die gräfliche Familie auf dem Schloß. Aus diesem Anlaß marschierten viele Vereine heran, um den berühmten Feldherrn zu huldigen. Hindenburg sprach »hoffnungsvolle markige Worte, sein Wesen war Güte und gesammelter stiller Ernst. Frau und Sohn begleiteten ihn«.

Am 14. Mai 1922 wurde mit einem Feldgottesdienst das Denkmal für die Gefallenen des Ersten Weltkrieges an der Chaussee Wolfsburg-Heßlingen eingeweiht.

Das Jahr 1923, in dem die galoppierende Inflation ihren Höhepunkt erreichte, hinterließ auch in Wolfsburg seine Spuren. Da das Geld täglich an Wert verlor, wurden für die Pfeifferschen Anstalten in Magdeburg statt Geld Naturalien gesammelt. Zusammen mit den Spenden aus Hehlingen kamen so viele Kartoffeln, Rüben, Mehl, Fett, Korn und Hülsenfrüchte zusammen, daß damit ein Waggon gefüllt werden konnte.

Durch ein Kirchenkonzert, wo die Dänin Varnung Geige spielte, wurden Spenden für das von Frankreich und Belgien besetzte Ruhrgebiet gesammelt. Im Kalischacht Rothenfelde und auch in der Sägemühle konnte nur noch in Feierschichten weiter gearbeitet werden. Das Hospital in Hötensleben, das durch die Hans von Bartenslebensche Stiftung unterhalten wurde, konnte mit den durch die Inflation wertlos gewordenen Zinsen nicht mehr weitergeführt werden. Durch die Einführung der Rentenmark stabilisierte sich endlich das Geldwesen wieder. Für eine Billion Papiermark gab es eine Rentenmark. Mit den Pächtern der Pfarrländereien am Bullenberg gab es viele Streitigkeiten wegen der Pachtzahlung. Der Gemeindekirchenrat hatte daher freiwillig in den Fällen, wo das Meistgebot bei der Neuverpachtung ungesunde Höhen erreicht, die Pacht herabgesetzt. Es wurde nach Roggenmorgen verpachtet. Die Pachtgelder mußten nun entweder in natura oder zum Listenpreis des 15. vom Vormonat jedes Quartalsersten entrichtet werden.

Am 2. Ostertag 1924 (d. 21. April) wurde in Wolfsburg ein großes Stahlhelmtreffen durchgeführt, zu dem auch der alte Generalfeldmarschall von

Alt Kößlingen Alter Hof

Hindenburg erschien. Über dieses Treffen des Stahlhelms, ein Bund national gesinnter ehemaliger Frontsoldaten, der nach 1933 nicht immer ganz freiwillig in die SA überführt wurde, schrieb der Chronist: »Die Weihe der Fahnen, die für den hiesigen Stahlhelm der Patron gestiftet, führte am 2. Ostertag Tausende auf die Wiese neben dem Gefallenen -Denkmal. 25 Fahnen flatterten bei dem sehr stürmischen Wetter im Winde, als der Generalfeldmarschall von Hindenburg mahnte, die Ehre des Vaterlandes hochzuhalten, einig und arbeitsam zu sein. Ein Feldgottesdienst ging der Weihe selbst voran. (...) Eine Stahlhelmkapelle aus Hannover begleitete die Choräle und Gesänge der Feier. Viele Nägel wurden für die Fahne gestiftet. Der Generalfeldmarschall nahm bei dem nachfolgenden Festessen im Schlosse den Ehrenvorsitz im gesamten Stahlhelm an.»

Die Wahlen für den Reichstag ergaben in Wolfsburg überraschend einen Ruck nach rechts.

Am 21. Juli 1924 starb der Patron von Wolfsburg, Reichsgraf Werner von der Schulenburg (geb. 15.3.1857) nach langem schweren Leiden in Bad Kissingen. Generalfeldmarschall von Hindenburg nahm am 25. Juli 1924 am Begräbnis teil. Viele Geistliche folgten dem Sarg und sagten am Grabe einen Spruch. Der Chronist würdigte den verstorbenen Grafen mit folgenden Worten:

> Wie ein frommer königstreuer, demütiger vornehmer Edelmann lebt, hat der Patron vorbildlich gezeigt. Ich hab ihn geliebt und verehrt auch wegen seiner kirchlichen Pflichttreue, die es mit allem, zumal den Gottesdienstbesuch und der aufmerksamen Teilnahme bei der Predigt, ungemein ernst nahm. Dabei war er freigiebig ohne einen Schimmer von Eitelkeit beim Geben, beschämend bescheiden und voller Güte bei sonst steifem Wesen, fleißig bis zur Aufopferung.[28]

Als Folge der Geldknappheit nach der Inflation mußte 1924 der Kalischacht abgerissen werden, die Arbeiten auf dem Baubetriebshof und an der Eisenbahn wurden eingestellt. 1925 überstiegen erstmals die Sterbeziffern (13) die Geburtsziffern (10).

1927 wurde das Pfarrhaus in Wolfsburg gründlich renoviert. Die vorher unter dem Dach der Kirche gelegene Waschküche wurde mit der Sakristei verbunden, wobei ein altes tiefes Tonnengewölbe, das zum ältesten Teil der Kirche gehörte, zum Vorschein kam. Dieses Gewölbe wurde zu einer Kapelle ausgebaut und für Konfirmandenunterricht und Bibelstunden benutzt. Sie hatte 60 Sitzplätze. Die Gräfin schenkte zur Ausstattung eine Oberammergauer Schnitzerei und zwei Schnitzbilder, die aus dem während der Inflationszeit aufgelösten Stift stammen.

Am 8.3.1927 starb in Zürich der Gräfin Stosch, geb. von der Schulenburg, zweites Kind Ilse Renate an Tuberkulose. Graf Stosch brachte die Asche seines Kindes am 20.3.1927 zurück und legte sie vor dem Altar dieser renovierten Kapelle nieder. Dort wurden die sterblichen Reste eingesargt und mit Frühlingsblumen geschmückt bis zur Beerdigung, am 19.4.1927 nach einer Trauerfeier in der Kapelle auf dem Erbbegräbnisplatz Rothenfelde.

Am nächsten Tag fand im Antoniensaal des Schlosses die Taufe des Kindes Ellinor statt, das der am Totenbett ihrer Tochter Ilse Renate zusammengebrochenen Mutter in der gleichen Nacht geboren wurde.

Graf Günther von der Schulenburg unternahm vom 19.2. bis 2.4.1927 eine Mittelmeerreise mit dem Auto, wobei er verunglückte und zwei Kopfwunden erhielt. Am Reformationsfest wurde an der Lutherlinde vor der Kirche St. Marien ein vom Patron gestifteter Gedenkstein mit der Inschrift: »Lutherlinde 1517-1917« eingeweiht, weil 1917 bei der Pflanzung der Linde viele Wolfsburger Männer im Kriege waren und keine Inschrift an die Lutherlinde erinnerte. Für die Heßlinger Kirche wurde ein neues Harmonium beschafft. 1927 standen 17 Sterbefälle noch 7 Geburten gegenüber, von denen nur 5 ehelich waren.

Am 24.2.1928 verlobte sich Reichsgraf Günther von der Schulenburg mit der Freiin Ursula von Dincklage aus Hannover. Das freudige Ereignis wurde von der Schulenburgischen Fahne auf dem Schlosse angezeigt. Zur Hochzeit des Paares sollten wieder alle Glocken läuten. Zur Wiederbeschaffung der eingeschmolzenen Glocken stiftete der Graf 6000 Mark. Da die Hochzeit schon am 4.5.1928 stattfinden sollte, wurden die Glockenbauarbeiten beschleunigt und auch gleich eine elektrische Läutemaschine mit eingebaut. Am 5.5. wurden Girlanden um die neuen Glocken gehängt, die auf einem Anhänger eines Lastautos standen. An der weißen Brücke hatten sich die kirchlichen Körperschaften versammelt und begleiteten mit einer großen Menschenmenge die Glocken bis in die Kirche unter den Turm. Pfingsten 1928 fand dann die feierliche Glockenweihe statt.

Am 17. Juni 1928 führte der Graf von der Schulenburg seine Gemahlin Ursula aus Hannover feierlich auf die Wolfsburg heim. Auf dem Schloßdach wehten die Fahnen, 40 Reiter und Schulkinder bildeten ein Ehrenspalier, während die Forstbeamten den »Fürstengruß« bliesen und ein Kind der neuen Schloßherrin einen Kornblumenstrauß überreichte.

Am 26. Juli 1928 bedankte sich der Graf für die Aufmerksamkeit während der Heimführung seiner Gemahlin ins Schloß mit einem großen Kinderfest, das in Zelten gefeiert wurde. Dennoch stand dieses Fest im Zeichen der »Heßlinger Revolution«. Verleitet durch den kommunistischen Lehrer Spitzner wurde die Landbevölkerung angestachelt, gräfliches Land zu fordern. Im Zusammenhang mit der in Preußen erfolgten Auflösung der Gutsbezirke betrieb der ehemalige Obersteiger des Kalischachts und spätere Landwirt Oertel die Eingemeindung Wolfsburgs nach Heßlingen. Dem Grafen gelang es schließlich, den Namen Wolfsburgs in der Landegemeindebezeichnung »Heßlingen-Wolfsburg« zu erhalten. Am 1.10.1929 verließ die Hausdame Frieda von Wentzki das Schloß. Sie hatte wohl nie einen Gottesdienst versäumt und war eine treue Freundin des Pfarrhauses. Die »Bibelforscher»-Propaganda wurde vom Ortspfarrer dadurch bekämpft, daß der Pastor dem Agenten von Haus zu Haus folgte und auf die Beschimpfungen dieses »Forschers« (Zeuge Jehovas) gegen die Kirche und Pfarrhäuser hinwies.

Die unverehelichte A. drohte auf die Vorhaltungen des Pastors, ihr Kind zu versorgen, mit Selbstmord aus Schwermut, während sie heimlich schon ein zweites Kind von einem anderen Vater unter dem Herzen trug. »Eine verlorene Dirne,« schrieb der Chronist.

Der Februar 1929 »brachte wochenlange sibirische Kälte bis zu -35 Grad nach Reaumur (etwa -44 Grad Celsius). Alle Leitungen froren ein, auch viele Koniferen erfroren. Die Massen waren völlig einsam. Viele alte Menschen starben; aus unserer Gemeinde 6! Das kirchliche Leben litt, aber blieb doch erhalten, da die gutgeheizte Kapelle allsonntäglich voll war, während in Hehlingen z. B. der Pfarrer mit zwei bis drei alten Frauen in der Studierstube des Pfarrhauses »Kirche« hielt.»

Das junge Grafenpaar bekam am 5.3.1929 eine Tochter. Die Taufe dieser Ina von der Schulenburg fand im großen Familienkreis am 11.5.1929 im Antoniensaal des Schlosses statt.

Die Gemeindewahl im November 1929 erbrachte für die Einheitsliste 182 Stimmen, 5 Sitze in Wolfsburg-Heßlingen, für die sozialdemokratische Liste stimmte 119 (3 Sitze) und für die Liste Oertel 52 (1 Sitz). Die Wirtschaftszersplitterungsliste erhielt 28 Stimmen (keinen Sitz).

»Das Volksbegehren gegen den Versklavungsvertrag (Versailler Vertrag) und die Kriegsschuldlüge brachte trotz Terrors 210 aufrechte Stimmen.»

Für die Kirchengemeinde in Wolfsburg gab es Ende 1929 doch drei Fortschritte: Das Silvesterkirchturmblasen wurde wieder eingeführt. Zwei elektrisch beleuchtete Weihnachtsbäume erstrahlten in der Adventszeit vor der Kirche. Ein Gemeindeblatt wurde herausgegeben und in jedem Haus verteilt.

»Der Sommer 1929 war unendlich heiß, entsprechend dem sibirischen Winter 1928/29. Da Niederschläge im Herbst fehlten, fiel nach guter Ernte der Grundwasserstand außerordentlich. Der laue sehr schwankend ungesunde Winter war trocken und brachte kein steigendes Grundwasser. Brunnen versiegten. Die Wasserleitung läuft sehr mäßig.»

Das Jahr 1930 begann mit einer schweren Erkrankung des Grafen Günther an Grippe und nach einer Jagd (2.1.1930) an Mittelohrentzündung; »er lag vier Wochen in Hannover im Vincent-Krankenhaus und schwebte in Lebensgefahr.« Im Februar kehrte er gesund zurück und nahm an der Geburtstagsfeier seiner Tochter Ina am 5.3. teil. »Die Kapelle reichte in diesem Winter erfreulicherweise oft nicht aus, so daß man entweder noch in die alte Kirche gehen oder die Konfirmanden nach Hause schicken mußte.

Zum Gemeindevorsteher wurde unbegreiflicher Weise – nur als Trotz gegen Wolfsburg – der Landwirt Oertel gewählt, der aber nicht bestätigt wurde. Oertel wurde am hellen Tag aus dem Geldschrank der Verkaufsvertrag von zwei Schweinen gestohlen,« bemerkte der Chronist schadenfroh.

Am 2.11.1930 (Reformationsfest) wurde in der Klinik in Hannover der Stammhalter und Erbe des Grafen geboren. Zum Zeichen des Dankes wurden die »Greifenklauerbanner« auf das Schloßdach gesetzt und die Geburt des jungen Patrons von der Kanzel verkündet. Kantor Sonntag hatte total vergessen, am 31. Oktober schulfrei zu geben und die regierungsseitig angeordnete Reformations-Schulfeier abzuhalten. Am 14.11. kehrte die junge Gräfin mit dem ersehnten Stammhalter im Auto aus der Klinik in Hannover zurück. Bei ihrem Einzug krachten im Lustgarten 21 Böllerschüsse, die Straße war geflaggt, das Schloßtor bunt illuminiert und der Graf selbst begrüßte dankbar die Gäste, die sich dort schnell versammelt hatten.

Dennoch vermochte der Chronist Pastor Bötticher nur mit sehr trüben Gedanken am Silvesterabend 1930 in die Zukunft zu schauen, denn er schrieb: »In dumpfer Geknicktheit geht die Gemeinde in das neue Jahr. Schulden, Arbeitslosigkeit, Lasterhaftigkeit und vor allen Dingen neidvolle gehäßige Uneinigkeit unter Nachbarn und selbst verwandten Familien machen die Gemeindeverhältnisse in Heßlingen zu recht trüben. Der Parteihaß ist groß.

In froher Zuversicht, trotz allem bliesen 7 wackere Posaunenbläser das neue Jahr vom Kirchturm herab unter Glockengeläut ins Land. Gott helfe uns gnädig durch dieses schwere Jahr!»[29]

Wolfsburg in den Jahren nach der Weltwirtschaftskrise bis 1933

In der großen Notzeit, in der infolge der Weltwirtschaftskrise überall große Arbeitslosigkeit und Armut herrschten, erschien die erste Ausgabe der »Heimatglocken aus dem alten Kirchenkreis Wolfsburg« als »Evangelisches Gemeindeblatt der Kirchengemeinden Wolfsburg/Heßlingen und Hehlingen im Kirchenkreis Weferlingen« im September 1929. Der Herausgeber war Pfarrer Siegfried Müller aus Oebisfelde-Kaltendorf. Dieses kirchliche Gemeindeblatt erschien monatlich und kostete im Jahr 1,20 Mark. Die kostenlose Werbenummer des Blattes mit den Abbildungen der drei Kirchen in Heßlingen, Hehlingen und Wolfsburg stellte sich ihren Lesern mit folgenden eindrucksvollen Sätzen vor[30]:

»Deine Heimatkirche grüßt dich. Kirche und Heimat gehören eng zusammen. Die Kirche gibt der Heimat das eigentliche Gepräge. Häuser werden für Jahrzehnte, Kirchen für Jahrhunderte gebaut. Wenn die alten Steine unserer Gotteshäuser reden könnten! Wie vielen Stürmen haben sie schon Trotz geboten! Wie viele fröhliche und traurige Menschen haben sie schon eingeschlossen! Die Kirche hat stets die Liebe zur Heimat gepflegt. (...)Die Kirche zeichnet mit ihren schlichten Aufzeichnungen das beste Gesamtbild der Vergangenheit. (....) Kirche und Heimat gehören auch heute noch zusammen. Wir können die traurige Beobachtung machen: bei unseren Zeitgenossen, die der Kirche den Rücken kehren, schwindet auch die Liebe zur Heimat. (...) Deine Heimatkirche sucht dich!»

Außer über Hochzeiten, Taufen und Beerdigungen in den Wolfsburger Gemeinden wurde auch über kirchliche Feste und Veranstaltungen berichtet. So wurden zur Pflege des Grabes des Pastors Koven in Wolfsburg jährlich 3 Mark bewilligt. Am 25.9.1929 wurde die neue Schule in Hehlingen eingeweiht. Die Heimatglocken berichteten darüber:

»Schon 1891 hatte die Regierung die 1834 erbaute alte Schule als einwandfreie Schule verworfen. Erst 38 Jahre später gelang der längste Neubau. (...) Die neue Schule steht am Dorfausgang nach Almke. Ihr halbrotes Dach hebt sich von dem Kranz der umgebenden Wälder und vom grünen Edelputz der Wände wirkungsvoll ab. Vom Vorbau wehten zwei Fahnen. Das Schulhaus enthält ein großes lichtes Klassenzimmer mit farbigen Tischen und Stühlen – nicht mehr die üblichen Schulbänke – mit großen Tafeln, hellen Wänden, sogar eine weiße Wand für Lichtbilder. Ein Nebenraum ist für Lehrmaterial bestimmt. Daran schließt sich eine ebenso licht, freundlich und gesund gehaltene Lehrerwohnung, eine Küche mit prachtvollem Senkingherd, 6 Wohnräume, und im hellen Keller eine Zentralheizungsanlage: die erste in Hehlingen! Der Schulleiter Simon übernahm die Schlüssel und versprach, daß folgende Sprüche über die Türen kommen sollen: »Freude ist alles!«, »Ein Sonnenstrahl läßt mehr Gras wachsen als zehn Hagelwetter!« und »Herr, bleibe bei uns!« Als Amtsvorsteher bekräftigte Graf von der Schulenburg-Wolfsburg seine Glückwünsche durch das Versprechen eines vom Reichspräsidenten Generalfeldmarschall von Hindenburg eigenhändig unterschriebenen Bildes.« Die Weiherede hielt der Schulrat Bruckhoff-Klötze über das Bibelwort Mt. 7,24 – 27. Konrektor Hofrichter vom Bezirkslehrerverband lobte das Schulhaus, das der Landflucht der Lehrer entgegenwirke. Die Kinder wurden mit Kaffee und Kuchen bewirtet.

Auf dem Kreissynodalfest für Innere Mission in Klötze sprach man am 1. Advent 1929 über die Ehe und verwarf die Auffassungen »Ehe auf Zeit«, »Kameradschaftsehe« und »Ehe zu dritt«, da diese Ansichten gegen Gottes Gebot seien und keinen Segen bringen könnten. Der Redner warnte vor übereilten Eheschließungen, vor Zeitungsinseraten und Ehevermittlern, da es unwürdig sei, sich wie Ware anzupreisen. Der Direktor der Pfeifferschen Krüppelanstalten in Magdeburg-Cracau, Dr. Ulbrich, sprach über das Thema »Familiennot – Volksnot« und wies auf die große Wohnungsnot hin und daß viele Familien aus den Städten in einem Raum zusammengedrängt seien, was zu gesundheitlichen und moralischen Schädigungen führen würde. »Mit dem Gelde, das seit 1918 für Wahlen ausgegeben worden sei, hätte diese Not restlos beseitigt werden können. (...) Aus gesunden Familien baue sich ein gesundes Volk auf.« Pflicht der Christen sei es, an dem Aufbau der Familie und des Volkes tatkräftig mitzuwirken.

In Hehlingen feierte am Erntedankfest der Hausschlachter Hilger und seine Ehefrau die Silberne Hochzeit, während am 14. November 1929 der Hausschlachter Jordan, 82 Jahre alt, mit seiner Ehefrau Johanna in geistiger und körperlicher Rüstigkeit schon das Jubelfest der Goldenen Hochzeit erleben durfte. Pastor Boetticher überreichte dem Goldenen Hochzeitspaar die eigenhändig unterschriebene Glückwunschurkunde des Herrn Reichspräsidenten Generalfeldmarschall von Hindenburg und das Hochzeitsgeschenk der Preußischen Regierung in Form von 50,- Mark.

Im Januar 1930 wurden in Wolfsburg und Heßlingen in 104 von 260 Haushaltungen christliche Abreißkalender gehalten. Der Pastor entschuldigte sich, daß er wegen der Vertretungs- und Verwaltungstätigkeit in Hehlingen nicht mehr alle Hausbesuche machen könnte, wie er es gern tun würde.

Der Vaterländische Frauenverein vom Roten Kreuz lebte im Februar 1930 wieder auf. Etwa 85 Frauen und 20 Männer lauschten dem Vortrag der Schriftstellerin Frau Martin über den »Kampf um die deutsche Seele«. 25 neue Mitglieder traten dem Verein bei. Für die Mitglieder wurden Maschinennäh-, Koch- und Bügelkurse eingerichtet.

Am 21.2. hielt in der Gastwirtschaft »Wolf« im geheizten Saal Pastor Bötticher einen Lichtbildervortrag über dem Roman »Der Wehrwolf« von Hermann Löns. Am 28.2. berichtete er über »Meine Reise durch das Land unserer deutschen Brüder in Südtirol«. Für die Pfeifferschen Krüppelanstalten in Magdeburg wurden 1930 in Wolfsburg 618, in Rothenfelde 237, in Rothehof 70, in Heßlingen 509 und in Hehlingen 634 Eier gesammelt, insgesamt 2068 Stück.

Am 20. November 1930 hielt Pastor Bötticher in Hehlingen einen Lichtbildvortrag über »das Leben der Königin Luise, als einer vorbildlichen christlichen und deutschen Frau und Mutter«.

Am 9. Januar 1931 wurde im Antoniensaal der Wolfsburg das zweite Kind des Günther, Reichsgraf von Schulenburg-Wolfsburg, und seiner Ehefrau Ursula getauft. Der am 2. November 1930 in Hannover geborene Stammhalter Werner Erhardt Karl Friedrich Hermann Joachim Manfred von der

Schulenburg erhielt den Taufspruch: »Gib mir, mein Sohn, dein Herz und laß deinen Augen meine Wege wohlgefallen«. (Sal. 23, 26)

Im Jahre 1930 wurden in Wolfsburg 8 Kinder, darunter 3 uneheliche getauft, in Heßlingen keine, in Hehlingen 6, darunter 3 uneheliche.

In Heßlingen und Wolfsburg wurde ein erheblicher Geburtenrückgang beklagt. Die Geburtenziffer aus Wolfsburg und Heßlingen zusammen betrugen 1906: 23, 1910: 28, 1914: 24, 1920: 35, 1923: 23, 1926: 17 und 1930: 8.

Auf der Sitzung der Kirchengemeinde in Hehlingen wurde 1931 beschlossen, nicht das neue Provinzialgesangbuch für den Bereich der Provinz Sachsen am Palmsonntag einzuführen mit der Begründung: »Wir sind preußische Exklave in braunschweiger, bzw. hannöverschen Land. Bei der geplanten Vergradung der Landesgrenzen weiß niemand, ob die alte Wolfsburger Grafschaft preußisch, braunschweigisch oder hannöversch wird. Dann wäre vielleicht bald schon wieder ein Gesangbuchwechsel nötig, das ist zu vermeiden. Es ist unzweckmäßig, in schlechtesten wirtschaftlichen Zeiten der Bevölkerung die Beschaffung neuer Gesangbücher zuzumuten.»

Die Ostereiersammlung für die Pfeifferschen Anstalten in Magdeburg erbrachte 1931 aus Wolfsburg 617, aus Heßlingen 773 und aus Hehlingen 912 Eier, insgesamt 2302 Stück.

Am 1. Oktober 1931 feierte der gräfliche Kutscher Wilhelm Zimmer sein 50-jähriges Dienstjubiläum. Stolz trug er die ihm verliehene goldene Medaille der Landwirtschaftskammer für 50-jährige Dienstzeit und zeigte die Ehrenurkunde mit der Unterschrift »unseres geliebten Generalfeldmarschalls von Hindenburg«. Sein 25-jähriges Dienstjubiläum im gräflichen Dienste feierte am 1. Oktober 1931 in Hehlingen der »Gräfliche Schulenburgische Revierförster« Schaffer im Kreise seiner Freunde.

Am 17. September 1931 wurde nach einer Vakanzzeit von 25 Monaten der neue Pastor Bode in Hehlingen eingeführt. In den Morgenstunden brachte ein gräflicher Wagen das neue Pastorenehepaar in das mit Girlanden geschmückte Pfarrhaus. Der neue Superintendent Otto Bischoff in Weferlingen schrieb anläßlich seiner Amtseinführung für die »Heimat-Glocken« am 9. November 1931 in einem Gruß an alle Gemeinden seines Kirchenkreises:

Wir stehen in einer schweren Zeit des nationalen Zusammenbruches, wirtschaftlicher Not, sozialer Kämpfe von unerhörter Schärfe; und doch, gerade deshalb, in einer großen Zeit. Denn wo Kampf ist, da ist Leben, und wo noch Leben ist, da kann auch wieder ein Neues erwachsen. Solchen Kampf hat es früher auch schon gegeben. Aber, was das Eigenartige ist in unserer Zeit: Alle diesen wirtschaftlichen und sozialen Kämpfe unserer Tage ordnen sich immer mehr einem, letzten und höchsten Kampfziele unter, dem Kampf um die Weltanschauung, den Kampf um Gott. Da klafft die tiefste Kluft, die es gibt zwischen Menschen, das ist der eigentliche Kampf unserer Zeit. In meiner früheren Gemeinde lebte ein Mann, ein schlichter Handwerksmeister, der sich von seinem Erdenwinkel aus das Weltgeschehen zurechtzulegen versucht; der sagte mir gleich nach dem unglücklichen Ausgange des furchtbaren Weltkrieges »Herr Pastor, dieser Krieg ist der schlimmste noch nicht, jetzt kommt erst noch der Religionskrieg, und der wird noch viel schlimmer.« – So ist es; in diesem Kampf stehen wir jetzt mittendrin.

Am 15. November 1931 hatte der vaterländische Frauenverein vom Roten Kreuz zu einem Gemeindeabend im »Wolf« eingeladen, auf dem Pastor Boetticher das gute alte Volkslied als Gegensatz zu den »geist- und seelenlosen Eintagsfliegen moderner Schlager« hervorhob. Besprechungen über die Aufgaben des Frauenvereins und der Winternothilfe folgten.

Um eine Winternothilfe in den eigenen Gemeinden und besonders in den Großstädten möglich zu machen, schlossen sich Kirche, der Stahlhelm und der vaterländische Frauenverein zu einer Arbeitsgemeinschaft zusammen. In Wolfsburg, Heßlingen, Rothenfelde und Rothehof kamen folgende Spenden zusammen: 43 Mark Bargeld, 85,5 Ztr. Kartoffeln, 17 Ztr. Mohr- u. Steckrüben, 4 Ztr. Kohlen, 6 Ztr. Obst, 1 Ztr. Kohl, 41 Pfund Speck, 43 Dosen Wurst, 60 Pfund Hülsenfrüchte, 60 Pfund Mehl, 8 Pfund Zucker, 25 Pfund Reis, 5 Pfund Backobst, dazu eine große Menge von Kleidung (Anzüge, Mäntel, Kleider, Strümpfe, Stiefel, Wäsche). In Hehlingen sammelte man: 14 Mark Bargeld, 67 Ztr. Kartoffeln, 4,37 Ztr. Bohnen, 13 Ztr. Steckrüben, 12 Ztr. Mohrrüben, 1,6 Ztr. Kohl, 1,4 Ztr. Mehl, 2 Pfund Zucker, 125 Pfund Wurst und Speck, dazu ca. ½ Ztr. Kleidung. Die Spenden wurden in die Notstandsgebiete nach Magdeburg und Berlin gebracht.

Im Januar 1932 berichteten die Heimatglocken: »Rundfunkskandale sind nichts Außergewöhnliches mehr. Viele Leser werden es mit angehört haben, wie die Neujahrsansprache unseres Reichspräsidenten durch Kommunisten gestört wurde«.

Im Dezember 1931 wurde der Gastwirt Wilhelm Diekmann aus Rothenfelde auf dem Rothenfelder Friedhof beerdigt. »Die wirtschaftlichen Sorgen dieser schweren, dunklen Zeit, die wir alle zu tragen haben, taten das Ihre und ließen ihn nicht zur Ruhe kommen.« Im würdig adventlich geschmückten Saal seines Gasthauses sammelten sich um seinen mit letzten Grüßen geschmückten Sarg fast die ganzen Gemeinden Heßlingen und Rothenfelde nebst Landwehr- und Turnverein zur Totenfeier. »Über allen Wipfeln ist Ruh«, sangen ihm seine Sangesbrüder nach.

Am 18. Dezember fand im »Wolf« eine gutbesuchte Gemeindeversammlung statt, in deren Mittelpunkt die Gottlosen-Frage und die Zustände in Sowjetrußland in Wort und Bild standen. Im Januar 1932 schrieb der Chronist im Hinblick auf das beginnende Jahr die Worte des Psalms 46, 2: »Gott ist unsere Zuversicht und Stärke, eine Hilfe in den größten Nöten, die uns betroffen haben.»

Am 21. Februar 1932 gedachte man in allen Gottesdiensten der Gefallenen des Weltkrieges. Man wollte »aufrütteln zu dem gemeinsamen Entschluß, in diesen Tagen der Not selbst einen guten Kampf der Pflichterfüllung gegenüber Volk und Vaterland zu kämpfen im Glauben an den großen Gott, der noch und nimmer nicht von seinem deutschen Volk geschieden ist«. Am Abend veranstaltete der Kriegerverein eine Versammlung, auf der Pastor Bode aus Hehlingen einen Lichtbildvortrag über »Die deutschen Kriegsgräber in Frankreich« hielt. In den »Heimat-Glocken« schrieb er über seine Erlebnisse bei den Kriegsgräbern in Frankreich:

»Nach Lille hinein. Unser Wagen kommt in dem Verkehrsgewirr nur langsam vorwärts. Als er am Markt hält, zeigt er 600 km Fahrt an. 600 km durch Großkampfgebiet, 600 km über Felder, von deutschem Blut getränkt, 600 km vorüber an über 150.000 deutschen Gräbern, vorüber an Tod, Tod und immer wieder Tod. Erst wieder wird das Schweigen gebrochen, als im Speisesaal unseres Hotels die Musik einsetzt mit langsamen getragenen Tönen. Wir horchen auf. Ja, es ist kein Irrtum. Man spielt Wagner: »Wie Todesahnung Dämmerung deckt die Lande,

Umhüllt das Tal mit schwärzlichem Gewande,
Der Seele, die nach jenen Höh´n verlangt,
Vor ihrem Flug durch Nacht und Brausen bangt.»

Der dumpfe Cellobaß ist wie das ferne Grollen der Geschütze. Als wenn noch einmal wie vor Jahren bei Lens und Arras getrommelt würde. Und der helle Klang der Geigen ist wie das leise Klagen unserer Toten, herüberklingend aus vergangenen Kampfestagen. Und beides zusammen in der Seele nicht verhallend und immer aufs neue mahnend: »Vergeßt uns nicht –.«

Auf der Veranstaltung des vaterländischen Frauenvereins vom Roten Kreuz, Ortsgruppe Wolfsburg, im »Wolf« sprach Pastor Boetticher in einem Lichtbildervortrag über »Die Siegesfahrt des Zeppelinluftschiffes ZR III nach Nordamerika«, die „sehr viel stolze deutsche Zuversicht und Willenskraft lebendig machte«.

Der Mindestbeitrag für den Frauenverein wurde auf 0,75 Mark vierteljährlich herabgesetzt in der Hoffnung, daß sich bald wieder mehr Mitglieder durch Nähen, Helfen und Fördern in der eigenen Gemeinde und »damit am geliebten deutschen Volk bestätigen würden«.

Das Wolfsburger Missionsfest wurde am 5. Juni wegen der schweren und zur Sparsamkeit zwingenden Zeit nicht mehr an einem Mittwoch, sondern am Sonntag in der Kirche gefeiert, was auch wegen des unsicheren und kühlen Wetters richtig war. In der Ansprache wurde der Gedanke herausgestellt, daß Jesus Erbarmen die große deutsche Not sieht »und es jammert ihn sein: Keine Hirten, kein Reich, kein Friede, keine Liebe, kein Trost! Die größte schwerste deutsche Not liegt in der Seele des Volkes«. Die Missionskollekte ergab 260,60 Mark, »zwar niedriger als die letzten Male, aber als Gaben einer harten Notzeit doppelt zu werten«.

Man feierte das 10-jährige Bestehen des »Deutsch-Evangelischen-Kirchenbundes«, dem Vertreter aller 28 Landeskirchen angehörten. »Die wichtigste Aufgabe der nun 10-jährigen Organisation ist die Sorge für die notleidenden Glaubensbrüder im abgetretenen Gebiet und im Ausland gewesen. (...) In Sonderheit hat er sich immer gegen die Kriegsschuldlüge gewandt und gegen den Schmachfrieden von Versailles den nachdrücklichsten Protest vor aller Welt erhoben. Möge er auch in Zukunft alles daran setzen, um uns die äußere und innere Freiheit zu bringen!»

Auch in Wolfsburg warben die Kirchen dafür, daß unterernährte Kinder aus den Großstädten für vier bis sechs Wochen auf dem Lande aufgenommen wurden, denn »die preußische Regierung hat in einer Denkschrift festgestellt, daß im Jahre 1930 in Preußen 530 000 schlechternährte Schulkinder vorhanden waren und seit dem Herbst 1931 eine weitere Verschlechterung des Ernährungszustandes eingetreten sei. (...) In dem hinter uns liegenden Notwinter, des schwersten seit hundert Jahren, wie von amtlicher Stelle gesagt wurde, hat sich die Lage der Verhältnisse noch im erschreckendem Maße verschlechtert. Es ist als ein Zeichen der Zeit zu bewerten, daß tagtäglich Meldungen von Kindern eingehen, die sich für den kommenden Winter oder Spätsommer nach einem Landaufenthalt für 5- 6 Wochen sehnen.»

In Hehlingen hatte man ein vom Zahn der Zeit stark angegriffenes Bruchstück der Chronik gefunden mit dem Titel: »Nachricht wegen der Kirche, Pfarre, pfarrwitwenthum und Schule zu Hehlingen, angefertigt von dem zeitigen Prediger Georg Friedrich Ludewig Wilkens 1803«.

Es folgen kurze Angaben über sieben Pfarrer der Gemeinde, die von 1708 bis 1816 ihres Amtes gewaltet haben. Die älteste Eintragung ist die der Geburt einer Margareta Catharina am 23. August 1724, Tochter des Achatz Haselhorst.

Mehrfach übernimmt auch die patronatliche Familie bei Neugeborenen in der Gemeinde die Patenstelle, so z. B. bei einem Gebhard Werner Johann Peiß der »Hochwohlgeborene Herr Schatz-Rat v. Bartensleben«. In der Familie Peiß hatte sich seitdem der Vorname Gebhard lange erhalten. Auch der »Schulmeister Wrede« kann 1730 als Paten seiner Tochter vermelden: »Frau Schatzrätin v. Bartensleben«. Es zeigt das, welch ein enges Verhältnis in Freud und Leid zwischen der patronatlichen Familie und den Bewohnern Hehlingens bestand. Auf die friderizianische Zeit weist die Tatsache hin, daß hie und da von dem »Soldaten« Sowieso gesprochen wird, daß also das Soldatsein gewissermaßen ein Handwerk war …

Wolfsburg in der Zeit des Nationalsozialismus

Der Superintendent aus Weferlingen schrieb im Januar 1933 in dem Wolfsburger Kirchenblatt einen Beitrag »Zum neuen Jahre«:

> Wir stehen am Anfang eines neuen Jahres. Was wird es unserem Volke bringen? Wie ein dickes Buch mit lauter weißen Blättern liegt das Jahr vor uns; was wird alles darin geschrieben sein, wenn das Jahr wieder zu Ende ist? Wieviel Freude, wieviel Leid? Das wissen wir heute noch nicht. Aber, wenn wir auch nicht wissen, was das neue Jahr uns bringen wird, das eine wissen wir: »Wir sind Gottes Kinder!« Alles, was uns beschieden sein wird, kommt aus unseres lieben Vaters Hand. So brauchen wir uns beim Gedanken an die Zukunft nicht mit Sorgen das Herz zerquälen. Für die Kinder Gottes ist das Wort geschrieben: »Alle eure Sorgen werfet auf Ihn, denn Er sorget für euch! (...) So wollen wir getrost in das neue Jahr hineingehen; wir wissen, auch das Jahr 1933 ist ein Jahr des Herrn, ein Gottesjahr, über dem seine Liebe leuchtet ...

Das Jahr 1933 war allerdings auch für Wolfsburg ein entscheidendes Schicksalsjahr. Gleichwohl ist es in seiner Entwicklung nur aus seiner Vorgeschichte zu verstehen.

1925 war v. Hindenburg zum Reichspräsidenten gewählt worden. Die französischen Besatzungstruppen zogen sich aus dem Ruhrgebiet, Düsseldorf, Duisburg, Mülheim und Oberhausen zurück. Mit Polen gab es Streit wegen der Grenzlinie für den Postverkehr und wegen der Beschlagnahme der Westerplatte. 1926 wurde der Deutsch-Sowjetische Freundschafts- und Neutralitätsvertrag abgeschlossen. Deutschland wurde Mitglied des Völkerbundes.

Am 27.8.1928 unterzeichnete der deutsche Außenminister den Kellog-Briand-Pakt (Kriegsächtungs-Pakt). 1929 begann durch den Kurssturz an der New Yorker Börse am »Schwarzen Freitag« die Weltwirtschaftskrise, die einen erheblichen Anstieg der Arbeitslosenzahlen zur Folge hatte. 1930 stiegen die Arbeitslosenziffern weiter. Nach dem Sturz der Regierung Müller bildete Brüning eine neue Reichsregierung, die mit Notverordnungen regierte.

Der Reichstag wurde aufgelöst, die NSDAP, die Partei Hitlers, wurde zweitstärkste Partei nach der SPD. Die Arbeitslosenzahl stieg auf 4,5 Millionen an.

1931 schlossen sich in der »Harzburger Front« die Nationalsozialisten, die Deutschnationalen und der »Stahlhelm« zusammen, während die SPD mit den Gewerkschaften die »Eiserne Front« bildete. Es gab nun 5,5 Millionen Arbeitslose.

1932 stieg die Arbeitslosenzahl weiter auf 6,2 Millionen an. Der Generalfeldmarschall v. Hindenburg wurde gegen den Kandidaten der NSDAP, Adolf Hitler und den der KPD, Ernst Thälmann, erneut wieder zum Reichspräsidenten gewählt. Die nationalsozialistischen Verbände wie SA (Sturmabteilung) und SS (Schutzstaffel) wurden durch Regierungsverordnungen verboten, bis nach dem Sturz Brünings ein »Kabinett der nationalen Konzentration« mit Franz von Papen gebildet wurde, das die Verbote der NS-Wehrverbände (SA und SS) wieder aufhob. Bei den Reichtagswahlen 1932 wurde Hitlers NSDAP stärkste Partei. Die Regierung von Papen stürzte. Bei einer weiteren Wahl im gleichen Jahr erlitt die NSDAP Stammverluste, die KPD dagegen Stimmenzuwachs. General von Schleicher wurde Reichskanzler.

In diesem heillosen Durcheinander, in dieser durch die höchste Arbeitslosigkeit bedingten Notzeit, blieb der greise Generalfeldmarschall von Hindenburg, der mit General Ludendorff in drei großen Schlachten Ostpreußen von den Russen befreit hatte und dem man die Rückführung der deutschen Truppen nach dem verlorenen Krieg in geordneten Bahnen verdankte, als Reichspräsident der »einzige Fels«, auf den man noch zu bauen glauben konnte. Zu dieser ehrbaren und schlichten »Vaterfigur« hatte man gerade in Wolfsburg großes Vertrauen, da ihn hier fast jeder persönlich kannte, weil er auf Grund verwandtschaftlicher und freundschaftlicher Verbindungen zu den Grafen von der Schulenburg Wolfsburg oft besuchte und von dem man in den Wolfsburger »Heimat-Glocken« die Worte abdruckte:

> Ich will lieber verkannt und persönlich angegriffen werden, als daß ich sehenden Auges unser Volk, das so viel Schweres in den letzten anderthalb Jahrzehnten getragen hat, in neue innere Kämpfe geraten lasse.

Wohl nur dieser Reichspräsident von Hindenburg konnte, wenn überhaupt, das Volk aus der Not und den Parteienstreitigkeiten herausführen, da auch General von Schleicher als Reichskanzler schon wieder zurückgetreten war.

Am 30.1.1933 berief Hindenburg Adolf Hitler zum Reichskanzler, der ohne nationalsozialistische Mehrheit eine »Regierung der nationalen Erneuerung« bildete, in der H. Göring Minister ohne Geschäftsbereich wurde. Nach der Auflösung des Reichstages und nach dem Reichstagsbrand am 27.2.1933 erließ Reichspräsident von Hindenburg am 28.2. die »Verordnung zum Schutz von Volk und Staat«, die die Aufhebung der Grundrechte der Verfassung zur Folge hatte.

In der Reichstagswahl am 5. März 1933 erhielt die NSDAP 43,9 % der Stimmen, die dann mit den Deutschnationalen zusammen eine Mehrheit von 52 % hatte. Am 21.3.1933, am »Tag von Potsdam«, erfolgte die Reichstagseröffnung. Schon am 24.3.1933 wurde gegen die Stimmen der SPD das Ermächtigungsgesetz als »Gesetz zur Behebung der Not von Volk und Staat« beschlossen, mit dem Hitler das Parlament ausschalten und allein regieren konnte. Am 1. Mai 1933, dem »Tag der Nationalen Arbeit«, begann die Auflösung der Gewerkschaften, am 22.6.1933 erfolgte das Verbot der SPD und die Selbstauflösung der anderen Parteien. Adolf Hitler konnte die absolute NSDAP- Alleinherrschaft antreten, die »Geheime Staatspolizei« (Gestapo) und die ersten Konzentrationslager (KZ) zur Unterbringung der politischen Gegener gründen.

Innerhalb von nur wenigen Monaten wurde die politische Entwicklung so rasant vorangetrieben und abgeschlossen, daß man auch in Wolfsburg die Tragweite und Bedeutung dieser Beschlüsse kaum übersehen konnte. Da die Arbeitslosenzahlen sanken, konnte Hitler nach dem Verbot der KPD, SPD und nach der Auflösung der anderen Parteien bei der »Reichtagswahl« am 12.12. 1933 für sich und seine NSDAP 92 Prozent der Stimmen verbuchen.

Die Wolfsburger »Heimat-Glocken« beschäftigten sich in der Februar-Ausgabe 1933 mit dem Thema »Kirche und Arbeitslosigkeit«, da der Generalsuperintendent Dr. Dibelius im Rundfunk über diese Thematik gesprochen hatte. Die Kirche dürfte nicht die Arbeitslosen sich selbst überlassen, sondern müßte wie im Gleichnis vom barmherzigen Samariter helfen. In den Predigen müßten die Mitmenschen aufgerüttelt und versucht werden, den Armen, die unverschuldet aus ihrem Beruf herausgerissen wurden, den Glauben zu stärken, damit sie sehen, daß das Leben noch Sinn und Hoffnung hat, denn die Arbeitslosigkeit wäre nicht eine äußere, sondern vor allem eine innere Not. »Not lehrt beten... Gerade in Zeiten des Leidens reift man innerlich.»

Der 1. Mai 1933, der zum »Tag der Nationalen Arbeit« geworden war, wurde nicht nur in den Großstädten, sondern »in allen Städten und Dörfern des Deutschen Reiches, auf Höhen und in Tälern gefeiert. Überall wurde das Bekenntnis abgelegt: »Deutschland will friedlich leben und arbeiten! Deutschland will nicht länger ein Sklavenvolk sein, sondern will sich seine Freiheit wieder erkämpfen, damit die Sehnsucht nach Arbeit gestillt, die Freude an der Arbeit wiedergeboren und der Segen der Arbeit dem Volke wiedergegeben wird.«

»Auch die evangelische Christenheit«, so berichtete das Wolfsburger Kirchenblatt, »wird aufgerufen, den Tag der nationalen Arbeit in ihren Gotteshäusern zu feiern, um damit zu bezeugen, daß auch der Werktag geheiligt werde. Nicht nur am Sonntag, sondern auch am Morgen des 1. Mai fanden in unseren Gemeinden (in Wolfsburg) Gottesdienste statt.»

Im Evangelischen Gemeindeblatt für Wolfsburg / Heßlingen und in Hehlingen vom Juni 1933 nahm Pastor Boetticher mit den Bibelworten (Joh. 10) »Ich bin der gute Hirte. Der gute Hirte läßt sein Leben für die Schafe ... und sie folgen mir« Stellung zum Thema »Der Führer und seine Leute«. Er verglich den Führer Hitler und seine Gefährten mit dem guten Hirten und seinen Schafen. Er schrieb wörtlich:

»Einige werden immer die Führer sein, die durch Überlegenheit Gedanken und Willen der anderen beherrschen. Anschauungen und Gedanken der Führer leiten die Gefolgschaft. (...) Kein Wunder, daß er erfahren durfte: »Sie folgen mir!« (...) Kein Wunder, daß seine Leute immer wieder folgten, wenn er mit neuem Geisteswehen wie Frühlingssturm durch die Zeiten, durch Volk und Kirche, fährt. Wir spüren davon etwas in der Gegenwart. Gottlob! Dürfen wir abseits stehen? Nimmermehr!»

Auf der Kreissynode in Werferlingen am 19. September 1933 wurde nach einem von den »Deutschen Christen«, einer nationalsozialistisch eingestellte Bewegung innerhalbder Kirche, eingebrachten Dringlichkeitsantrag beschlossen, das Kirchenblatt »Das Evangelium im Dritten Reich« einzuführen und damit zusammen das heimatliche Blatt als Kriegssynodalblatt herauszugeben. Ab November 1933 erschienen statt der »Heimat-Glocken« daher dann die »Heimatliche Glockenklänge aus dem alten Kirchenkreis Wolfsburg« als »Evangelisches Gemeindeblatt der Kirchgemeinden Wolfsburg / Heßlingen und Hehlingen«.

Im März 1934 zitierte dieses Wolfsburger Kirchenblatt aus Hitlers Rede am 30. Januar 1934:

Erfüllt von dem Wunsche, die den beiden christlichen Konfessionen verankerten großen religiösen, moralischen und sittlichen Werte dem deutschen Volke zu sichern, haben wir die politischen Organisationen beseitigt, die religiösen Institutionen aber gestärkt. (...) Wir alle leben dabei in der Erwartung, daß der Zusammenschluß der evangelischen Landeskirchen und Bekenntnisse zu einer Deutschen evangelischen Reichskirche den Sehnen jener eine wirkliche Befriedigung geben möchte, die in der Zerfahrenheit des evangelischen Lebens eine Schwächung der Kraft des evangelischen Glaubens an sich befürchten zu müssen glauben. Indem so der nationalsozialistische Staat in diesem Jahre der Stärke der christlichen Bekenntnisse seine Achtung erwiesen hat, erwartet er dieselbe Achtung der Bekenntnisse vor der Stärke des nationalsozialistischen Staates.

Im April 1934 schrieb dieses Wolfsburger Kirchenblatt:

Schafft Arbeit! Die neue große Offensive zur Ankurbelung der Arbeit und Beseitigung der Arbeitslosigkeit hat eingesetzt. Überall sind gewaltige Arbeitsprojekte in Angriff genommen worden, die den Teilerfolg des ersten Hitlerjahres vergrößern sollen. Da dieses erste Jahr ein unumstrittener Erfolg gewesen ist, wagt niemand im In- und Ausland mehr zu bezweifeln. Und doch tut es gut, sich einmal in Zahlen das Ausmaß dieses bisherigen Erfolges klarzumachen. Während es am 1. März 1933 noch 6 Millionen Arbeitslose gab, war die Zahl am 1. März 1934 auf 3,4 Millionen gesunken, d. h. fast um die Hälfte. Wie sich diese Ankurbelung in Handel und Wandel auswirkte im Jahre 1933, zeigt am besten folgende Gegenüberstellung der Jahre 1932 und 1933. Während 1932 41 000 Personenkraftwagen zugelassen wurden, waren es 1933 schon 82 000. Der Güterverkehr der Reichsbahn stieg von 280 Millionen Tonnen auf 307 Millionen. 13 Milliarden Kilowatt verbrauchten Stromes standen 1933 14,2 Milliarden gegenüber. Die Steinkohlenförderung stieg von 105 Millionen auf 110 Millionen, die Roheisenerzeugung von 5,8 auf 7,6 Millionen Tonnen. An Zement wurden 1932 benötigt: 2,8 Millionen Tonnen, 1933: 3,5 Millionen Tonnen. An Bauten wurden 1932 714 000 vollendet, 1933 aber 967 000. Die Spareinlagen hoben sich von 10,23 Milliarden Reichsmark auf 11,27 Milliarden. Durch diese Ankurbelung wird das Sinken der Konkurse von 14 138 auf 7 791 und andererseits das Ansteigen der Eheschließungen von 168 700 auf 208 700 erklärlich. (...)

Solchen alle Widerstände besiegenden Willen zum endgültigen Erfolg zeigen die gigantischen neuen Arbeitsprojekte, unter denen vielleicht das Werk der Anlage großer Verkehrsstraßen an erster Stelle zu nennen ist. An 22 Stellen in ganz Deutschland hat man gleichzeitig mit dem Bau begonnen. ... Ferner wurden Flußregulierungen in Angriff genommen. An mehreren Stellen Deutschlands wie in der Nähe Berlins und in der Altmark sind Kultivierungs- und Entwässerungsarbeiten eingeleitet. Der Mittellandkanal soll unter Ansetzen großer Arbeitermengen baldmöglichst fertiggestellt werden. Teilweise Elektrisierung der Reichsbahn und Brückenbauten werden Tausenden Arbeitsmöglichkeit gegeben. (...) Durch systematischen Bau von Busch- und Erdanlagen wird Neuland gewonnen werden. Wenn man bedenkt, wieviel bisher feiernde Schornsteine wieder rauchen werden, wieviel bisher in unheimlicher Stille daliegende Werkstätten nun wieder den fröhlichen Klang der Arbeit erklingen lassen werden, dann kann man sich auch wohl vorstellen, aus wieviel deutschen Häusern das von der Arbeitslosigkeit hereingerufene Gespenst der Sorge wieder hinausgejagt werden wird.

Aus dem Raum Wolfsburg fanden viele Menschen beim Bau der nahen Autobahn und des Mittellandkanals wieder Arbeit und Brot. Denn auch hier gab es durch die Stillegung des Kalischachtes Arbeitslosigkeit.

Im Juli 1934 brachten die »Heimatlichen Glockenklänge« eine Mitteilung, die den Reichskanzler Adolf Hitler als verantwortungsvollen Christen darzustellen versuchte: »Auf Anordnung des Führeres werden zum Gedenken an die 20jährige Wiederkehr des Kriegsbeginns am 2. August in allen Standorten der Wehrmacht Feldgottesdienste in den Kasernen oder auf öffentlichen Plätzen unter Leitung der Wehrmacht abgehalten.»

Diese Feiern wurden aber von dem Tode Hindenburgs am 2. August 1934 überschattet. Das unfaßbare aber doch erwartete Ereignis war eingetreten. Der greise Reichspräsident und Feldmarschall v. Hindenburg war gestorben. Der »Fels« war zerbrochen. Den »Garanten« für die sichere Führung des Volkes aus diesen unruhigen und stürmischen Zeiten gab es nicht mehr. Das Wolfsburger Kirchenblatt drückte die schwere Erschütterung der Wolfsburger und des ganzen Volkes im August 1934 mit folgenden Worten aus:

Hindenburg! »Bin bereit!«

Als vor 36 Jahren am vorletzten Julitage die Kunde durch alle deutsche Gaue und über die deutschen Grenzen hinaus in alle Welt drang, der Alte vom

Sachsenwalde, Otto von Bismarck, der Altreichskanzler, sei gestorben, da hielt die Welt den Atem an. Nicht nur seine Deutschen in und außerhalb des Vaterlandes, nein auch die, gegen die er mit der Waffe der Diplomatie gekämpft und gegen die er sogar den »preußisch-deutschen« Soldaten hatte einsetzen lassen, gedachten in Bewunderung dieses ganz großen Sohnes seines Volkes.

Als am 2. August dieses Jahres die Kunde kam, Hindenburg sei in die Ewigkeit eingegangen, da hielt wieder die Welt den Atem an. Vielleicht haben wir Deutschen in diesen Tagen die Größe unseres heimgegangenen Feldmarschalls erst dadurch ganz empfinden lernen, daß alle Welt an seinem Sterben in einer Achtung und Ehrfurcht Anteil genommen hat, wie es wohl selten beim Tode eines bedeutenden Mannes im gleichen Maße der Fall gewesen ist. Wenn der Staatspräsident Frankreichs so bestimmte Worte der Achtung vor dem Manne fand, den wir einmal nach einem unmoralischen Paragraphen des Versailler »Vertrages« an Frankreich ausliefern sollten, dann war das nicht nur eine Höflichkeitsform diplomatischer Gewohnheiten, sondern sprach mehr daraus, nämlich die Tatsache, daß man auch drüben in Frankreich die Größe des Heimgegangenen und sein ehrliches Wollen um den Frieden der Völker wohl erkannt hatte. Wenn in China eine dreitägige Trauerbeflaggung aller Staatsgebäude angeordnet wurde, dann beweist das, daß Hindenburgs Ruhm auch weit im Osten des Festlandes laut bekundet wird.

Nun aber wir Deutsche selber! Gewiß wir waren vorbereitet darauf, daß wir uns wohl bald von ihm trennen mußten. Wer die Berge des Lebens so hoch hinaufgestiegen ist wie Paul von Hindenburg, der muß sich rüsten auf den Ruf Gottes. (...) Aber doch kam's wie eine elementare Gewalt über uns: Der Alte von Preußenwalde ist nicht mehr. (...) Als am 22. August 1914 aus dem Großen Hauptquartier die telegraphische Abfrage bei dem in Hannover in Pension lebenden General von Hindenburg eintraf, ob er bereit sei, eine Kommandostelle in der Front einzunehmen, war seine kurze und bündige Antwort: Bin bereit! Diese stete Bereitschaft ist ein charaktervolles Kennzeichen des Entschlafenen immer gewesen. Er war bereit, trotzdem noch nicht einmal die Felduniform für ihn bereit lag. (...) Wenn wir jener Nachtstunde vom 22. zum 23. August 1914 gedenken, da Hindenburg auf dem Hauptbahnhof in Hannover seinen Generalstabschef Ludendorff erwartete, um mit ihm ostwärts weiterzufahren und wenige Tage später den Sieg bei Tannenberg zu melden, dann zeugt das von einem noch größeren Bereitsein. (...) Ist's nicht in jenen dunklen Wochen zu Ende 1918 und 1919 ebenso gewesen? Während die Mutlosigkeit und Verzweiflung in Deutschland von Haus zu Haus ging und viele

Opfer fand, während die Jungend so oft keinen Glauben mehr an des Vaterlandes Zukunft zeigte, stand einer groß da in solchem Glauben und bereit, ihn seinen deutschen Volksgenossen vorzuleben. Das war der greise Feldmarschall. Darum rief ihn auch sein deutsches Volk sehr bald wieder an die Spitze des Vaterlandes, und wieder war er bereit. Die Jahre vergingen. Hindenburg überschritt das achtzigste Lebensjahr, überschritt es in einer körperlichen und geistigen Rüstigkeit, die bewundernswert war. Überschritt es auch mit dem Entschluß, bis zum letzten Atemzuge seinem Volk den Dienst nicht zu verweigern ... Gott hat ihn gerufen, und er war bereit. Sein deutsches Volk aber dankt dem Allmächtigen, der es in der Sendung solch eines ganz Großen gesegnet hat, und lernt in alle Zukunft von dem in die Ewigkeit eingegangen Generalfeldmarschall das Bereitsein für Heimat und Volk im Leben und Sterben.

Die Wolfsburger Kirchenzeitung veröffentlichte auch die Telegramme, die der Reichsbischof an den Führer Adolf Hitler richtete:

In diesen Stunden gedenkt mit mir die ganze Evangelische Reichskirche Ihrer und der gewaltigen Verantwortung, die sie neu übernommen haben. Wir erflehen Gottes Segen für Sie und unser Volk. Sie wissen, daß Ihnen unsere ganze Liebe und Treue gehört.« Und: »Der Reichsregierung spreche ich zum Heimgang des Reichspräsidenten im Namen der Deutschen Evangelischen Kirche das herzlichsten Beileid aus. Das Gottesvertrauen und echt evangelische Frömmigkeit des Entschlafenen wird in allen deutschen evangelischen Christen lebendig bleiben. Gott der Herr segne die Reichsregierung und ihre Arbeit in diesen schweren Tagen der Trauer.

Als am 2.8.1934 die Nachricht vom Tode Hindenburgs eintraf, wurde Adolf Hitler als »Führer und Reichskanzler« Staataoberhaupt. Die Reichswehr wurde auf ihn persönlich vereidigt. Die SS-Männer hatten folgenden Eid abzulegen: »Ich schwöre dir, Adolf Hitler, als Führer und Kanzler des Reiches Treue und Tapferkeit. Ich gelobe dir und den von dir bestimmten Vorgesetzten Gehorsam bis in den Tod, so wahr mir Gott helfe.«

In der Volksbefragung am 19.8.1934 erhielt Adolf Hitler 84% Ja-Stimmen. Der Führer konnte auch 1935 weitere Erfolge aufweisen. Am 13.1.1935 fand die Saar-Abstimmung statt, bei der 91% der Befragten für die Rückkehr zum Deutschen Reich stimmten. Am 17.1. wurde die Rückgliederung des Saargebietes an das Deutschen Reich vom Völkerbund beschlossen. Schon am 16. März 1935 führte Hitler die allgemeine Wehrpflicht ein, der

Aufbau der Luftwaffen und der Bau von U – Booten begann. Am 18.6.1935 unterzeichnete man das Deutsch-Britische Flottenabkommen. Am 26.6. wurde die Arbeitsdienstpflicht für deutsche Jugendliche eingeführt. Auf dem Nürnberger Reichsparteitag am 15.9. wurden die »Nürnberger Gesetze« verkündet, die den Juden in Deutschland die bürgerlichen Rechte entzogen, und das Gesetz zum Schutz der Erbgesundheit des deutschen Volkes proklamiert. Die Hakenkreuzfahne wurde deutsche Nationnalflagge und der »Stahlhelm«, der Bund ehemaliger Frontsoldaten, wurde aufgelöst. 1935 gab es in Danzig den »Zollkrieg« mit Polen.

Das Wolfsburger Kirchenblatt beschäftigte sich im März 1935 mit dem Thema »Die Evangeliumsverkündigung im Reichsheer« und betonte, daß die Kraft des Glaubens sich in der Geschichte des Heeres bewährt habe. Es wäre ein unwiederbringlicher Schaden, wenn sich das Volk und Heer von dem großen Gott »unserer Geschichte« abwenden würde. In der gleichen Ausgabe wurde über die Schrecken des Bolschewismus berichtet, weil in der Sowjetunion aufgrund der dortigen Strafgesetze schon Minderjährige vom zwölften Lebensjahr an mit dem Tod bestraft werden konnten. Dem aus Fallersleben stammenden Parteigenossen Kerrl wurde als Reichsminister ohne Geschäftsbereich die bisher im Reichs- und Preußischen Ministerium des Innern sowie im Reichs- und Preußischen Ministerium für Wissenschaft, Erziehung und Volksbildung bearbeitete kirchlichen Angelegenheiten übergeben. Die „Heimatlichen Glockenklänge« schrieben ausführlich darüber.

Über einen Fall von seltenem, ausgesprochen mutigen Bekenntnismut gegen die Reichskirche und den Staat berichtete 1934 das Wolfsburger Kirchenblatt:

> Seinen Austritt aus der Kirche vollzog der erst kürzlich zugezogene Nachtwächter Heinrich Haarstrich. Der Grund liegt allein darin, daß er seit langem sich in die Weltanschauung der Sekte der sog. »Ernsten Bibelforscher« verirrt hat. Diese Sekte vertritt höchst bedenkliche internationale pazifistische, jüdisch-bolschewistische Ideen, nennt Gott nur mit dem jüdischen Namen Jehova, hält Staat und Kirche für widerchristliche, so daß sie vernichtendem Gericht verfallen müssen, sie ist daher längst von der Kirche als kirchen- und christenfeindlich erkannt und seit vorigem Jahr als staatsfeindlich verboten worden. Die Gemeinde kann nicht dringend genug vor diesem verirrendem Gift gewarnt werden. (...) Es ist dies der erste Fall eines Kirchenaustritts in unseren Gemeinden, wie er selbst in schlimmsten kommunistischen Zeiten nicht vor-

kam. Das Bedauerlichste ist, daß der Ausgetretene nicht nur für sich, sondern auch für seine unmündigen christlich getauften Kinder Ursula, Hanni und Harri, obgleich für sie christliche Erziehung bei der Taufe gelobt wurde, den Austritt erklärt. Gott erleuchte seine arme Seele!

Mehrheitlich war man aber mit den politischen Verhältnissen zufrieden, man verehrte den Führer, war wieder stolz, ein Deutscher zu sein und merkte dabei kaum, daß der NS-Staat alle gesellschaftlichen Bereiche immer mehr gleichschaltete und das öffentliche Leben immer straffer im Sinn der Partei organisiert wurde.

Der Vaterländische Frauenverein vom Roten Kreuz, Zweigverein Wolfsburg und Umgebung, traf sich am 4. September 1935 mit der Hehlinger und Gifhorner Ortsgruppe in Gifhorn, um die dortigen Mitglieder zwecks neuer, gemeisamer Arbeit des Deutschen Roten Kreuzes für Volk, Vaterland und Führer kennen zu lernen. »Durch die Liebenswürdigkeit der Kreisführerin ... wurde aufs genaueste die Gifhorner Glashütte gezeigt ..., das Heimatmuseum erklärt und besichtigt, ja, Herr Landrat von Wagenhoff ließ es sich nicht nehmen, uns Schloßgarten und neue Kreissparkasse freundlichst zu zeigen. Nach gemeinsamen Mittagessen folgt ein frohes Sichkennenlernen an den schönen »Gestaden« des Heidesees bei gestiftetem Kaffee und Kuchen. Mit einem Siegheil auf Führer und Deutsches Rotes Kreuz, mit Spaziergang durch die blühende Heide, mit Motorbootfahrt und mit mehr oder weniger feuchten Paddelfahrten, kurzem mit viel Freude, schloß der schöne Tag.«

Im Oktober 1935 berichtete Pastor Boetticher im Wolfsburger Kirchenblatt: »Da in Rücksicht auf das Winterhilfswerk auch in diesem Jahr die Hauskollekte für die Mission nicht genehmigt ist, und da wir Christen dies große, gesegnete Gotteswerk, das nebenbei auch noch viele Auslandsdeutsche betreut, nicht im Stiche lassen dürfen, bitte ich herzlichst die Gemeinde, die Missionsgabe, die alljährlich in die Hauskollekte wanderte, mir persönlich zu geben, ins Pfarrhaus zu bringen oder in meinen Briefkasten zu werfen. Auch ein Erntedank! Die Treuen werden Gottes Werk nicht verlassen!»

Die Arbeit des Winterhilfswerks hat nun auch in unserer Gemeinde wieder eingesetzt. Möchte sie in gleich einmütiger Weise wie im vorigen Winter von allen lieben Hehlingern unterstützt werden. Die große Aufgabe des Winterhilfswerks hat es nicht möglich gemacht, daß neben den für diesen Zweck bestimmten Sammlungen noch andere öffentliche Sammlungen stattfinden. So haben auch die Werke der Inneren Mission in diesem Jahre auf eine besondere öffentliche Sammlung verzichtet. Sie unterstützen die Bitte um Gaben für das Winterhilfswerk, und die Leitung dieses Werkes hat den einzelnen Anstalten der Inneren Mission aus dem Gesamtertrag Spenden zugesagt in der Höhe der eigenen Sammlungen früherer Jahre.

Der Kirche stehen zwar keine öffentlichen Listensammlungen zu, sie kann aber innerhalb der Kirche selbst für bestimmte Zwecke sammeln oder Gaben entgegennehmen, die ohne öffentliche Sammlungslisten gegeben werden.

Die Pastoren in Wolfsburg und Hehlingen waren inzwischen mit der Ausstellung von Urkunden zum Nachweis der arischen Abstammung überlastet, wie Pastor Boetticher schrieb:

Die Nachfrage nach Urkunden zum Nachweis arischer Abstammung mehren sich. Leider aber kommen die meisten Nachfragen nicht aus der Gemeinde selber, sondern von außerhalb. Es ist ganz sicher, daß früher oder später so ziemlich jeder den Nachweis seiner arischen Abstammung urkundlich belegen muß. Darum suche er rechtzeitig nach den erforderlichen Urkunden. Es ist so sehr leicht, damit bis zum letzten Augenblick zu warten und dann zu sagen: »Ich muß unbedingt bis morgen diese und jene Urkunde haben.« Solch eine Forderung wird dann naturgemäß häufig daran scheitern, daß eine große Anzahl anderer Anfragen schon länger warten und darum natürlich auch den Vorrang bei der Abfertigung behält. (...) Am vorteilhaftesten ist immer die Ausfertigung eines Ahnenpasses. Näheres darüber ist im Pfarramt zu erfahren.

Im November 1936 druckte das Wolfsburger Kirchenblatt das Telegramm, das der Evangelische Bund bei der Jubiläumstagung an den Führer aufgegeben hatte mit der Antwort Hitlers im Wortlaut ab: »Im Rückblick auf 50 Jahre Kampf für Evangelium und Volkstum entbietet der Evangelische Bund von seiner Jubeläumstagung in Erfurt dem Beschützer von Staat, Volk und Kirchen gegen den Bolschewismus ehrerbietigen Gruß und dankbares Treuegelöbnis.»

Der Führer und Reichskanzler sandte folgende Antwort, die von der Festversammlung begeistert aufgenommen wurde: »Dem Evangelischen Bund danke ich für das mir anläßlich seiner 50-Jahr- Feier ausgesprochene Treuegelöbnis und für die Grüße, die ich freundlichst erwidere. / Adolf Hitler.»

Dennoch muß es zwischen der kirchlichen Jugendarbeit und der HJ (Hitler-Jugend) zuweilen zu Reibereien gekommen sein, da das Wolfsburger Kirchenblatt folgende Passagen aus dem »Kirchlichen Amtsblatt« veröffentlichte:

> Von dem Herrn Reichs- und Preußischen Minister für die kirchlichen Angelegenheiten ist uns im Zuge der Erörterung eines Einzelfalles unter dem 27. Oktober v. Js. folgender Bescheid zugegangen:
>
> Der mit Ihrem Schreiben vom 22. Juli 1936 mitgeteilte Vorfall ist von meinem Sachbearbeiter mit dem zuständigen Amtsleiter der Reichsjugendführung besprochen worden. Der Häufigkeit solcher Beschwerden wegen ist von mir eine grundsätzliche Regelung des Verhältnisses zwischen der Hitler- Jugend und der kirchlichen Jugendarbeit angestrebt worden. Ich verweise dabei auf die am 15. Oktober 1936 stattgefundene Besprechung des Herrn Landesbischofs Diehl mit dem Reichsjugendführer. Dabei ist eine neue scharfe Anordnung des Reichsjugendführers gegenüber allen Angehörigen der HJ. angezeigt worden, daß alle Angriffe gegen die Kirche und jedwede Behinderung der kirchlichen Jugendarbeit zu unterbleiben habe. Andererseits ist Herr Landesbischof Diehl gebeten worden, zu erwirken, daß ebenso alle Angriffe gegen die Hitler-Jugend von seiten der Kirche fortan unterbleiben. Da auf dem Wege einer vertrauensvollen Fühlungnahme zwischen dem Reichskirchenausschuß und der Reichsjugendführung fortan Schwierigkeiten vermieden oder wenigstens eingeschränkt werden, bitte ich diesen Einzelfall als erledigt anzusehen.

In der gleichen Kirchenzeitung wurde sicherlich nicht von ungefähr in diesem Zusammenhang betont, daß die Quelle deutscher Kraft das deutsche Pfarrhaus sei. »Man kann mit Recht sagen, daß das deutsche Pfarrhaus als Quelle deutscher Kraft anzusehen ist. Denn 1 600 Biographien berühmter Deutscher ... ergaben, daß von diesen bedeutenden Menschen über 50 Prozent (861) mit dem evangelischen Pfarrhaus zusammenhingen -. Der sprichwörtliche Kinderreichtum des evangelischen Pfarrhauses wird in unserer Zeit zu einem leuchtendem Ehrenmal volksbewußter Kraft.»

Auch bei den Grafen im Wolfsburger Schloß hatte es Nachwuchs gegeben:

> Es wurden getauft: Am 23. Oktober 1937 im Antoniensaal der Wolfsburg Rudolf Günther Joachim Christian Hans Benno Graf von der Schulenburg, geboren auf Wolfsburg den 7. September 1937 als viertes Kind des Patrons unse-

rer Kirche, Günther, Reichsgraf von der Schulenburg, und seiner Gemahlin Ursula, geborene Freiin von Dincklage, beide evangelisch. Die Paten sind: Frau Oberin Freiin von Dincklage, Frau Annette Helfferich, geb. von Siemens, Oberstleutnant a. D. Graf Günther von der Schulenburg, Dr. Christel Roggenbau, Schriftsteller Karl Benno von Nechow, Landrat Hans-Karl von Reinhard, Freiherr Joachim v. d. Leyen, Regierungsrat, Graf Joachim von Bernstorff.

In feierlicher Doppeltaufe wurde in gleicher Stunde auf dem Wolfsburger Schlosse getauft:

Peter Matthias Alexander, Graf von Kielmansegg, geboren am 27. Juni 1937 zu Hannover als zweites Kind des Hauptmanns an der Kriegsakademie Berlin Johann Adolf, Graf von Kielmansegg und seiner Gemahlin Mechthild, geborene Freiin von Dincklage, beide evangelisch. Die Paten sind: Anna Dorothee von Saint-Paul, geb. Gräfin von Kielmansegg, Ursula, Gräfin von der Schulenburg, geb. Freiin von Dincklage, Mathilde, Gräfin von Bernstorff, geborene Freiin von Dincklage, Alexander, Graf von Kielmansegg, Werner, Freiherr Fritsch, Generaloberst und Oberbefehlshaber des Heeres, Major Hans Tetens, Curt-Hildebrand Freiherr von Rössing, Forstassessor.

Der Tauftext dieser Doppeltaufe erklang aus Psalm 127: »Siehe, Kinder sind eine Gnade des Herrn. Wie die Pfeile in der Hand eines Starken, also geraten die jungen Knaben. Wohl dem, der seinen Köcher voll derselben hat! Die werden nicht zu Schanden, wenn sie mit ihren Feinden handeln im Tor.«

In den Jahren 1936 bis 1938 konsolidierte sich das Dritte Reich außen- wie innenpolitisch. Am 12.3.1938 zog Hitler unter Jubel großer Teile der Bevölkerung mit deutschen Truppen in Österreich ein und vollzog am 14.3. den Anschluß Österreichs an das »Großdeutsche Reich«. In einer Volksabstimmung am 10.4. wurde dieser Anschluß bestätigt.

Am 29.9.1938 wurde im Münchner Abkommen zwischen Hitler, Mussolini, Chamberlain und Daladier die Regelung der Abtretung des Sudetenlandes beschlossen. Die Unterzeichnermächte gaben eine Garantieerklärung für die Rest-Tschechoslowakei ab.

Auch in Wolfsburg bewunderte man wegen dieser Erfolge mehrheitlich den Führer und nahm keine Kenntnis von den Schrecken der »Kristallnacht« am 9. / 10. November 1938, in der jüdische Geschäfte und Synagogen zerstört wurden, es zu Verhaftungen und Mißhandlungen von Juden und zur Beschlagnahme jüdischen Vermögens kam – wohl weil es im »Wolfsburger Ländchen« selbst keine Juden gab.

Um so mehr erregte hier ein anderes entscheidendes Ereignis die Gemüter. Der Führer und seine Regierung hatten beschlossen, bei Wolfsburg das riesige Volkswagen-Werk zu errichten. Pastor Boetticher sah bereits große Veränderungen, die dieses Projekt für Wolfsburg bringen würde, voraus, als er im April 1938 im Wolfsburger Kirchenblatt schrieb:

Die Schar der Neukonfirmierten wanderte am Tage nach der Konfirmation mit ihrem Pastor nach altem liebgewordenen Brauch durch den Frühlingswald des einzig schönen Rothehöfer Reviers nach dem Klieversberge, um dort in dem kleinen Jagdhause, das Herr Graf wieder liebenswürdigst zur Verfügung stellte, die übliche Konfirmationsnachfeier zu halten, die an diesem schönen, stillen Fleckchen Erde wahrscheinlich leider zum allerletzten Male gefeiert werden konnte. Auch die zehn Hehlinger Konfirmanden hatten sich dazu eingefunden. So schauten die Konfirmierten bei allem Staunen über das Gewaltige, Neue, das da kommt, doch mit Wehmut vom Waldrande am Berge über ihre dort im Sonnenschein sich breitende, waldumsäumte, schöne Heimat, Allertal und Dorf und Schloß, wo nun Bagger, Feldbahnen, Barackenlager, fallender Wald und brennende Feuer davon künden, daß sich in Kürze hier nach dem Willen des Führers die deutsche Volkswagen-Fabrik und eine Stadt-Siedlung erheben wird. Liebes, Vertrauen muß geopfert werden, damit Neues, Großes erstehen kann. Bei Kaffee und Kuchen an frühlingsblumengeschmückter Tafel und bei frohem Spiel und begeistertem Ostereiersuchen vergingen die Stunden nur zu schnell: Abschied vom Kinderland! Gott segne unsere Neukonfirmierten zum tapferem fröhlichen Wandern auf dem rechten Wege! Vorwärts mit Gott!

Bau des Volkswagenwerkes und der »Stadt des KdF-Wagens«

Kurz nach Hitlers Ernennung zum Reichskanzler am 30.1.1933 lautete eine Meldung vom 15. August 1933: »Nachdem das deutsche Volk zumindest organisatorisch auf den Nationalsozialismus eingeschworen ist, gehen die NS-Machthaber verstärkt an die Lösung des drängendsten Problems in Deutschland: Abschaffung bzw. Minderung der Arbeitslosigkeit...«

Wohl schon in dieser Zeit hatte Hitler die Idee vom Bau eines Volksautos. Bereits am 24. März 1934 war die Gesamtstrecke der zum Bau freigegebenen Autobahn 1.500 km lang. Als der »Führer« am 8. März 1934 die Internationale Automobilausstellung in Berlin eröffnete, verkündete er den Plan, ein Volksauto bauen zu lassen, als er sagte:

> Es ist ein bitteres Gefühl, Millionen braver, fleißiger und tüchtiger Menschen von der Benutzung eines Verkehrsinstrumentes ausgeschlossen zu wissen, das ihnen vor allen Sonn- und Feiertagen zur Quelle eines unbekannten, freudigen Glückes würde. Man muß den Mut haben, dieses Problem entschlossen und großzügig anzugreifen. Was in einem Jahr nicht gelingen kann, wird – vielleicht – schon in zehn Jahren als selbstverständliche Tatsache hingenommen werden!

Dr. Ferdinand Porsche, der bekannte Konstrukteur, entwickelte die Pläne zum Bau dieses Volkswagens und schickte 1934 einen Entwurf nach Berlin, der dem später gebauten ersten Wagen fast bis auf den Punkt genau glich. Dieses Volksauto sollte kein Kleinwagen mit geringer Fahrgeschwindigkeit und kurzer Lebensdauer sein, sondern ein Gebrauchtwagen mit normalen Abmessungen, der nötigen Bergsteigfähigkeit und Antriebsleistung, bequemer Platzausteilung seiner Aufbauten und mit geringer Wartung. Es sollte durch einen einfachen Wechsel der Karosserie nicht nur als Personenwagen, sondern auch als Lieferwagen und für bestimmte militärische Zwecke geeignet sein.

Ferdinand Porsche war am 3. September 1875 in Maffensdorf in Böhmen als Sohn eines Klempnermeisters geboren worden. Zum Ärger seines Vaters bastelte er schon früh an Batterien herum – trotzdem erlernte er auf väterlichen Wunsch den Beruf eines Klempnermeisters. Erst als Ferdinand mit Hilfe eines selbstgebastelten Dynamos Licht in die finstere Werkstatt des Vaters brachte, gab dieser nach und ließ ihn die K. u. K.-Gewerbeschule in Wien besuchen. Von dort ging er oft als »Schwarzhörer« zu den Vorlesungen in das Technische Gewerbemuseum. Seinen ersten Ruhm erreichte er, als er auf der Weltausstellung in Paris im Jahre 1900 seine Lohner-Porsche-Elektrochaise vorführte. Im Jahre 1930 errichtete er in Stuttgart-Zuffenhausen sein eigenes Konstruktionsbüro, wo er bald an Plänen für einen Volkswagen, den sich auch der Mittelstand leisten konnte, herumbastelte, nachdem die Mercedes-Benz und auch die Daimlerwerke diese Idee als Zumutung betrachtet und zurückgewiesen hatten.

Zunächst hatte Porsche aber einen Porsche-Rennwagen gebaut, der mit dem Fahrer Rosemeyer auf der Rennstrecke die Vorherrschaft von Mercedes-Benz brach. Schon bald nach dem Gespräch mit Hitler über die Idee eines Volkswagens überreichte Porsche am 17. Januar 1934 dem Reichsverkehrsministerium ein Exposé über den Bau eines deutschen Volkswagens. Porsche bekam den Auftrag, innerhalb von 10 Monaten einen ersten Prototyp dieses Wagens fertigzustellen. Er konnte aber diesen Zeitplan nicht einhalten, erst im Frühjahr 1936 waren drei Versuchswagen endlich fertig. Vom 12. Oktober bis 22. Dezember 1936 wurden diese drei Fahrzeuge auf eine 50.000 km lange Teststrecke geschickt, bei der abwechselnd eine Landstraße im Schwarzwald und die Autobahnstrecke Stuttgart-Bad Neuheim befahren werden mußte. Das Testergebnis fiel gut aus, die Fahrleistungen und Fahreigenschaften waren gut, der Benzinverbrauch (7 bis 8 l je 100 km) war befriedigend, die Vorderachsen und die Bremsen erforderten noch eine Weiterentwicklung.

Eine zweite Volkswagenserie von 50 Fahrzeugen wurde 1937 in einer neuen Fabrik Porsches erbaut. Diese neuen Wagen entstanden in Zusammenarbeit mit den Firmen Daimler-Benz und Reuttern Co. Die Volkswagen legten zusammen 2,4 Millionen Kilometer Versuchsfahrten zurück. Diese Testwagen wurden 1942 auf höheren Befehl verschrottet.

Im gleichen Jahr 1937 bekam Dr. Ley, der Leiter der Deutschen Arbeitsfront, den Auftrag zum Bau des Volkswagenwerkes und der dazugehörigen Stadt. Adolf Hitler war am 26. Mai 1938 bei der Grundsteinlegung des Volkswagenwerkes dabei. Wie gründlich diese Veranstaltung, zu der 60.000 Mann herangebracht wurden, organisiert wurde, geht aus dem geheimen »Minutenprogramm für die Grundsteinlegung des Volkswagenwerkes« des Reichsministerium für Volksaufklärung und Propaganda für die Grundsteinlegung zum Volkswagenwerk Fallersleben vom 23. Mai 1938 hervor.

Hitler sagte in seiner Rede:

> Wenn wir nun dieses gewaltige deutsche Automobilwerk errichten, dann soll, wie Sie schon hörten, zugleich auch entstehen: eine vorbildliche deutsche Arbeiterstadt. Wir wissen ganz genau, daß das nicht überall probiert werden kann. Es gibt so manche, die mir vielleicht entgegenhalten angesichts solcher Projekte: Was sollen denn aber wir nun dort machen, wo wir diese Voraussetzungen nicht haben? Das ansehen, studieren, daraus lernen und überall soweit verbessern, als man es verbessern kann. Wir sind keine Wahnsinnigen, wir wissen ganz genau, daß nicht in ganz Deutschland jede Stadt so aussehen kann, wie diese aussehen wird. Aber das soll ein Vorbild werden, eine Lehrstätte aus der Städtebaukunst sozialer Siedlungen, und wenn man über-

all nur etwas davon absieht und übernimmt und dann auch durchführt, dann hat diese Siedlung schon ihren Zweck erfüllt.

So war das immer. Alles, was gut ist, ist Vorbild und kann vielleicht nicht ganz erreicht werden, aber nachstrebenswert soll dies bleiben, und nachahmenswert sollen auch die Anlagen in dieser Fabrik und in dieser großen Siedlung sein. Wir wollen damit zeigen, wie der Nationalsozialismus deutsche Probleme sieht, wie er sie anfaßt und wie er sie löst. Und im ganzen übrigen Reich wird man sehr viel Nachahmenswertes finden und – wie ich überzeugt bin – auch im einzelnen beherzigen und berücksichtigen.

Die Zeitungen berichteten in Schlagzeilen über dieses Ereignis:

26. Mai. Das 2.500-Einwohner-Städtchen Fallersleben in Niedersachsen bekommt an diesem Tag hohen Besuch. Reichskanzler Adolf Hitler und die Spitzen der Deutschen Arbeitsfront sind zur Grundsteinlegung des Volkswagenwerkes gekommen, das künftig das preiswerte Auto für den deutschen Volksgenossen produzieren soll. Hitler verkündete beim Festakt, daß am Mittellandkanal ein neuer Hafen und um das Werk eine neue Stadt erbaut werden soll, in die man etwa 28 Gemeinden einbeziehen will. Die Einwohnerzahl dieser neuen VW-Stadt wird auf 30.000 und in der Endausbauphase auf 60.000 ansteigen.

Das künftige Auto für jedermann steht nach Ende der Entwicklungsphase in 30 Prototypen zur Verfügung. Der mit der Entwicklung beauftragte Ferdinand Porsche hat dieses Modell nach Fertigstellung bereits harten Tests unterzogen und dann entschieden, daß die gegenwärtige Ausführung produktionsreif ist. In Fallersleben werden erstmals die technischen Daten des neuen Autos bekanntgegeben. Danach wird der Volkswagen in drei Ausführungen gebaut werden: als offener Wagen, als Limousine und als Cabriolet. (...) Der luftgekühlte Heckmotor leistet 24 PS und verbraucht sechs bis sieben Liter Benzin auf 100 Kilometer. Vier bis fünf Personen haben in dem Fahrzeug, das mit 100 Stundenkilometern Dauerleistung autobahnfest ist, Platz. Der Wagen wird ab Werk 990,- Reichsmark kosten. Zur Finanzierung soll in der zweiten Jahreshälfte ein Spar- und Versicherungssystem eingeführt werden.

250.000 Wagen sollten zunächst pro Jahr produziert werden. Da nur 32 % der Käuferschicht über ein Monatseinkommen von etwa 300,- RM verfügten, hatte sich Dr. Lafferentz, der Leiter der KdF-Organisation, Amt Reisen, Wandern und Urlaub, ein Anspar-System ausgedacht. Träger dieser »Spar-Organisation« waren die Deutsche Arbeitsfront und die KdF. Mit

der Ausgabe der KdF-Wagen-Sparkarte begann der lange Weg zu einem Auto. Jede Woche mußte eine Sparmarke für 5,- Reichsmark beim KdF-Wagenwart gekauft und in die Sparkarte geklebt werden. Bei Presse- und Propagandafahrten wurden die Anfang 1938 in ihrer endgültigen Form fertiggestellten Volkswagen der Öffentlichkeit vorgestellt. Etwa zwei Jahre dauerte es bis zur Zuteilung der Wagen-Bestellnummer, denn 50 % des Gesamtpreises mußten angespart sein. Frühestens 1940/41 konnte mit der ersten Belieferung an die Sparer gerechnet werden. Nur für Barzahler gab es frühere Liefertermine. Im ersten Jahr begannen 270.000 Sparer ihre Sparkarten mit Marken zu füllen, bis 1945 waren es schon 336.000 Interessenten. Rund 280 Millionen Spargelder konnten bei der »Bank der Deutschen Arbeit« in Berlin auf den Namen der Deutschen Arbeitsfront deponiert werden.

Durch den im September 1939 ausgebrochenen Krieg war der Traum von einem eigenen Auto jedoch bald ausgeträumt.

Erstaunlich schnell schritt der Bau des Volkswagenwerkes auf dem Gelände, das der Graf von der Schulenburg und Bauern in Heßlingen abtreten mußten, voran. Am 16. September 1938 kam der Gesellschaftsvertrag der Volkswagen-GmbH zustande, denn am 6. Oktober wurde die »Gezuvor« in Volkswagen GmbH. umbenannt und im Frühjahr 1939 wurde das Richtfest des Autowerkes gefeiert. Schon in der ersten Ausbaustufe sollten in der Hauptschicht 10.000 Mitarbeiter und in der zweiten Schicht 7.500 Arbeiter pro Jahr 250.000 Volkswagen bauen. In der zweiten Ausbaustufe sollten maximal 30.000 Mitarbeiter die Jahresproduktion auf 800.000 bis 1.000.000 Wagen steigern.

Im April 1939 konnte mit der Einrichtung der Werkhallen begonnen werden, da die benötigten Maschinen teilweise schon aus den USA eingetroffen waren. 1940 begann die Montage der Kübelwagen, deren Karosserien noch in Berlin gebaut wurden. Die Produktion der Schwimmwagen vom Typ 166 für die Wehrmacht lief 1942 an.

Gegen den Standort der Volkswagenstadt südlich des Kanals hatte die Reichsbauernschaft Hannover im Reichsnährstand im Schreiben vom 22. Dezember 1937 schwerwiegende Bedenken vorgetragen. Im Sitzungsbericht über die Besprechung »Standortplanung für die Volkswagenwerke« am 17. Januar 1938 in der Reichsstelle für Raumordnung wurden diese Einwände aber abgelehnt. Dort führte der aus Fallersleben stammende Reichsminister Kerrl aus, daß die Entscheidung des Führers über die Standortfrage bereits vorläge und sich dieser für die Errichtung der Volkswagenwerke bei Fallersleben entschieden hätte, denn »für die Volkswagengesellschaft sei der Standort Fallersleben der einzig mögliche gewesen, da ihr die Auflagen gemacht seien: Nähe der Hermann-Göring-Werke, Anschluß an Autobahn, Reichsbahn, Kanal und landschaftlich schöne Lage...«.

Da man aber nicht nur das riesige Volkswagenwerk bauen mußte, sondern auch die dazugehörige »Stadt des KdF-Wagens«, fehlten die erforderlichen Arbeitskräfte, zumal der Bau des Westwalles weiter vorangetrieben wurde. Man entschloß sich daher, für den Aufbau von Werk und Stadt auf ausländische Arbeitskräfte zurückzugreifen. Mehrere tausend Italiener wurden aus dem befreundeten Italien herangeschafft. Die Aller-Zeitung berichtete unter folgender Schlagzeile darüber:

KdF-Wagen-Stadt erwartet Italiener

Morgen trifft der erste Transport italienischer Arbeiter im Lager ein. Um die Arbeiten am Volkswagenwerk und an der Stadt des KdF-Wagens so zu fördern, wie es Reichsorganisationsleiter Dr. Ley wünscht, werden in den kommenden Monaten auch italienische Arbeiter bei den Bauarbeiten eingesetzt. Rund 6 000 Italiener treten heute und in den kommenden Tagen in Sonderzügen von je 800 Mann die Reise nach Deutschland an. Der erste Transport italienischer Arbeiter wird morgen, Sonnabend vormittag, im Gemeinschaftslager der Stadt des KdF-Wagens eintreffen, das sich schon zum Empfang der Gäste aus dem befreundeten Italien gerüstet hat. So stehen zum Beispiel an den Baraken neben den deutschen Bezeichnungen Schilder mit italienischen Aufschriften. Sie verraten den Italienern in ihrer Heimatsprache, wo sie das Postamt, den Lagerführer, den Arzt oder sonstige Büros finden können. Zum Empfang der Schaffenden aus Italien wird sich auch die HJ-Kapelle des Bannes 380 aus Gifhorn einfinden. Die Vermittlung der italienischen Arbeiter wurde durch die Deutsche Arbeitsfront und die faschistische Industrie-Arbeiter-Konföderation bewerkstelligt. Wie man hört, stammen die italienischen Arbeitskameraden aus Oberitalien, vorwiegend aus den Bezirken um Bologna, Undine und Bergamo. Auch Sonntag und Montag werden noch Transporte in Gemeinschaftslagern eintreffen.

Aus den Gemeinden Heßlingen, Rothehof mit Rothenfelde und Alt-Wolfsburg sollte nach Hitlers Plänen die moderne Arbeiterstadt, die Stadt des KdF-Wagens, entstehen. Mit Hilfe des Landbeschaffungsgesetzes wurden 2929 Hektar Bauland erworben, das etwa 30 Bauern aus Heßlingen und dem Grafen von der Schulenburg gehörte.

Auch die Geschichte des Schlosses Wolfsburg hatte damit seinen vorläufigen Abschluß gefunden, es wurde ebenfalls der »Gesellschaft zur Vorbereitung des Volkswagens« (Gezuvor) übereignet. Auch die Familie des Grafen von der Schulenburg trennte sich nach Erhalt einer Entschädigung 1942 vom Schloß und siedelte nach Neumühle über.

Mit einem Führererlaß war der Generalbauinspektor für die Reichshauptstadt, der spätere Rüstungsminister Albert Speer, mit der Durchführung der städtebaulichen Maßnahmen beauftragt worden. Dieser bevollmächtigte den Dipl. Ing. Peter Koller aus Berlin-Grunewald mit der Durchführung der Stadtplanung und des Aufbaus. Der von Koller vorgelegte Flächenplanentwurf sah eine klare Trennung von Stadt und Werk durch den Mittellandkanal vor und zeigte eine ringförmige Straßenführung mit breiten Alleen und Straßen mit viel Grün und Erholungsräumen.

Zuerst wurden 500 Arbeiter zum Aufbau der KdF-Stadt geschickt, seit 1938 kamen Monat für Monat mehr. Die Deutsche Arbeitsfront war unter ihrem Leiter Dr. Robert Ley für dieses Siedlungsprogramm zuständig. Bevor die neuen Siedler kamen, wohnten nur 857 Einwohner in Alt-Wolfsburg, im Gutsbezirk, in Heßlingen und Rothehof-Rothenfelde. Die ersten Behausungen dieser neuen Stadt waren Baracken, die vorwiegend in der damaligen Fallersleber Straße errichtet wurden. Um den Stadtausbau zügig voranzutreiben, hatte die »Gezuvor« im April 1938 vom Stadtbaubüro in Berlin eine Zweigstelle nach Wolfsburg verlegt.

Peter Koller schilderte in der Zeitschrift »Der Städtetag« seine Ansichten über die Stadtgründung: »Wolfsburg ist in Deutschland neben Salzgitter-Lebenstedt die einzige Stadt, die im 20. Jahrhundert planmäßig gegründet und ausgebaut worden ist. (...) Sie wurde zwar als Wohnplatz für das Volkswagenwerk vorgesehen, aber Werk und Stadt zusammen wurden in einem bis dahin unterentwickelten Raum gestellt, um neben ihrem wirtschaftlichen Selbstzweck als binnenkolonisatorische Maßnahme zu wirken...»[31].

Kollers Plan für den Stadtaufbau versprach eine klare Trennung der Arbeits-, der Wohn-, Freizeit- und Versorgungsbereiche. Das Werk sollte sich nördlich des Mittellandkanals ausbreiten. Als Mittelpunkt der Stadt war der Klieversberg mit Repräsentationsgebäuden der Partei vorgesehen. Die ringförmigen Straßen mußten für den zu erwartenden Massenverkehr breit genug sein. Ferner sollte die Stadt nach Hitlers Forderung genügend Raum für »notwendige« Aufmärsche haben. Der Wechsel von Baugebieten und Waldflächen, wie Koller es plante, würde das künftige Stadtbild prägen. Für die vielen Einwohner waren großzügige Mietblocks vorgesehen, deren Wohnkomfort über dem damaligen Durchschnitt lagen. Für die Häuser des Steimkerberges war der dörfliche Charakter zu berücksichtigen.

Die große Bautätigkeit schritt bis 1942 zügig voran. Mehr als 3.000 Wohnungen wurden fertiggestellt. Die Häuserzeilen in den heutigen Stadtvierteln Heinrich-Heine-Straße, Goethestraße, Schillerstraße, Am Schillerteich und Steimkerberg waren im Wesentlichen schon errichtet worden, als die auf vollen Touren laufende Bautätigkeit wegen der kriegsbedingten Materialkontingentierungen abflachte. Viele öffentliche Einrichtungen konnten daher nur in Provisorien untergebracht werden. Selbst die Cianetti-Halle, die für Partei-, Freizeit- und Kulturveranstaltungen vorgesehene »Kulturstätte«, errichtete man aus Holz. Der Architekt Koller war für die Planung der Stadt zuständig. Das große Volkswagenwerk dagegen wurde nach den Bauplänen der Architekten Mewes, Kohlbecker, Schupp und Kramer errichtet.

Das Volkswagenwerk produzierte bereits im erheblichen Umfang, allerdings kaum den geplanten Volkswagen, sondern mehr die von der Wehrmacht im Kriege benötigten Kübel- und Schwimmwagen. Die Sparverträge hatten zunächst ihre Gültigkeit verloren, die VW-Sparer vertröstete man auf die Zukunft. Wie überall im Reich hatte auch hier bald die Rüstungsindustrie bis zum vermeintlichen »Endsieg« den Vorrang. Statt moderner Wohnblocks wurden jetzt für die Unterbringung der Arbeitskräfte die schneller zu errichtenden Baracken gebaut.

Der Vaterländische Frauenverein vom Deutschen Roten Kreuz, Ortsgruppe Wolfsburg und Umgebung, hatte im festlich geschmückten Saal des »Wolf« kurz vor der Grundsteinlegung des Volkswagenwerkes sein 25-jähriges Jubiläum gefeiert. Die Vorsitzende begrüßte die Vertreter des Staates, der Partei und ihrer Untergliederungen, die Vorsitzende des Kreisvereins Gifhorn, die mit 28 Mitgliedern gekommen war, den Schwesternverein Hehlingen und die aus Oebisfelde erschienenen alten Mitarbeiter aus Kriegs- und Friedenszeiten. Sie sprach den Dank gegen das »Gräfliche Haus Wolfsburg« aus, das dem Roten Kreuz stets Wohlwollen und Hilfe schenkte. Besonders herzlich wurde der Mitbegründerinnen gedacht, u. a. auch der noch aktiven Gräfin Marie von der Schulenburg. »Das Rote Kreuz wird in Ausübung und Bereitschaft rechten Tatchristentums, wie es 25 Jahre in Treue hier in Wolfsburg gedient hat, auch im Dritten Reich weiter in vaterländischer Treue Volk und Reich und Heer und Führer dienen.»

Das Wolfsburger Missionsfest fand 1938 am 27. Februar statt. Die Veranstaltungen am Vormittag und Abend waren gut besucht. Die Kollekten in Wolfsburg und Hehlingen ergaben zusammen den ansehnlichen Betrag von 135,- RM für die Berliner Missionsgesellschaft. »Allen Spendern sei auch auf diesem Wege noch einmal herzlich gedankt für ihre Treue und Mithilfe an dem gesegneten Gotteswerk«, schrieb das Wolfsburger Kirchenblatt.

Am 13. März 1938 wurde in Wolfsburg wie immer der Heldengedenktag gefeiert. Auch zu der anschließenden kurzen Feierstunde am Denkmal waren alle Gliederungen der Partei, HJ, Jungvolk, BDM (Bund Deutscher Mädchen), Frauenschaft, Kriegsgräberfürsorge und alle Vereine herzlich eingeladen.

Am Sonntag, den 13. November 1938 wurde in der Wolfsburger Kirche das erste Kind des Zimmermanns Karl Kersten und seiner Ehefrau Hilde getauft. Das Kind wurde am 12. September 1938 in der Stadt des KdF-Wagens, Ortsteil Rothenfelde, geboren. Eine der sechs Paten war die Gräfin Ursula von der Schulenburg in Wolfsburg.

Der Präsident des Centralausschusses für die Innere Mission der Deutschen Evangelischen Kirche hatte zum Winterhilfswerk 1938 / 39 folgenden Aufruf erlassen, der in den »Heimatlichen Glockenklängen« abgedruckt wurde: »Wiederum ruft der Führer uns alle zum Winterhilfswerk des Deutschen Volkes auf. Die Innere Mission der Deutschen Evangelischen Kirche, die den Armen und Hilfsbedürftigen zu dienen hat, stellt sich mit ihren Anstalten, Einrichtungen und allen Kräften freudig in die Reihen der Helfer an dem großen gemeinsamen Hilfswerk in Treue zum Führer und dem Volk. Die Treue steht zuerst, zuletzt im Himmel und auf Erden.«

Pastor Boetticher, der vom 29.8. bis 24.9.1938 zu militärischen Dienstleistungen eingezogen worden war, verabschiedete sich mit den mahnenden Worten vom Jahr 1938: »Weißt du, was viele vergessen und damit ihrem Pastor und allen treuen Christen weh tun? Das Gottesgebot: »Du sollst den Feiertag heiligen! Was ist das? Wir sollen Gott fürchten und lieben, daß wir die Predigt und sein Wort nicht verachten, sondern dasselbe heilig halten, gerne hören und lernen.« Selig sind, die Gottes Wort hören und bewahren! Es wünscht seinen drei Gemeinden ein gesegnetes, frohes und wirkliches Weihnachten Euer Pastor Boetticher.»

Das Jahr 1939 brachte gerade im Wolfsburger Ländchen große Veränderungen. Durch den Bau von Werk und Stadt zogen viele neue Einwohner zu, aber auch viele Bauern mußten hier ihr Land verkaufen und aus ihrer Heimat fortziehen. Das Kirchenblatt berichtete darüber: »Folgende Familien haben jetzt unsere Kirchengemeinde Heßlingen verlassen müssen und dem Aufbau der neuen Stadt des KdF.-Wagens Acker und Haus verkauft: Der Eisenbahner Werner Schulze, er zog nach Oebisfelde. Bauer Adolf Schrader, jetzt in Schermen bei Burg, die Bauern Hermann Cramm und Ottö Bertling, jetzt in Grasleben, der Bauer Friedrich Schrader, jetzt Alten Platow bei Genthin, und Fritz Brandes-Rothenfelde, er zog nach Osterwiek. Die alte Heimatgemeinde schickt durch die Heimatglocken treue Grüße. Möge Gott der Herr allen Seinen Segen zu neuer, schwerer Arbeit, zum Aufbau und zum Festwurzeln in der neuen Heimat geben.»

Unter den zugezogenen Neusiedlern befanden sich auch viele Katholiken. Pastor Boetticher mußte daher seine Gemeinde mit folgenden Worten mahnen: »Die ca.250 Katholiken, die alle 14 Tage im Saal des »Brandenburgischen Adlers« zum Gottesdienst kamen, beschämen viele von uns.« Mit besonderer Herzlichkeit begrüßte man daher die neu zugezogen Gemeindeglieder in der Stadt des KdF. -Wagens:

> In den letzten Monaten sind viele evangelische Familien hierher übergesiedelt. Die Kirche heißt sie herzlich willkommen und wünscht ihnen Gottes Segen für die neue Arbeit und ein rechtes Heimischwerden in der neuen Stadt. Aus verschiedenen Gauen unseres Vaterlandes, ja vielfach sogar weit übers Meer sind sie hier zusammengekommen und sollen jetzt eine lebendige Gemeinschaft werden. Dazu will ihre Kirche ihnen helfen. Menschen, die gemeinsam beten und singen, sollen dadurch auch einander näher kommen und sich im neuen Wohnort leichter heimisch fühlen. So bitten wir unsere neuen Gemeindeglieder, daß sie der Kirche die Treue halten mögen, die Gottesdienste regelmäßig besuchen, die Kinder zur Taufe, die Jugend in den Kindergottesdienst und zum Konfirmandenunterricht schicken. Im Bereich der Stadt des KdF.-Wagens befinden sich die ev.-luth. Kirchengemeiden Wolfsburg und Heßlingen; ihre Vereinigung ist geplant. Der Pfarrer für beide Gemeinden wohnt in Wolfsburg neben der Kirche. (...) Die Gottesdienste finden sonntags um ½ 10 Uhr abwechselnd in der Wolfsburger und der altehrwürdigen Heßlinger Kirche statt. Sie werden durch Anschlag und in den Zeitungen bekanntgegeben. (...) Wir singen aus dem Gesangbuch für Minden und Ravensberg. In der Kirche liegen Gesangbücher zur Benutzung aus für diejenigen Kirchengänger, die keins im Besitz haben. Da ein großer Teil der alteingesessenen Gemeindeglieder uns leider in absehbarer Zeit verlassen und umsiedeln wird, ist die Einführung des Gesangbuches der Hannoverschen Landeskirche geplant, zu der die Gemeinden jetzt gehören.

Bereits im April 1938 wurde durch die evangelisch-lutherische Landeskirche Hannovers angeregt, angesichts der auf hannoverschem Boden entstehenden Stadt des KdF.-Wagens die Umpfarrung der beteiligten Kirchengemeinden Wolfsburg, Heßlingen und Hehlingen zur Landeskirche Hannover zu vollziehen. Am 19. Mai 1938 beschlossen die drei Gemeindekirchenräte einstimmig ihre Zustimmung zu solcher Umlegung und beantragten ihre Lösung aus der evangelischen Kirche der Altpreußischen Union und ihren Anschluß an die evangelisch-lutherische Landeskirche Hannovers. »Feiern aus diesem Anlaß fanden aber nicht statt«, wie das Kirchenblatt später schrieb: »Die Gemeinden Wolfsburg, Heßlingen und Hehlingen sind am 1. August 1939 von der Hannoverschen Landeskirche übernommen worden und gehören jetzt zum Kirchenkreis Fallersleben. Die feierliche Übernahme mußte des Krieges wegen verschoben werden und findet in hoffentlich nicht zu ferner Zeit statt.«

Da die neue Zeit überall Veränderungen mit sich brachte, dachte man wieder stärker an die »gute alte Zeit« zurück. Im Kirchenblatt wurde die Frage thematisiert: »Welche Tracht trugen unsere Väter?»

> In unseren drei Dörfern der Wolfsburger Grafschaft trugen die Männer im vorigen Jahrhundert schwere, schwarze Filzzylinder; dazu einen langen, schwarzen Rock aus »Beiderwand«, der mit einer doppelten Reihe weißer Metallknöpfe besetzt war. Die Weste war oben geschlossen und hatte keinen Ausschnitt. Man trug Kniehosen und dazu weiße Strümpfe mit niedrigen Schuhen; alltags trug man auch hohe Stiefel oder Gamaschen. Von der kleidsamen Frauentracht sind noch einige Stücke im Schloß vorhanden; man trug Bernsteinketten dazu.

Noch kein Jahr war seit der Grundsteinlegung des VW-Werkes vergangen, als Hitler am 14. und 15. März die restlichen Teile der Tschechoslowakei besetzen ließ und das Protektorat Böhmen und Mähren errichtete. Schon eine Woche später, am 23. März, wurde das Memelgebiet wieder mit dem Deutschen Reich vereinigt. Das deutsch-britische Flottenabkommen und der deutsch-polnische Nichtangriffspakt wurden gekündigt, dafür aber ein Militärbündnis mit Italien abgeschlossen. Das Wolfsburger Kirchenblatt druckte das Telegramm ab, daß der evangelische Oberkirchenrat der altpreußischen Union zu »der Stunde der Heimkehr des Memellandes« an das Evangelische Konsistorium in Memel gerichtet hatte: »Unsere evang. Gemeinden des Memellandes, die in schweren Zeiten Glauben und Deutschtum treu bewahrten, grüßen wir zu ihrer Rückkehr ins großdeutsche Reich in Dankbarkeit gegen Gott, in Freude über die wiedergewonnene Einheit. Heil unserem Führer und unserem Vaterland!« Der Generalsuperintendent Obereigner, der geistliche Leiter der memelländischen evangelisch Gemeinden, hatte diese Grüße »bewegten Herzens und in übergroßer Freude um die Heimkehr ins Reich« erwidert.

Durch die Eingliederung dieser neuen Gebiete hatte sich eine beträchtliche Verschiebung der konfessionellen Verhältnisse in Deutschland ergeben. Das Wolfsburger Kirchenblatt stellte fest, daß bis zum13. März 1938 die Angehörigen der evangelischen Konfession mit etwa zwei Dritteln der Gesamtbevölkerung das Übergewicht hatten. Mit der Heimkehr der Ostmark und des Sudetenlandes hielten sich der Protestantismis und der Katholizismus zahlenmäßig ungefähr die Waage. Nach einer Statistik, die in Prag aufgestellt wurde, bekannten sich 68,5% der Bevölkerung in Böhmen zur römisch-katholischen Kirche, 3,25% zu der tschechischen Nationalkirche, 4,75% zur protestantischen Kirche, 1,25 % wurden als Juden registriert und 11, 75 % waren konfessionslos.

In Mähren gehörten 84, 7 % der Bevölkerung zur römisch-katholischen, 5,67 % zur tschechischen Nationalkirche und 4,25 % zur protestantischen Kirche, dazu kamen dort 1,5 % Juden und 3,5 % Konfessionslose.

Wie überall im Reich, so feierte man auch im Wolfsburger Ländchen des Führers 50. Geburtstag. Die »Heimatlichen Glockenklänge« brachten in der Aprilausgabe 1939 ein Bild Adolf Hitlers mit dem Text: »Adolf Hitler, der machtvolle Gestalter Mitteleuropas. Sein oberstes Gebot heißt immer noch und wird auch stets so heißen: Alles für Deutschland! Wir sehen in jedem Versuch einer weiteren Ausbreitung des Bolschewismus in Europa grundsätzlich eine Verschiebung des europäischen Gleichgewichts.« Ferner wurde dort bekannt gegeben: »Nach einer Anordnung der Kirchenkanzlei der Deutschen Evangelischen Kirche wird in den Gottesdiensten des 16. oder 23. April des 50. Geburtstag gebührend gedacht werden. Einer Abhaltung von Festgottesdiensten am Geburtstage selber steht, wo dazu Gelegenheit gegeben ist, nichts im Wege. Die Kirchenkanzlei hält es für selbstverständlich, daß jeder deutsche evangelische Pfarrer an einem der genannten Sonntage des Führers besonders gedenkt.»

Im September 1939 hatten die »Wolfsburger Glockenklänge« »Unser Gebet für Volk und Reich« mit den Worten abgedruckt: »Allmächtiger Gott, barmherziger Vater. Du bist unser Richter, Du unser Meister, Du unser König. Hilf uns, vergib uns unsere Schuld. Deiner Gnade und Güte befehlen wir uns ganz und gar. Deine gewaltige Hand sei in dieser Stunde Schutz und Schirm über unserem Volk und Vaterland. Gib guten Rat und rettende Tat denen, die uns und das gemeinsame Werk unseres Volkes leiten. Segne den Führer. (...) Sei ein Trost aller, die in Bedrängnis sind, und mach uns Deiner vergebenden Barmherzigkeit immer von neuem gewiß. Laß kein Opfer vergeblich sein. Führe uns zu einem Frieden, der unserem Volk Raum und Freiheit zu gemeinsamen Dienst schenkt, der ein wahrer Friede sei für alle Völker, und erhalte uns heute und allezeit in Deinem ewigen Frieden um Christi willen. Amen!»

Aber längst rollten wieder wie in den Kriegen 1870/71 und 1914/18 die Truppentransporte durch das Wolfsburger Land, das seit 1928 einen eigenen Bahnhof mit der Bezeichnung »Rothenfelde-Wolfsburg« hatte. Am 23.8.1939 wurde der Deutsch-Sowjetische Nichtangriffspakt mit Abgrenzung der beiderseitigen Interessensphären unterzeichnet. Hitler hatte ultimativ von Polen die Eingliederung des Freistaates Danzig ins Deutsche Reich verlangt und eine Volksabstimmung im Korridorgebiet zwischen Pommern und Ostpreußen gefordert.

Aber schon am 1.9.1939 begann der Einmarsch deutscher Truppen in Polen, obgleich sich das verbündete Italien am 2.9.1939 für »nichtkriegsführend« erklärte.

Die Kriegsjahre 1939 bis 1942

Ein neuerKrieg hatte begonnen, obgleich auch viele Bewohner Wolfsburgs die Schrecken des erst vor 21 Jahren beendeten Weltkrieges noch deutlich in Erinnerung hatten und nichts mehr fürchteten als neue kriegerische Auseinandersetzungen. Sofort bei Kriegsbeginn wurden die Lebensmittel rationiert und Nährmittelkarten verteilt. All dieses war so gut vorbereitet worden, daß man vermuten konnte, daß Hitler einen Krieg geplant hatte. Die Rationierung der Lebensmittel wurde in der Grafschaft Wolfsburg zunächst als nicht sehr schmerzlich empfunden, da die meisten Bewohner hier Felder oder zumindest einen eigenen Garten hatten. Wieder flatterten Einberufungsbefehle in die Wolfsburger Häuser. Auch Pastor Boetticher war als Artilleriehauptmann einberufen worden, denn schon am 6.10.1939 schrieb »für Pastor Boetticher, der im Felde ist, Frau Lilli Boetticher»:

> Der jüngste Soldat unserer Gemeinde Heßlingen, Rolf Müller, sandte als erster aus dem Polenfeldzug vom 6.9. seine Grüße der Kirchgemeinde. Die Heimatkirche gedenkt aller teuren tapferen Soldaten unserer drei Gemeinden in Polen und der Westfront mit inniger Fürbitte. Wir Frauen und Mütter tragen Euch auf betendem Herzen. Die gedruckten heimatlichen Glockenklänge sollen Euch von nun ab regelmäßig unsere Grüße bringen, bis Ihr selbst die Heimatglocken hört, die hoffentlich bald den Frieden einläuten. Ich bitte,

alle Adressenänderungen unserer Soldaten mir freundlichst mitzuteilen, damit die Gemeindeblätter unsere Soldaten erreichen.

Auch die Wolfsburger Heimatglocken ließen ihr Dankgeläut über deutsches Land erschallen, denn »aus Anlaß des Einzuges der deutschen Truppen in Warschau haben die Kirchenglocken zum dankerfüllten Gedanken des Sieges und zum Gedenken an neun Gefallene hier für die Dauer von sieben Tagen mittags eine Stunde lang ihr Geläut erklingen lassen.«

In den Gottesdiensten des Erntedankfestes wurde von den Kanzeln der Aufruf der Kirchenleitung vorgelesen, in dem es heißt: »Der Kampf auf den polnischen Schlachtfeldern ist beendet; unsere deutschen Brüder und Schwestern in Polen sind von allen Schrecken und Bedrängnissen Leibes und der Seele erlöst, die sie lange Jahre hindurch und besonders in den letzten Monaten ertragen mußten. Wie könnten wir Gott dafür genugsam danken! Wir danken Ihm, daß er unseren Waffen einen schnellen Sieg gegeben hat. Wir danken Ihm, daß uralter deutscher Boden zum Vaterland heimkehren durfte und unsere deutschen Brüder nunmehr frei und in ihrer Zunge Gott im Himmel Lieder singen können. Wir danken Ihm, daß er jahrzehntealtes Unrecht durch das Geschenk seiner Gnade zerbrochen und die Bahn freigemacht ist für eine neue Ordnung der Völker, für einen Frieden der Ehre und Gerechtigkeit.«

Aber trotz aller Siegesfreude blieb auch hier im Wolfsburger Ländchen die Stimmung gedämpft, denn das Wolfsburger Kirchenblatt druckte unter der Überschrift »Zu Dir heb ich die Hände...« diese nachdenklich stimmenden Sätze ab: »Und nun ist es geschehen, daß trotz allen »guten Willens« die Völker Europas zum anderen Male in ein furchtbares Ringen verstrickt sind. Und wir – die wir schon einmal einen Krieg erlebten – wissen, was das für alle Völker, nicht zuletzt für unser eigenes geliebtes Volk und Land bedeutet. Da steigt es wieder aus unseren Herzen inbrünstig empor, das Gebet vergangener Tage: Zu Dir heb ich die Hände, daß Deine Hand uns wende das große Herzeleid.«

Zum ersten Kriegsweihnachtsfest 1939 brachte das Kirchenblatt die Wünsche und Gedanken Frau Boettichers:

Ganz besonders gehen in den Weihnachtstagen unsere Grüße und guten Wünsche an die Glieder unserer Gemeinde, die im Felde stehen. Um die Heimat zu schützen, müssen viele von Euch die heilige Nacht in der Ferne verbringen. Die Heimat dankt Euch für die Opfer, die Ihr für sie bringt. Sie betet für

Euch; sie ist stolz auf Euch; sie nimmt willig die Beschränkungen auf sich, die der Krieg bringt, um Euer nicht unwert zu sein. In diesem Krieg soll die Heimat Euch nicht das Herz schwer machen. Wir wünschen Euch allen, die Ihr im Dienst des Vaterlandes fern sein müßt, Kraft und zähe Ausdauer, Mut und Geduld, Wachsamkeit auf dem Posten und stillen Weihnachtsfrieden im Herzen. Christ, der Retter ist da! (...) So wollen wir denn miteinander Weihnachten halten. Ihr draußen im Felde und wir in der Heimat; äußerlich getrennt, aber innerlich verbunden im Glauben und Dank und Bitte an unsern Heiland Jesus Christus. Möge seine Liebe in uns stark werden! (...)

Viele unserer lieben Soldaten drücken Dank und Freude über unser Gemeindeblatt aus und grüßen ihre Heimat und alle Gemeindeglieder herzlich.

Obergefreiter Wilhelm Müller, Soldat Karl Leitge, Soldat Otto Knigge, Soldat Otto Riemann, Soldat Heinrich Thiele lassen alle Hehlinger herzlich grüßen.

Soldat Alfred Heinz, Soldat Hans Schönberger, Soldat Theo Stocklasa, Gefreiter Walter Kirchhoff, Soldat Werner Schrader, Soldat August Flentje und Unteroffizier Reinhold Dürkop senden der Heimat Heßlingen viele Grüße.

Soldat Hermann Schulze und Gefreiter Werner Schulze grüßen ihr altes liebes Wolfsburg.

Wenn in den Heimatkirchen am Heiligen Abend die Weihnachslichter brennen, wollen wir fürbittend Euer aller gedenken. Jeden einzelnen grüße ich mit besonders herzlichem Weihnachtsgruß Frau Lilli Boetticher

Wolfsburg, den 8. Dezember 1939

Walter Schlupp, Pastor

Das Jahr 1939 hatte für Hitler große Erfolge gebracht. Obgleich schon zwei Tage nach dem Einmarsch deutscher Truppen in Polen am 3.9. auch Frankreich und England in den Krieg eingetreten waren, blieb es an der Westfront erstaunlicherweise bei nur geringen Kampfhandlungen. Warschau hatte schon am 27.9.1939 kapituliert, am 6.10. wurden die letzten Kampfhandlungen beendet. Danzig kam wieder zum Deutschen Reich, ebenso die 1919 abgetretenen Korridorgebiete des ehemaligen Westpreußen. Das Warthegebiet und der Bezirk Ziechanow wurden dem Deutschen Reich angegliedert, während Restpolen bis zum Bug deutsches »Generalgouvernement« wurde. Ostpolen erhielt nach dem Einmarsch sowjetischer Truppen am 17.9.1939 Rußland. Die Baltendeutschen aus den zur sowjetischen Interessenzone gehörenden Staaten Estland, Lettland und Litauen wurden vorwiegend in den Raum Posen umgesiedelt. Die Juden aus dem Deutschen Reich und dem Protektorat Böhmen-Mähren verschleppte man in die Gebiete des Generalgouvernements.

1940 wurde die Umsiedlung großer Bevölkerungsmassen fortgesetzt. Nach dem Abkommen Deutschlands mit Rußland und Rumänien wurden die Volksdeutschen aus Bessarabien, der Bukowina und der Norddobrudscha »ins Reich heimgeholt« und vorwiegend im Warthegau auf den Höfen, von denen man die Polen vertrieben hatte, angesiedelt.

Der Dreimächtepakt Deutschland-Italien-Japan, dem sich Ungarn, Rumänien und die Slowakei anschlossen, schien Hitlers Vormachtstellung auf Dauer zu besiegeln. Schon vom 9. bis 30.4.1940 konnten deutsche Truppen innerhalb der gut vorbereiteten »Weserübung« Dänemark besetzen und die in Norwegen gelandeten englischen Truppen vertreiben.

Den Vormarsch der »germanischen Herrenmenschen«, die nach der nationalsozialistischen Blut- und Boden-Ideologie noch gesund und mit der Heimatscholle fest verbunden waren, schien unter Führung des Feldherrn Adolf Hitler nichts mehr aufhalten zu können. Fast täglich hörte man auch in Wolfsburg im Radio, dem sogenannten »Volksempfänger«, die mit Fanfarenklängen untermalten Sondermeldungen.

Nachdem man die Masse der im Polenfeldzug eingesetzten Truppen in Transportzügen, die auf der vielbefahrenen Strecke von Osten nach Westen durch Wolfsburg bei Tag und Nacht brausten, zur Westfront geschafft hatte, begann am 10. Mai 1940 der Westfeldzug, in dem die deutschen Truppen schnell über Luxemburg, Holland und Belgien bis Nordfrankreich an die Loire und zur Atlantikküste vorstießen und Paris und Elsaß-Lothringen besetzten. Hitler erlebte wohl seinen größten Triumph, als er am 22.6.1940 im Wald von Compiegne im gleichen Zugwagen wie im ersten Weltkrieg den deutsch-französischen Waffenstillstand unterzeichnete und Rache für den Versailler Vertrag nehmen konnte. Die französische Armee kam in Kriegsgefangenschaft, Frankreich wurde unter deutsche Militärverwaltung gestellt, nur der Süden und Südosten blieben unbesetzt. In den Niederlanden wurde ein deutscher Reichskommissar mit der Verwaltung beauftragt, Belgien mußten Eupen, Malmedy und Moresnet an Deutschland abtreten und blieb unter Militärverwaltung. Luxemburg wurde dem Reichsgau Koblenz-Trier unterstellt. Die Vorbereitungen zur Landung in England begannen unter dem Decknamen »Seelöwe«. Deutsche U-Boot-,

Minen- und Hilfskreuzerverbände konnten bei der Unterbrechung britischer Seeverbindungen erhebliche Erfolge erringen. Erste Planungen für den »Fall Barbarossa« zur Niederwerfung Rußlands auch vor Beendigung des Krieges gegen Großbritannien wurden in Angriff genommen.

Unterdessen beschloß der SS-Staat die Vernichtung »lebensunwerten Lebens« auf Grund der Euthanasiegesetze in den Anstalten für geistig und körperlich behinderte Menschen. In den v. Bodelschwinghschen Anstalten in Bethel widersetzte man sich den Anordnungen, dort Tötungsmaßnahmen durchzuführen. Auch im Wolfsburger Ländchen, wo man nicht nur auf den Missionsfesten große Spenden aufbrachte, sondern auch zu Ostern Eiersammlungen für die »Krüppelanstalten« in Magdeburg durchführte, brachte man wohl kein Verständnis für diese Euthanasiegesetze auf.

Während bei den Planungen für die »vorbildliche deutsche Arbeiterstadt« noch vier Kirchengebäude vorgesehen waren, zwei für die evangelischen und zwei für die katholischen Christen, wurden diese Absichten ab November 1940 im Zeichen des sich verschlechternden Verhältnisses zwischen dem nationalsozialistischen Regime und den Kirchen ganz einfach eingestellt.

Mit dem Beginn des Krieges hatte sich der Arbeitskräftemangel auch hier verstärkt. Auf eine Anfrage des Reichsführers SS und Chef der Deutschen Polizei nach Einwohnerzahl und Sicherheitsmaßnahmen beim Regierungspräsidenten in Lüneburg antwortete dieser in seinem Schreiben vom 12. Dezember 1938: »Im Gebiet der Volkswagenstadt befanden sich vor Baubeginn 987 Einwohner. Seit Beginn des Baues hat sich diese Zahl auf 1179 erhöht. Darin ist das Personal der Stadtverwaltung, der Werksleitung und des SS-Wachturms, soweit diese im Gebiet der Volkswagenstadt wohnen, mitenthalten. Das im Stadtgebiet errichtete Gemeinschaftslager beherbergte im November des Jahres 4256 Personen.«

In den Ortsteilen wohnten 1 179 Einwohner. Im Lager befanden sich 1272 deutsche Arbeiter, 2534 italienische Industriearbeiter, 120 Danziger, 80 Holländer, 140 Tschechen, 200 Sudetendeutsche und 10 Arbeiter anderer Nationalität, also rund 5440 Einwohner. Diese Zahl sank wieder, nachdem größtenteils die italienischen Arbeiter entlassen worden waren, aber unmittelbar nach dem 5.1.1939 sollte dieser Stand wieder erreicht bzw.

überschritten werden. Die Erweiterung des Lagers war bereits in Angriff genommen worden, so daß im Frühjahr 1939 etwa 8 000 Arbeiter in den Gemeinschaftsbaracken untergebracht werden konnten. Wie der Regierungspräsident weiter berichtete, waren bei den italienischen Arbeitern verhältnismäßig wenig strafbare Handlungen vorgekommen, während bei den deutschen Arbeitern die polizeiliche Beanspruchung stärker war: wegen Diebstählen, Raufereien, Körperverletzungen und Vergehen gegen das Heimtückegesetz. Die Nebenstelle der Geheimen Staatspolizei befand sich in Fallersleben. Der beantragte Streifenwagen sollte ebenfalls der Gendarmerie-Abteilung Fallersleben, Gendarmeriestation Volkswagenfabrik, zugewiesen werden. Im Schreiben des Volkswagenwerkes an das Stadtbaubüro wurde am 13.12.1938 mitgeteilt, daß von den 450 sudetendeutschen Arbeitern 225 beim Werk beschäftigt und 225 beim Stadtbaubüro verbleiben sollten, vom 5. bis 7. Januar 1939 würden wieder neue italienische Arbeitskräfte eintreffen.

Nach der Eroberung Polens schaffte man zunächst aus diesem Gebiet Arbeitskräfte heran, die man zu Zwangsarbeiten verpflichtet hatte. Auch weibliche ausländische Arbeiter wurden eingesetzt.

Wie aus dem Schreiben des Volkswagenwerkes vom 17.10.1941 an den Architekten Koller hervorging, beabsichtigte man, für 600 ausländische Arbeiterinnen ein besonderes Barackenlager in der Reislingerstraße zu errichten. Mit dem Bau mußte sofort begonnen werden, da das Lager bereits spätestens am 1.12.1941 bezogen werden sollte. Auf dem vorgeschlagenen Gelände konnten allerdings die Holzbauten nicht errichtet werden, da dieses Gebiet in Kürze für gewerbliche Zwecke benötigt wurde. Aus der »vorbildlichen deutschen Arbeiterstadt des KdF-Wagens« wurde nun zum größten Teil ein Barackenlager für ausländische Arbeiter.

Auch jüdische Arbeitskräfte sollten hier zum Einsatz kommen, wie das Schreiben der Deutschen Bau-Aktien-Gesellschaft, Baustelle Wohngebäude des KdF-Wagens, vom 9.4.1941 an das Arbeitsamt Helmstedt, Nebenstelle Stadt des KdF-Wagens, beweist. Um ein Auffanglager für die hier unterzubringenden 1.000 Juden in 5 bis 6 Wochen errichten zu können, wurden beim Arbeitsamt 45 Maurer und 15 Hilfsarbeiter angefordert. Nach einem Aktenvermerk vom 17.4.1941 kamen aber die jüdischen Arbeitskräfte nicht zum Einsatz, weil das Arbeitsamt die Deutsche Bau-Aktien-Gesellschaft von dem Erlaß des Reichsarbeitsministers vom 7.4.1941 in Kenntnis setzte, nach dem der Einsatz ostjüdischer Arbeitskräfte im Reichsgebiet auf Anordnung des Führers zu unterbleiben hatte. Der Bau und die Vorbereitungen für die Erstellung eines Judenlagers wurden daraufhin sofort abgebrochen. Dennoch kamen Ende 1944 Jüdinnen zum Arbeitseinsatz, sie wurden aber im Untergeschoß des Werkes untergebracht.

Von den vielen ausländischen Arbeitskräften wurden die Polen besonders diskriminierend behandelt. Während für die Italiener, die mit Sammeltransporten angekommen waren, keine Karteikarten angelegt werden mußten, richtete sich die NS-Propaganda besonders gegen diese Polen. Bei Übertreibung der vorgekommenen Übergriffe wies die »Neue Zeit« daraufhin, »daß die Polen bei Ausbruch des Krieges kaltblütig und in sadistischer Form 60.000 Volksdeutsche umgebracht und Zehntausende mißhandelt hätten, überhaupt habe der Pole voller Schikane gegen alles Deutsche bis zum Kriegsausbruch dazu beigetragen, alles, was deutsch war, niederzutreten und zu entrechten.« Da diese polnischen Zwangsarbeiter aber hier oft Mitleid erweckten, mußte man dieses Feindbild aufrechterhalten, denn »je freundlicher sie tun, wenn sie sich schwächer fühlen, umso teuflischer ist ihr wahres Gesicht, wenn sie in einem Augenblick meinen, es zeigen zu können.«[32]

Ähnlich wie die Juden den Davidstern tragen mußten, so mußten auch die polnischen Staatsangehörigen ein großes »P« auf ihrer Kleidung tragen. Wie Polizeiberichten zu entnehmen war, wurde rücksichtslos durchgegriffen, wenn polnische Zwangsarbeiter das »P« nicht tragen wollten. In der »Neuen Zeit« hieß es: »Das P ist also für uns das Stoppzeichen für jeden persönlichen Verkehr mit den so Gekennzeichneten und für alles Mitleid. Wer dem Polen auch nur einen Finger bietet, dem nimmt er die ganze Hand. Der Pole steht unter besonderem Strafrecht und besonderen Gesetzen. Wir haben darauf zu achten, daß er sie streng erfüllt.«

Von den italienischen Staatsangehörigen mußten nur 76 karteimäßig erfaßt werden, da diese nicht mit den Sammeltransporten gekommen waren. Bei den Staatenlosen handelte es sich größtenteils um ehemalige russische Staatsangehörige ukrainischen Volkstums, ferner um ehemalige ungarische Bürger. Die Überwachung der Ausländer, die nur selten die deutsche Sprache beherrschten, war wegen der geringen Zahl von Dolmetschern allerdings recht schwierig. Unangenehm machte sich dabei auch bemerkbar, daß die Ausländer aus Dänemark, Holland, Belgien und Frankreich oft nicht im Besitz von Reisepässen waren.

Das Jahr 1941 brachte eine weitere Verschärfung der antijüdischen Maßnahmen. Die Juden wurden zum Tragen des Davidsterns gezwungen und zur Zwangsarbeit verpflichtet. Die Errichtung der ersten zur systematischen Vernichtung von Juden bestimmten Konzentrationslagern begann. Die Deportation der jüdischen Bevölkerung nach dem Osten wurde schon verstärkt, bis auf der berüchtigten Wannsee-Konferenz am 20.1.1942 unter Leitung von Heydrich mit dem Protokollführer Eichmann die »Endlösung«, die Vernichtung aller Juden, im Reich und in den von deutschen Truppen besetzten Gebieten beschlossen und vorangetrieben wurde.

Von den Kriegsschauplätzen kamen aber weitere Siegesmeldungen. Im U-Boot-Krieg und in der Luftschlacht um England verzeichnete man Erfolge. Am 2.3.1941 marschierten deutsche Truppen in Bulgarien ein, vom 31.3. bis zum 15.6.1941 konnte das Deutsche Afrika-Korps unter Rommel mit den verbündeten italienischen Truppen die Cyrenaika erobern und vom 6.4. bis 27.4. Jugoslawien und Griechenland besetzen.

In diese vielen Erfolgsmeldungen hinein platzte plötzlich die den meisten unverständliche Nachricht, daß Hitlers Stellvertreter Rudolf Heß am 10.5. nach England geflogen und dort abgesprungen war, um mit britischen Politikern Gespräche zu führen, die aber nicht zustande kamen, da Heß gefangengenommen wurde. Adolf Hitler distanzierte sich später von dieser Tat und erklärte seinen Stellvertreter für unzurechnungsfähig. Auch 50 Jahre danach kann nicht mit Sicherheit geklärt werden, ob dieser getreue Gefolgsmann des Führers eigenständig oder auf Hitlers Wunsch gehandelt hatte, da Heß über 40 Jahre nach Kriegsende im Spandauer Gefängnis erhängt aufgefunden wurde und dies Geheimnis mit ins Grab genommen hat. Diese Meldungen beunruhigten aber die Menschen im Wolfsburger Ländchen, denn wenn Hitlers Aussagen wahr waren, mußte ja in höchsten Führungskreisen ein Wahnsinniger mitgearbeitet haben.

Am 22.6.1941 stürmten deutsche Truppen siegreich tief nach Rußland hinein, machten in großen Kesselschlachten Zehntausende von Gefangenen, erreichten schon am 8. September den Finnischen Meerbusen, schlossen Leningrad ein, siegten in der Schlacht von Kiew vom 2.10. bis 20.10. und in den Kesselschlachten von Brjansk und Wjasma, drangen ins Donez-Becken vor, eroberten Charkow, stießen bis Rostow vor, schlossen Sewastopol ein und konnten mit starken Geschützen bereits in Moskauer Vororte hineinschießen.

Am 11.9.1941 hatte die USA-Flotte den Schießbefehl gegen deutsche Kriegsschiffe erhalten, was dann am 11.12. zur Kriegserklärung Deutschlands gegen die USA führte. Obgleich Hitler in seinem Buch »Mein Kampf« den Zweifrontenkrieg im Ersten Weltkrieg angeprangert hatte, war es nun doch zu einem Mehrfrontenkrieg gekommen, den, so glaubten viele Deutsche aus der Erfahrung des letzten Krieges, man wohl nie gewinnen könne.

An der Ostfront brachte der »General Winter« – wie 1812 bei Napoleons Zug nach Moskau – den deutschen Vormarsch zu Stehen. Schon sehr früh setzte im Herbst ein auch für russische Verhältnisse ungewohnter strenger und schneereicher Winter ein, auf den die deutsche Führung und ihre Truppen nicht vorbereitet waren. Wie überall im Reich, so wurde auch in Wolfsburg zum Nähen, Stricken und Sammeln von warmen Wintersachen aufgerufen, wie »Die Neue Zeit«, die parteiamtliche Tageszeitung für die Stadt des KdF-Wagens und den Kreis Gifhorn, berichtete:

> Frauen, kommt zur Nähstube! Am heutigen Donnerstag werden ab 15 Uhr in der Nähstube der NS.-Frauenschaft in der Cianetti-Halle (Bühnenraum) die durch die Blockfrauen gesammelten unfertigen oder ausbesserungsbedürftigen Gegenstände für die Soldaten der Ostfront fertiggestellt. Alle Frauen werden gebraucht. Keine darf zurückstehen, wenn es gilt, unseren tapferen Soldaten einen Teil unserer Dankesschuld abzutragen. Etwas Nähgarn und Stopfmaterial sowie Schere und Nadeln sind mitzubringen.

Diese warmen Wintersachen trafen aber wegen der langen Transportwege meist zu spät bei der Truppe ein, so daß viele Soldaten mit schweren Erfrierungen und bleibenden Schäden in die Lazarette oder in die Heimat zurückgeschickt werden mußten. Dafür mußten nun auch aus dem Wolfsburger Raum weitere Männer zum Militärdienst eingezogen werden, die dann beim Aufbau der Stadt des KdF-Wagens und bei der Produktion im Volkswagenwerk fehlten. Immer mehr Zwangsarbeiter aus den besetzten Gebieten und Kriegsgefangene kamen daher zum Einsatz, da sonst das ganze Projekt zu scheitern drohte und das in die Rüstungsindustrie eingegliederte Werk nicht mehr produzieren konnte. Waren die Italiener noch freiwillig gekommen, so wurden nun Polen, Russen, Holländer, Belgier und Tschechen zwangsverpflichtet.

Bald nach Beginn des Rußlandfeldzuges trafen in Wolfsburg russische Kriegsgefangene als Zwangsarbeitskräfte ein, die infolge von schlechter

Behandlung und Unterernährung dahinsiechten und starben, so daß man sich um die Platzanweisung für einen »Russenfriedhof« bemühen mußte. Am 29. Oktober 1941 schrieb daher die Liegenschaftsverwaltung Volkswagenwerk an das Stadtbaubüro: »Der Bürgermeister der Stadt des KdF-Wagens ist an uns mit der Bitte herangetreten, ihm einen Platz für gestorbene Russen im Gelände auszuweisen. Es handelt sich hier um die in Kürze von der Volkswagenwerk G.m.b.H. eingesetzten russischen Gefangenen. Wir haben im Revier Wolfsburger Moor, Jagen 23, eine Fläche ausgesucht, die bereits durch Bombenschäden soweit geräumt ist, so daß nur Sprengungen und Aufbrennungen notwendig sind, um den Platz in Anspruch nehmen zu können. In der Anlage fügen wir eine Handskizze bei mit der Bitte, uns zu bestätigen, daß gegen die Anlage des Russenfriedhofes auf dem vorgesehenen Platz städtebaulich nichts einzuwenden ist. Wir bemerken noch, daß es sich hier lediglich um einige Jahre handelt, nach denen voraussichtlich die Flächen wieder eingeebnet und neu aufgeforstet werden.«

Das Kriegsjahr 1942 stand im Zeichen immer härter werdender Kämpfe an allen Fronten, in denen die deutschen Truppen zumeist nur noch unter hohen Verlusten Erfolge erringen konnten. Am 21. 1.1942 begann die deutsch-italienische Offensive in Nordafrika, in der am 1.7. El Alamein erreicht wurde. Auch an der Ostfront kamen die deutschen Truppen in schweren Kämpfen wieder voran. Anfang Juli fielen Sewastopol und die ganze Krim in deutsche Hand. Am 28.6.1942 stießen deutsche Heeresgruppen zum Erdölgebiet des Kaukasus und zur Wolga vor.

Aber schon zeichnete sich die Wende ab, das Kriegsglück schien sich nun den Gegnern zuzuneigen. Seit März 1942 hatten sich die britischen und seit Sommer 1942 die amerikanischen Luftangriffe auf deutsche Städte und Rüstungszentren erheblich verstärkt. Im Oktober und November gelang den Briten der Durchbruch nach El Alamein. Vom 23.10.1942 bis zum 13.5.1945 konnten englische und amerikanische Truppen in erbitterten Kämpfen Teile Nordafrikas zurückerobern. Am 10.11.1942 landeten dennoch deutsche Truppen in Tunesien, und ab 11.11.1942 besetzten deutsche und italienische Heereseinheiten das bis dahin noch unbesetzte Gebiet Frankreichs, was zur weiteren Zersplitterung der eigenen Kräfte beitrug.

In Prag hatte man am 26.5.1942 ein Attentat auf den Reichsprotektor Heydrich verübt, was in einem deutschen Vergeltungsakt zur Vernichtung der Bevölkerung des Ortes Lidice führte. In Jugoslawien und in den besetzten russischen Gebieten erhöhte sich die Partisanentätigkeit, durch die immer größere Teile der Wehrmacht gebunden wurden.

Die Rationierung der Lebensmittel wurde immer strenger und verstärkte auch hier in der KdF-Stadt des Volkswagens den Hunger. Während die deutsche Bevölkerung in den großen, noch unbebauten Flächen zwischen den Wohnblöcken sich Gemüse anbauen und Kaninchenställe aufstellen konnte, litten die vielen ausländischen Zwangsarbeiter auf Grund von noch niedrigeren Lebensmittelrationen bei der schweren Arbeit noch wesentlich stärker an Erschöpfung infolge mangelhafter Ernährung, was zu erhöhten Todesraten führte. Den Deutschen wurde streng verboten, aus Mitleid den ausländischen Fremdarbeitern Lebensmittel zukommen zu lassen. Die »Heimat-Nachrichten« vom 24./25. Januar 1942 schrieben unter der Schlagzeile

> Da ist Mitleid fehl am Platze! Ausländische Zivilarbeiter werden in Gemeinschaftslagern ausreichend versorgt!:
>
> Es ist in verschiedenen deutschen Städten und auch in der Stadt des KdF-Wagens schon wiederholt vorgekommen, daß ausländische Zivilarbeiter die Volksgenossen sogar auf offener Straße angehalten und um Lebensmittelkarten gebeten haben und auch in Ladengeschäften ohne entsprechende Markenabgabe Lebensmittel erbettelt oder doch wenigstens zu betteln versucht haben. Dabei ist gelegentlich beobachtet worden, daß vor allem Frauen aus falsch verstandenem Mitleid als Fürsprecher für diese fremden Arbeiter aufgetreten sind, ja ihnen sogar Brotmarken aus eigenem Besitze zur Verfügung gestellt haben. Welche unerwarteten Folgen eine derartig unbedachte Handlungsweise nach sich ziehen kann, lehrt ein übeler Vorfall, der sich kürzlich in Hamburg ereignet hat, der – warnendes und aufklärendes Beispiel zugleich – verdient, breitesten Bevölkerungskreisen zur Kenntnis gebracht zu werden. (...) Ebenso selbstverständlich ist es daher auch, daß die Nichtbeachtung der diesbezüglichen Gesetzesvorschriften einmal wegen Gefährdung der Gesamtversorgung, dann aber vor allem auch den anständigen Volksgenossen gegenüber nicht zu verantworten ist und demgemäß strenge Bestrafung erfordert. (...) Die in den Lagern untergebrachten Ausländer – sie sind weitaus in der Mehrzahl – haben zwar keine Marken, genießen dafür aber eine ausreichende Verpflegung. Wenn nun deutsche Volksgenossen – und es gibt derer nicht

wenige – ihre gutbemessenen Brotrationen nicht ausnutzen können, so gehören die überflüssigen Marken der NSV, die allein berufen ist, für solche Familien einen Ausgleich zu schaffen, in denen etwa mehrere Mitglieder für längere Arbeitszeiten mit Frühstücksbrot zu versorgen sind. Jegliches Mitleid gegenüber ausländischen Arbeitern ist demnach völlig unangebracht. Außerdem ist die – wenn auch aus wohlmeinenden Motiven heraus – geleistete Unterstützung in solchen Fällen, wie sie sich in Hamburg ereignet haben, auch um deswillen besonders verwerflich, weil sie rechtlich gesehen den Tatbestand fahrlässiger Beihilfe zu strafbaren Handlungen verwirklicht.

Die Last des Krieges wurde schwerer. Immer häufiger flatterten die Nachrichten vom »Heldentod« des Ehemannes, Vaters oder Brüder von allen Fronten in die Häuser. Der Glaube an den Endsieg und an den Führer bröckelte immer mehr ab, als von der Ostfront die Nachricht kam, daß am 19.11.1942 die 6. Deutsche Armee in Stalingrad eingekesselt worden war. Die Aufrufe des Führers und seines Ministers Dr. Goebbels zum Durchhalten bis zum Endsieg wurden immer häufiger und dringender, wie aus der Schlagzeile der »Neuen Zeit«, der Tageszeitung für die Stadt des KdF-Wagens, hervorging: »Aufruf des Führers an das deutsche Volk. Verlesung heute 20 Uhr durch Reichsminister Dr. Goebbels im Großdeutschen Rundfunk zur Jahreswende. Reichsminister Dr. Goebbels verliest heute, am 31. Dezember, abends 20 Uhr, im Großdeutschen Rundfunk über alle Sender einen Aufruf des Führers. ...«

Der alte gräfliche Herrschaftsbesitz war bis auf Hehlingen in der Stadt des KdF-Wagens auf- und untergegangen. Die gräfliche Familie – sie hatte zunächst noch neben den entstehenden neuen Fabrikgebäuden im Schloß gewohnt – verließ nun nach 200 Jahren ihren Wolfsburger Stammsitz.

Die Produktion und Arbeiter des Werkes in den letzten Kriegsjahren

Schon 1940 hatte verstärkt der Bau von Kübelwagen begonnen. Ab August 1941 erfolgte nun die Fertigung von Maybach-Panzermotoren. Da nicht mehr genügend deutsche Arbeitskräfte vorhanden waren, versuchte man verstärkt, ausländische Arbeitskräfte anzuwerben. Aber statt der erhofften 1000 italienischen Jungfaschisten trafen nur 200 ein, von den angeworbenen spanischen Facharbeitern kamen nur 52. Immerhin konnte die Zahl von 889 ausländischen Arbeitskräften auf 1061 erhöht werden.

1942 kamen auf einen deutschen Arbeiter schon drei ausländische. In Oktober 1942 zogen 1500 verschleppte Polen und Polinnen hier ein. 1943 arbeiteten 1800 französische Kriegsgefangene und 22 Gefangene der Serbischen Armee im Werk, dazu kamen 300 dienstverpflichtete holländische und 300 belgische Studenten, französische und russische Kriegsgefangene. Ostarbeiter aus der Ukraine und KZ-Häftlinge verstärkten die Zahl der ausländischen Arbeiter. Angehörige aus elf Nationen waren meist nicht freiwillig hier zur Arbeit im Werk im Wolfsburger Ländchen abkommandiert worden. Den in den produktiven Sektoren eingesetzten 1829 deutschen Arbeitern standen im Mai 1944 6182 Ausländer gegenüber. Ohne die Tätigkeit dieser ausländischen Arbeitskräfte wäre die Produktion des Werkes zum Erliegen gekommen.

Im Windschatten der Rüstungsindustrie erfolgte nur im geringen Umfang die Montage von KdF-Limousinen. So wurden 1941 nur 41 VW-Limousinen, 1942 157, 1943 303 und 1944 129 VW Käfer hergestellt. Kübelwagen produzierte das Werk ab 1940 836 Stück, 1941 4121, 1942 5564, 1943 schon 9646, 1944 12824 und zum 10. April 1945 sogar noch 4329 Stück. Schwimmwagen wurden dagegen erst ab 1942 gebaut.

Nachdem im Frühsommer 1943 im Werk mit der Produktion von »Vergeltungswaffen«, mit der Flügelbombe Fi 103 der Luftwaffe, die nicht so wirkungsvoll wie die Fernrakete A 4 des Heeres war und die als V 2 bekannt wurde, begonnen wurde, stieg der Arbeitskräftebedarf weiter, so daß man hier im Wolfsburger Ländchen auf dem Laagberg im März 1944 als Außenkommando des Konzentrationslagers Neuengamme ein KZ-Arbeitslager mit 13 Wohnbaracken, 5 Abort- und Waschbaracken sowie je eine Wirtschafts- und Verwaltungsbaracke errichtete. Es war Ende Mai 1944 mit 768 Häftlingen belegt. Neben den 18 deutschen Häftlingen befanden sich dort 350 Franzosen, 150 Niederländer, 150 Russen und Polen, knapp 100 Spanier, ferner Jugoslawen, Italiener, Belgier und Angehörige anderer Nationen, darunter mindestens auch ein Engländer. Am 25. März 1945 hatte dieses KZ-Außenlager, das von sechs Wachtürmen überblickt werden konnte, noch 656 Häftlinge innerhalb des elektrischen Stacheldrahtzaunes.

Wegen der Bombenangriffe, die am 29. April, am 20. Juni und am 6. August 1944 schwere Schäden angerichtet hatten, verlagerte man die

Rüstungsproduktion teilweise bombensicher in Bergwerke unter der Erde. So wurde am 1. März 1944 die Ausbauplanung für die Endmontage der Flugbombe Fi 103 in der Erzberggrube Tiercelet beschlossen. Weitere Montageverlagerungen erfolgten nach Montbeliard, nach Dernau bei Aachen, nach Schönebeck bei Magdeburg, nach Luckenwalde bei Berlin, nach Neudek bei Karlsbad, nach Eschershausen und nach Ustron bei Mährisch-Ostrau. In diesen ausgelagerten Unter-Tage-Produktionsstätten wurden verstärkt auch jüdische KZ-Häftlinge, vorwiegend aus Ungarn, eingesetzt.

Ende Mai 1944 waren in Auschwitz die Selektionen der aus Ungarn verschleppten Juden soweit abgeschlossen, daß auch das Werk diese Gelegenheit ergriff, um hier jüdische Fachkräfte für die Metallbranche zu rekrutieren. In den letzten Kriegsjahren wurden wegen der Luftangriffe Teile der Produktion und Materiallager auch in die nähere Umgebung ausgelagert. Die Teilproduktion von Kübelwagen erfolgte unter anderem in Gifhorn, Hehlingen, Heiligendorf, Almke, Neindorf, Ahmstorf, Brackstedt und in Lüneburg. Die Herstellung von Flugzeugteilen wurde vorgenommen in Croya, Tülau, Boitzenhagen, Wiswedel, Altendorf und Ohrdorf. Materiallager des Werkes befanden sich in Uhry, im Kali-Schacht Beienrode, in Glentorf, in Papenrode, Velpke, Reislingen, Vorsfelde, Calberlah, Ahnsen, Dieckhorst, Lachendorf, Ehra, Jahrstedt, Steimke, Brome und Ahlum. Nach Einstellung der Flügelbombenproduktion Fi 103, der Teilherstellung für den Flugzeugbau Ju 88 und Ta 154 – auch Bombengleitwerke, Torpedohüllen, Panzerräder wurden hier im Werk hergestellt – produzierte das Werk im Wolfsburger Ländchen nur noch Kübelwagen und in Massenproduktion Tellerminen und Panzerfäuste. Seit Sommer 1944 hatte man nun auch ungarische Jüdinnen über die Konzentrationslager Auschwitz, später auch über Dachau und Bergen-Belsen in das VW-Werk gebracht, die hier hauptsächlich Panzerfäuste und Tellerminen herstellen mußten. Die ersten Transporte dieser Jüdinnen gelangten Ende 1944 in das VW-Hauptwerk. Sie wurden im Untergeschoß des Werkes untergebracht und sahen das Tageslicht und atmeten frische Luft nur dann, wenn sie aus ihren Unterkünften in die benachbarten Werkshallen zur Arbeit geführt wurden. Dennoch waren die Verhältnisse für diese Jüdinnen noch erträglicher als in den Konzentrationslagern. Viele jüdische Frauen arbeiteten auch in den Nahverarbeitungsfabriken des Hauptwerkes.

Am 28. Februar 1945 waren insgesamt 646 Frauen in der Telleminen- und Panzerfaustproduktion eingesetzt. Mit dem Abzug dieser jüdischen Frauenkommandos am 7. April 1945 endete auch die geordnete Produktion im Hauptwerk im Wolfsburger Ländchen.

Ferdinand Porsche verläßt sein Werk

Der Konstrukteur des Volkswagens betrachtete sich als Schöpfer des Volkswagenwerkes, obgleich er noch drei gleichberechtigte Hauptgeschäftsführer – Bodo Lafferentz, Jakob Werlin und Felix Schmidt – neben sich hatte und zusammen mit Lafferentz und Werlin Aufsichtsratsmitglied war. Diese seine Führungsrolle im Werk blieb auch dann erhalten, als er sich verstärkt den Konstruktionsvorhaben in seinem Stuttgarter Büro zuwandte und seiner Tätigkeit in der Panzerkommission nachging. In den letzten Kriegsjahren blieb seine Anwesenheit im Werk oft nur auf einen Tag in der Woche beschränkt. Er traf gewöhnlich Dienstag abend in der Stadt des KdF-Wagens ein, um am Mittwoch die leitenden Persönlichkeiten des Werkes zur Berichterstattung und zur Ausgabe von Anweisungen zu versammeln. Oft lud er auch Mitarbeiter in seine Hütte auf dem Klieversberg ein, von wo er das Werk im Tal übersehen konnte, sich aber – nach Berichten von Augenzeugen – nie über Politik unterhielt. Er trug stets Zivilkleidung und vermied es, den ihm von Himmler verliehenen SS-Rang zur Kenntnis zu nehmen. Trotz seines Ansehens bei Hitler bleibt er in den rüstungswirtschaftlichen Gremien eine Randfigur. Seine Panzerkonstruktionen waren zu kompliziert und eigneten sich wenig für die Massenanfertigung. In den letzten Kriegsmonaten fungierte praktisch sein Schwiegersohn Anton Piech als Leiter des Konzerns. Während Porsche sich im Januar 1945 nach Gmünd zurückzog, blieb Anton Piech bis zuletzt im Werk und war Betriebsführer der vier örtlichen Volkssturmkompanien. Porsche war letztmalig am 11. Januar 1945 in der Stadt des KdF-Wagens, ehe er sich nach Österreich zurückzog, wo er in Zell am See das Kriegsende erlebte. Dort wurde er von der britischen und amerikanischen Besatzungsmacht weitgehend unbehelligt gelassen. Porsche begann mit seinem Stuttgarter Konstruktionsteam, das nach Gmünd übergesiedelt war, die Porsche-Konstruktion KG aufzubauen, um die Konstruktionen am geplanten Volkstraktor fortzusetzen.

Das CIC – Counter Intelligence Corps – aus Salzburg brachte Porsche am 3. August 1945 in das Internierungslager Dustbin auf Schloß Kransberg bei Bad Nauheim, wegen seiner Tätigkeit in der Panzerkommission. Aber am 13. September 1945 wurde er schon wieder auf freien Fuß gesetzt und nach Österreich zurückgeschickt.

Am 16. November 1945 folgte Porsche der Einladung des französischen Industrieministers nach Baden-Baden in der Absicht, einen französischen Volkswagen zu bauen. Am 11. Dezember 1945 wurde er dann plötzlich verhaftet und nach Paris gebracht, am 17. Februar 1947 dem Polizeigefängnis von Meudon überstellt. Dort wurde in Verhören von französischen Industriemanagern bestätigt, daß Porsche zu keiner Zeit mit den deutschen Sicherheitsbehörden gegen Peugeot zusammengearbeitet hatte und weder an der Verschleppung der Peugeot-Autofabrik-Direktoren nach Deutschland noch an der Demontage der Maschinen beteiligt gewesen zu sein. Am 1. August 1947 wurde er freigesetzt gegen Stellung einer Kaution. Die gegen Porsche wegen Kriegsverbrechen eingeleitete Untersuchung gelangte nicht zur formellen Anklageerhebung und wurde ein Jahr später eingestellt.

»Die nahezu zwei Jahre währende Inhaftierung des siebzigjährigen Konstrukteurs unter teilweise erschwerten Haftbedingungen stellt, zumal nach der ursprünglichen Zusicherung freien Geleits, kein Ruhmesblatt der französischen Justiz dar, die bis heute mit der Verweigerung des Zugangs zu den Prozeßunterlagen eine abschließende Aufklärung des Falles verhindert»[33], urteilt Professor Mommsen. Ferdinand Porsche hat nach seiner Rückkehr nach Gmünd im Oktober 1950 noch einmal das Volkswagenwerk in Begleitung seines Sohnes aufgesucht und traf dort auch mit dem damaligen Generaldirektor Heinrich Nordhoff zusammen, doch scheint die Atmosphäre bei diesem Treffen, wie Mommsen recherchierte, »eher reserviert gewesen zu sein«. Als Ferdinand Porsche am 30. Januar 1951 starb, begann sich sein Lebensziel, durch Massenproduktion ein billiges Volksauto herzustellen, zu erfüllen. Sein VW-Käfer wurde zum Symbol des wirtschaftlichen Wiederaufstiegs Westdeutschlands. Schon am 5. August des Wirtschaftswunderjahres 1955 lief der 1 000 000. Volkswagen vom Band.

Die von der Schulenburgs verlassen 1942 die Wolfsburg

Für den Bau des Volkswagenwerkes benötigte man große Flächen, die im Besitz des Grafen von der Schulenburg waren. – Wie die letzten Burgherren das Land und Schloß Wolfsburg aufgeben mußten, berichten Dietrich Werner Graf von der Schulenburg und Hans Wätjen:

Die seit 1756 vereinigten Fideikommisse Wolfsburg und Brome gingen kraft des von Graf Gebhard Werner in seinem Testament vom 25. Januar 1788 festgesetzten Erstgeburtsrecht viermal vom Vater auf den ältesten Sohn bis auf Graf Werner über. Sie wurden um das aus der Erbschaft der 1888 verstorbenen Gräfin Charlotte, geb. Freiin Vincke, angefallene Forstrevier Diedrichsburg bei Osnabrück erweitert, das 1910 481 ha umfaßte.

Seit der Vereinigung Hannovers mit Preußen im Jahre 1866 lag der gesamte Grundbesitz im preußischem Gebiet, und zwar verteilt auf die Provinz Sachsen und die damals neugebildete Provinz Hannover. Durch die Gebietsreform im Jahre 932 wurden die beiden Exklaven Wolfsburg (mit Heßlingen) und Hehlingen der Provinz Sachsen zur Provinz Hannover geschlagen und dem Kreise Gifhorn zugeteilt. Das Zeitalter der Gebietsstreitigkeiten rivalisierender Landesherren war vorbei, ein preußisches Landesgesetz genügte, um die Gebietsänderung zu bewirken.

Die Weimarer Reichsverfassung von 1919 und die entsprechenden preußischen Gesetze hatten die Auflösung der Fideikommisse angeordnet. Nach den gesetzlichen Bestimmungen wurde das Fideikommiß Wolfsburg mit Diedrichsburg freiwillig allmählich aufgelöst und in ein Waldgut nach preußischem Recht umgewandelt. Als solches ging Wolfsburg beim Tode des Grafen Werner im Jahre 1924 ungeschmälert auf dessen ältesten Sohn Graf Günther über; lediglich Diedrichsburg wurde 1925 (?) verkauft.

Die in die Besitzzeit des Grafen Günther fallende politische Katastrophe Deutschlands brachte dem Grundbesitz erhebliche Einbußen. Die bevorstehende Vollendung des Mittellandkanals (eröffnet 30.10.1938) ließ eine entscheidende Verbesserung der Verkehrslage Wolfsburg erwarten und lenkte die Blicke der nationalsozialistischen Deutschen Arbeitsfront auf den großen Güterkomplex als geeignetes Gelände für die geplante Fabrik zur Massenanfertigung eines Kleinkraftwagens, des sogen. KdF (Kraft-durch-Freude) – Wagens und der dazugehörigen Stadt. Alle Versuche des Grafen Günther, die Wahl Wolfsburg als Bauort abzuwenden, blieben vergeblich. Er mußte schließlich

Schloß Neu Wolfsburg in Neumühle

dem massiven politischen Druck weichen und durch Vertrag vom 12. Juli 1938 etwa 2.000 ha, darunter den Kern des alten Grundbesitzes mit dem Gut Wolfsburg und den zugehörigen Ländereien in Heßlingen und Sandkamp sowie dem Forstrevier Rothehof mit seinen herrlichen Waldbeständen an die Gesellschaft zur Vorbereitung des deutschen Volkswagens zur Bebauung abgeben. Als Ersatz wurde 1938 die Herrschaft Remplin/Mecklenburg mit 2038 ha und das Rittergut Golzow/Oderbruch mit 575 ha sowie 1939 Nordsteimke erworben. Der Zusammenbruch des Deutschen Reiches im Jahre 1945 brachte neues Unglück. Die von den Siegermächten festgelegte Demarkationslinie zwischen der sowjetischen und der britischen Besatzungszone, die in diesem Bereich im wesentlichen der Grenze zwischen den preußischen Provinzen Sachsen und Hannover folgte, zerschnitt den in beiden Provinzen gelegenen Wolfsburger Besitz. Die der sowjetischen Zone zugeteilten Flächen fielen alsbald der Enteignung durch die kommunistische Bodenreform zum Opfer, so daß von dem ehemaligen Fideikomiß, welches bei seiner Auflösung etwas 6.900 ha umfaßt hatte, und dem 1938/39 hinzugekauften Besitz nur ein Teil des in der Provinz Hannover gelegenen Rittergutes Brome mit Kaiserwinkel, Ehraer Holz und Bockling sowie das Rittergut Bisdorf (Gemeinde Rhode) und das im ehemaligen Land Braunschweig gelegene Rittergut Nordsteimke erhalten blieb. Der Mittelpunkt der Verwaltung wurde Nordsteimke, als Graf Günther 1945 seinen Wohnsitz dorthin verlegen mußte. Graf Günther übergab 1947 Bisdorf seinem Sohn Günzel und das Forstrevier Bockling seinem Sohn Rudolf und schließlich die Gesamtleitung der land- und forstwirtschaftlichen Betriebe am 1.7.1969 seinem Sohn Günzel. Das Forstrevier Bockling wurde 1980 verkauft.

Das Schloß Wolfsburg teilte alsbald das Schicksal der zum Bau des Volkswagenwerkes abgetretenen Besitzteile, indem es im März 1943 an die damalige Stadt des KdF-Wagens für 560.000 RM verkauft wurde. Bis 1939 lag es mit seinem mittelalterlichen Bergfried und den hohen Renaissancegiebeln einsam inmitten weiter Wiesenflächen der Allerniederung als historische bedeutsames Monument (...)

Mit dem Bau des Volkswagenwerkes wuchsen in der Umgebung des Schlosses Fabrikgebäude und Wohnblocks, so daß sich Graf Günther entschloß, an landschaftlich bevorzugter Stelle inmitten des ihm verbliebenen Besitzes eine neue »Wolfsburg« zu errichten. Die Wahl fiel auf den Forst Neumühle bei Tangeln im Kreise Salzwedel, etwa 35 km nordöstlich der alten Wolfsburg. (...) Der Neubau bot einen würdigen Rahmen für die Wolfsburger Kunstschätze, die mit Fortschritten des inneren Ausbaus in den Jahren 1940 bis 1942

Herrenhaus Nordsteimke

dorthin überführt wurden. Als 1945 zunächst amerikanische, danach britische Truppen den Ort besetzten, konnten einige wenige Teile der unersetzlichen Werte nach Nordsteimke gerettet werden, bevor sowjetisches Militär einrückte und den zurückgebliebenen Teil beschlagnahmte oder vernichtete. Hierbei wurde das Wolfsburger Archiv, das zahlreiche Originalurkunden vom 13. Jahrhundert an enthielt, vollkommen zerstört. Erhalten blieben hingegen Teile der Biliothek, die sich heute in Nordsteimke befinden.

Sowohl die alte als auch die neue Wolfsburg haben als Bauwerke Krieg und Zusammenbruch überstanden. Das neue Haus wurde von der sowjetzonalen Verwaltung als Lungenheilanstalt und Altersheim benutzt. Die 1943 zunächst in den Besitz der Stadt übergegangene alte Wolfsburg wurde nach Freigabe durch die Besatzungsmacht 1947 an das Land Niedersachsen verkauft und 1961 von der Stadt zurückerworben, die in den folgenden Jahren bis 1970 durch umfangreiche Arbeiten das durch das Absinken des Grundwassers und andere Ursachen in seinem Bestande bedrohte Gebäude sicherte. Das Schloß wird von der 1945 nach ihm benannten Stadt Wolfsburg für Empfänge, Ausstellungen und andere Repräsentationszwecke genutzt. Die steinernen Wappen Bartensleben-Schulenburg-Vincke schmücken noch heute das Haupttor. Die in Velpker Sandstein gehauenen gleichen Wappen aus dem Gartensaal des Schlosses sind nach Nordsteimke überführt und dort an der Außenmauer des Gutshofes angebracht worden.[34]

Bis zum bitteren Ende. Rückbesinnung und Neubeginn

Nach dem Fortzug der Grafenfamilie bot das Wolfsburger Schloß nun Räume für Beratungen der Stadtverwaltung und für kulturelle Veranstaltungen, wie die »Neue Zeit« berichtete:

> ... Die von der Partei zu Ratsherren Berufenen bieten einzeln und in ihrer Zusammensetzung die Gewähr für eine volksnahe Arbeit der gemeindlichen Stadtverwaltung. Im Laufe des Jahres 1943 haben verschiedene Beratungen stattgefunden. Ein geeigneter Beratungsraum wurde im Schloß Wolfsburg hergerichtet, das mit Wirkung vom 1. Januar 1943 vom Grafen Günther von der Schulenburg in das Eigentum der Stadt übergegangen ist. Mit dem Erwerb des Schlosses Wolfsburg hat die Stadt das Erbe einer großen und reichen Vergangenheit angetreten. Sie wird es als ihre Aufgabe betrachten, dieses hervorragende Baudenkmal aus dem 12. Jahrhundert der Nachwelt zu erhalten. Eine würdige Ausgestaltung der Räume muß aus kriegsbedingten Gründen zur Zeit unterbleiben. Im Vordergrund stehen bei der Ausnutzung wie überall im Augenblick die kriegsbedingten Notwendigkeiten. So wurden u. a. sechs Wohnungen eingerichtet. Eine besondere Rolle spielen die zahlreichen Räume des Schlosses für das kulturelle Leben in der Stadt der KdF-Wagens. In guter Erinnerung wird allen Volksgenossen noch die Gemäldeausstellung von Werken alter Meister sein, die als ein voller Erfolg bezeichnet werden kann. Aber auch zu anderen Veranstaltungen wie Dichterlesungen, Musikdarbietungen usw. öffnen sich die Tore des Schlosses des öfteren.

In den Wehrmachtsberichten und in den deutschsprachigen Sendungen des BBC aus London, deren Abhörung allerdings bei Strafe verboten war, vernahm man fast nur noch Hiobsbotschaften. Schon am 18.1.1943 begannen die Rückzüge und Frontbegradigungen der Heeresabschnitte Mitte und Norden. Die Sowjets erzwangen den Landzugang nach Leningrad. Alliierte Truppen eroberten Tripolis am 23.1. Die schweren Kämpfe an der Don-Front dauerten vom 16.12.1942 bis zum 31.3.1943 an. Am 2.2.1943 kapitulierte nach fast dreimonatigem Kampf im eingeschlossenen Stalingrad die 6. Armee. Goebbels erklärte danach am 18.2.1943 den »Totalen Krieg«.

Vom 17.4. bis zum 16.6.1943 dauerte der Aufstand der Juden im Warschauer Ghetto, der grausam niedergeschlagen wurde. Schon am 13.5. kapitulierte die Heeresgruppe Afrika. Die letzte deutsche Offensive im Juli an der Ostfront im Kursker Bogen scheiterte. Nach dem sowjetischen Einbruch im Mittelabschnitt ging im August Orel verloren, die Ukraine wurde von den Russen zurückerobert. Am 3.9.1943 schlossen die italienischen Verbündeten einen geheim gehaltenen Sonderwaffenstillstand und wenige Tage danach landeten die alliierten Truppen im Golf von Tarent. Am 10.10.1943 mußte der Kuban-Brückenkopf an der Ostfront geräumt werden. Am 13.10.1943 erklärte die italienische Regierung Badoglios Deutschland den Krieg. Am 1.11. gelang den Sowjets der Durchbruch zum unteren Dnjepr, am 6.11. wurde die Stadt Kiew aufgegeben. Durch alliierte Luftangriffe gingen immer mehr deutsche Städte in Flammen auf und im U-Boot-Krieg gegen England wurden große Verluste gemeldet.

Da alle Reserven für den totalen Krieg gebraucht wurden, mußten städtebauliche Tätigkeiten in der Stadt des KdF-Wagens eingestellt werden. Dennoch konnte die »Neue Zeit« in einem Jahresrückblick erstaunliche Leistungen der Stadtverwaltung der KdF-Stadt des Volkswagens vermelden:

> Das Jahr 1943 wird in die Geschichte eingehen als das Jahr der härtesten Bewährung. (...) Wenn auch schon in den vergangenen Jahren die Gewinnung geeigneter Kräfte eine Hauptsorge war, so ist der Mangel hierin im letzten Jahre besonders stark hervorgetreten. Im Zeichen des totalen Kriegseinsatzes wurden eine ganze Reihe weiterer Gefolgschaftsmitglieder zum Waffendienst einberufen. (...)
>
> Als besonderes Ereignis auf dem Gebiete des kulturellen Schaffens der Stadt kann die Einrichtung der Stadtbücherei im März 1943 bezeichnet werden. Mit ihrer Eröffnung wurde zweifellos einem fühlbarem Mangel abgeholfen. In ihrer Auswahl von über 5 000 Bänden umfaßt sie Werke aller Gebiete, vom Unterhaltenden bis zum Wissenschaftlichen. Die Bestände werden laufend durch Neuerscheinungen ergänzt. Daß die Eröffnung im vierten Kriegsjahr möglich war, zeigt, daß die Stadt unter schwierigsten Verhältnissen gewillt ist, die kulturelle Betreuung der Einwohnerschaft nach besten Kräften zu fördern. (...)
>
> Besonderer Beliebtheit erfreuen sich die im Oktober 1943 eingerichteten Jugendlesestunden in den besonders dafür hergerichteten Räumen der Stadtbücherei. (...) Im Laufe des vergangenen Jahres konnten auch die Vorarbeiten für eine weitere Einrichtung abgeschlossen werden, die sicher von allen Volksgenossen lebhaft begrüßt wird. Es handelt sich dabei um die Errichtung der Städtischen Musikschule. Schon jetzt kann mitgeteilt werden, daß mit ihrer Eröffnung nach Überwindung mannigfacher Schwierigkeiten in allernäch-

ster Zeit zu rechnen ist. (...) In der Entwicklung des Schulwesens wurde auf der begonnenen Grundlage weitergearbeitet. 385 Kinder wurden zu Beginn des neuen Schuljahres im Herbst 1943 eingeschult. Infolge Einstellung der Bautätigkeit konnte auch der Schulneubau im Stadtteil Wellekamp nicht weitergeführt werden. Der Volksschule I (Ortsteil Heßlingen) wurde eine Hauptschule angegliedert. Die Volksschule II befindet sich in der Ludendorffstraße. Beide Volksschulen und die Hauptschule stehen unter der Leitung des Rektors Geffers. Bei der Volksschule II befinden sich die Räume der städtischen Oberschule, deren Leiter, Studienrat Hoffmann, im September 1943 zum Wehrdienst einberufen wurde. (...) Der Anstalt, die als Oberschule für Jungen mit Mädchen-Abteil eingerichtet ist, wurde im Herbst 1943 die dritte Klasse angegliedert. Sie wird sich planmäßig zu einer achtklassigen Vollanstalt entwikkeln. Die städtische Handelsschule, die zusammen mit der städtischen Berufsschule unter der Leitung des Direktors Matthießen steht, hat sich gut bewährt. Sie wurde im April 1942 gegründet und wird nach zweijährigem Unterricht im Februar 1944 ihre ersten Absolventen entlassen. Das Abschlußzeugnis der zweijährigen Handelsschule kommt bekanntlich dem der mittleren Reife gleich.

Das Stadtkrankenhaus wurde im Laufe des Jahres weiter ausgebaut. Insbesondere sind hier zu nennen die Einrichtung einer inneren Abteilung und der Abteilung für Infektionskrankheiten. (...) Mit Rücksicht auf die hier anwesenden zahlreichen Ausländer wurden auch die Einrichtungen einer besonderen Abteilung für kranke Ausländer notwendig, die im Herbst 1943 in Betrieb genommen wurde. Gegenüber der gleichen Zeit des Vorjahres hat sich die Belegungszahl des Stadtkrankenhauses mehr als verdoppelt. (...) Die ständig wachsende Belegungszahl macht eine Erweiterung der Anstalt notwendig. Es steht zu hoffen, daß die zu diesem Zwecke unternommenen Schritte recht bald dazu führen, die Aufnahmefähigkeit des Stadtkrankenhauses erheblich zu steigern.

Von den städtischen Einrichtungen wäre zu berichten, daß die Müllabfuhr, Straßenreinigung, Stadtentwässerung, die Stadtgärtnerei usw. auch im Jahre 1943 ihren Aufgaben gewachsen waren. Freilich wird niemand im Ernst erwarten, daß alle diese Maßnahmen friedensmäßig durchgeführt werden können. Von besonderem Interesse dürfte die im Jahre 1943 von der Stadt aufgenommene Altstoffsammlung sein. Sie erbrachte insgesamt 54.000 Kilogramm Altstoffe. Damit hat die Stadt auch hierdurch einen Beitrag zur Gewinnung von wichtigen Rohstoffen geleistet, der der Kriegswirtschaft zugute kommt.

Der Mangel an Treibstoffen führte schon vor längerer Zeit dazu, einen eigenen Stadtfuhrpark zu schaffen, um allen Anforderungen gerecht zu werden. Um nun auch in der Versorgung der Pferde weitgehend unabhängig zu sein, wurde nach Wegen gesucht, eine eigenen Futtergrundlage zu schaffen. Heute bewirtschaftet die Stadt rund 100 Morgen Land, zum großen Teil Flächen, die lange Zeit brach gelegen haben. Eine eigene Vieh- und Schweinezucht ergänzen den landwirtschaftlichen Betrieb. Dadurch wurde es nicht nur möglich, die benötigten Futtermittel selbst zu erzeugen, sondern es gelang auch, durch Ablieferung zu einem immerhin beachtlichen Teil an dem Gelingen der Ernährungsschlacht mit beizutragen. Von Interesse dürfte dabei sein, daß z.B. der Bedarf des Stadtkrankenhauses an Fleisch, Fett, Kartoffeln und Gemüse ausschließlich aus der eigenen Erzeugung gedeckt werden konnte. (...)

Der neue Friedhof ist nunmehr fertiggestellt. Eine Leichenhalle mit den erforderlichen Räumen ist vorhanden. Auch die anderen ... Vorarbeiten ... sind abgeschlossen, so daß in allernächster Zeit mit der Eröffnung gerechnet werden kann. Es lohnt sich schon, einmal einen Gang nach der im Walde versteckt liegenden Anlage zu machen, die besonders bei erwachendem Frühling davon zeugt, daß hier ein wirklich würdiger Ruheplatz für unsere Toten gefunden wurde. Die jetzt hergerichtete Anlage stellt übrigens nur einen kleinen Teil der endgültigen Friedhofsanlage dar. Im Erdausbau werden alle Bauwerke wie Krematorium, Friedhofsgärtnerei usw. erstehen. Mit der Eröffnung des neuen Friedhofes wird der z.Zt. benutzte alte Friedhof in Heßlingen geschlossen werden und lediglich denjenigen als letzte Ruhestätte dienen, die dort eine Familiengrabstätte erworben haben.

Der städtische Schlacht- und Viehhof geht nunmehr auch seiner Vollendung entgegen.

Eine Verzögerung trat infolge der bekannten Ereignisse ein. Aber auch diese Schwierigkeiten werden in Kürze behoben sein und mit der Inbetriebnahme ist in naher Zukunft zu rechnen. Die Einrichtung bringt mancherlei Vorteile mit sich. Bekannt dürfte ja sein, daß der gesamte Fleischbedarf der Stadt mittels städtischen Kühlwagens aus Braunschweig herangeschafft werden muß.

Die Stadtwerke der Stadt des KdF Wagens haben ihre bisherigen Räume in den Verwaltungsbaracken an der Fallerslebener Straße verlassen und sind in die Übergabestation in Clausewitzstraße eingezogen. Dort befinden sich ab 1. Dezember 1943 ihre sämtlichen Dienststellen. Aus ihrer Arbeit aus dem abgelaufenen Jahr ist die Versorgung der Stadt mit dem Harzwasser, das im Oktober 1943 ertsmalig den Leitungen entströmte und sich durch seine waschmittelsparende Weiche auszeichnet, erwähnenswert.

Berücksichtigt man dabei, daß alle Arbeiten zu einem großen Teil mit Aushilfskräften erledigt werden, so kann man abschließend sagen, daß die gemeindliche Selbstverwaltung wie alle öffentlichen Dienststellen das Gebot der Stunde begreifen.

1944 verschlechterte sich die Versorgung der Zivilbevölkerung auch im Wolfsburger Ländchen, das Teil der Stadt des KdF-Wagens geworden war, immer mehr, da durch die verstärkten Luftangriffe wichtige Transport- und Verkehrsverbindungen immer wieder lahmgelegt und die verbliebenen Arbeitskräfte nur noch für kriegswichtige Produktionen eingesetzt wurden. Die Zwangsarbeiter und Kriegsgefangenen wurden noch schlechter als die deutsche Bevölkerung mit Lebensmitteln versorgt, obgleich man nun immer mehr auf ihre Arbeitskraft dringend angewiesen war, wie aus einem Aktenvermerk v. 8. Mai 1944 betreffs Arbeitseinsatz russischer Kriegsgefangener hervorging:

Durch das Arbeitsamt sind uns am 1. Juni 1943 80 russische Kriegsgefangene (Offiziere) für die Bauvorhaben Wasserhochbehälter und Hauptzuleitung für die Wasserversorgung zur Verfügung gestellt worden. Am 29. November wurden uns weitere 40 russische Offiziere für diese Arbeiten zur Verfügung gestellt. Anfang April des Jahres wurden wir von der Reichsbahn darauf hingewiesen, daß es sich im vorliegenden Falle um Arbeitskräfte handelt, die nur vorübergehend von der Reichsbahn zur Verfügung gestellt worden sind. Nach Rücksprache mit dem Arbeitsamt und auch mit dem Reichsbahnrat ist festgestellt worden, daß von den o.a. Arbeitskräften 80 russische Offiziere bei dem Arbeitsamt der Stadt des KdF-Wagens verbleiben und nur 40 von der Reichsbahn abgezogen werden können. Das Arbeitsamt hat uns vorsorglich darauf hingewiesen, daß diese 80 Kriegsgefangenen am 25. Mai abgezogene und von dem Flugplatz Wesendorf eingesetzt werden. Für die Arbeiten am Hochbehälter und der Wasserleitung sind von diesen 80 Mann 30 Arbeitskräfte erforderlich. Wir werden auf alle Fälle versuchen, daß diese uns belassen werden. Wenn das Volkswagenwerk für das Bauvorhaben Sandkamper-Kippe die restlichen 50 russischen Kriegsgefangenen beansprucht, ist es erforderlich, jetzt sofort über das Arbeitsamt die entsprechenden Schritte zu unternehmen und klar zu legen, daß es sich bei diesem Bauvorhaben um ein solches handelt, welches bezüglich der Dringlichkeit in der selben Stufe wie der Flugplatz Wesendorf rangiert.

Dennoch achtete man auch jetzt streng darauf, daß diese dringend gebrauchten Arbeitskräfte von der deutschen Bevölkerung nicht mit Lebensmitteln oder Geldzuwendungen unterstützt wurden, wie die Zeitung berichtete:

> Es sprach dann der mit der Gefangenenbetreuung im Kriegsgebiet beauftragte Hauptmann der Wehrmacht über die Behandlung und den Verkehr mit Kriegsgefangenen... Der Kriegsgefangene soll arbeiten. Bei einem guten Arbeiter wird nur zu leicht von dem Arbeitgeber vergessen, daß es sich um einen Kriegsgefangenen, um einen Feind handelt, der ehemals die Waffe gegen unsere Soldaten führte. Die von der Wehrmacht angeordneten Sicherungsmaßnahmen sind unbedingt durchzuführen. Mißtrauen, Vorsicht, keinerlei Gutmütigkeit, eher Härte, wo es notwendig ist, das wird von einem Arbeitgeber gefordert. Im einzelnen wurde daran erinnert, daß es auf alle Fälle verboten und strafwürdig ist, Briefe für die Gefangenen zu besorgen, ihnen Geld zu geben oder ihnen zu Zivilanzügen zu verhelfen.

An den Folgekrankheiten der Unterernährung starben dann auch die in der kriegswichtigen Produktion des Volkswagenwerkes eingesetzten Kriegsgefangenen und Fremdarbeiter in großer Zahl, wie die Gräber des Ausländerfriedhofes und die Akten der Friedhofsverwaltung bezeugen. Als Todesursachen wurden damals angegeben: „Herz- und Kreislaufschwäche, Lungenembolie, Lungenentzündung, Flecktyphus, schwere Körperschwäche, Blutsturz, Psychose- und Gehirnerkrankungen, Erschießung auf der Flucht, tödlicher Unfall, Schüsse in die Stirnpartie, Brustschuß, Verletzungen durch Bombenangriffe...»

Die von den Zwangsarbeiterinnen geborenen Säuglinge mußten in einem »Kinderheim« am Schachtweg oder in Rühen bei Wolfsburg untergebracht werden. Für die Heimleitung zeichneten der seit 1939 in Wolfsburg weilende frühere SS-Arzt und Werksarzt Dr. Hans Körbel und seine Oberschwester Ella Schmidt verantwortlich. Dr. Körbel war der Sohn eines Pfarrers und als häufiger Kirchgänger bekannt.

Nach dem berüchtigten Sauckel-Himmler-Erlaß vom 20.3.1943 waren die Säuglinge von Ostarbeiterinnen ernährungsmäßig zu vernachlässigen. Durch den Einbruch einer unbekannten Epidemie im Kinderheim in Rühen kamen so durch Vernachlässigung und Gastroenteritis weit mehr als 300 russische und polnische Kinder ums Leben. -Der Tod so vieler neugeborener Kinder hätte sicher verhindert werden können, wenn sie ihren als Ostarbeiterinnen im Werk beschäftigten Müttern zurückgegeben worden wären. Die Verantwortlichen der Werksleitung versteckten sich jedoch hinter dem Erlaß des Generalbevollmächtigten für den Arbeitseinsatz, der verbot, die Kinder bei den arbeitenden Müttern zu lassen.

Der Arzt Hans Körbel und seine Oberschwester wurden für die inhumane Vernachlässigung der Kinder vor dem britischen Militärgericht in Helmstedt zur Verantwortung gezogen. Nach Ablehnung eines Gnadengesuches durch das Oberste Militärgericht für die britische Zone in Bad Oeynhausen wurde Dr. Körbel im Jahre 1947 hingerichtet. Seine Oberschwester Ella Schmidt wurde nach der Verbüßung einer Haftstraße wieder entlassen. Dr. Körbel selbst fühlte sich als Opfer einer entsetzlichen Tragödie. -Über den Fall Körbel wurde viel geschrieben, wertende Stellungnahmen aus zahlreichen Wortmeldungen erregten Aufsehen[35].

Statt Sondermeldungen konnte man jetzt im Rundfunk ständig Luftangriffswarnungen mit etwa folgenden Worten vernehmen:

»Feindliche Bomberverbände nähern sich in Richtung auf ... dem Reichsgebiet.« Schon im Juli 1943 waren große Teile Hamburgs durch Fliegerangriffe in einem Feuersturm in Schutt und Asche gefallen. Auch die Städte in der nächsten Umgebung wie Magdeburg, Halberstadt und Hannover erlitten schwere Zerstörungen. Beim schweren Luftangriff auf Braunschweig, wo am 15.10.1944 neunzig Prozent der Innenstadt in Flammen aufgingen, sah man auch hier den Feuerschein und spürte die Detonationswellen.

Kaum waren bis zum Beginn des »Totalen Krieges« im Februar 1943 die ersten Wohnblocks in Wolfsburg fertiggestellt worden, da hob man schon zwischen diesen Häuserzeilen überall Splittergräben aus, wie es alte Fotos vom heutigen Rathenauplan und Rathausplatz dokumentieren. Man fürchtete Bombenangriffe auf das Volkswagenwerk und verdunkelte die ganze Stadt und die Fabrikanlagen. Dennoch wurde auch das Volkswagenwerk 1944 Ziel feindlicher Bombenflugzeuge, die zu etwa zwei Drittel die Werksanlagen zerstörten. Die Stadt selber blieb weitgehend verschont, nur am Schachtweg brannten Baracken aus.

Auch von den Kriegschauplätzen konnten nur noch Niederlagen gemeldet werden. Schon am 1.3.1944 erreichte die sowjetische Armee die ehemalige polnische Grenze und wurde dort bis April in schweren Abwehrschlachten von den deutsche Heeresgruppen aufgehalten. Am 22.1. landeten die Allierten bei Anzio und Nettuno, dennoch besetzten deutsche Truppen noch Ungarn am 19.3.1944. Mitte April ging nach einer russischen Großoffensive die Südukraine verloren, Odessa wurde von der Roten Armee zurückerobert und im Mai die ganze Krim. Russische Truppen drangen in Galizien ein, am 4.6.1944 wurde Rom von den Allierten besetzt und am 6.6.1944 gelang den Westmächten nach schweren Kämpfen die Landung in der Normandie. Gleichzeitig tobte vom 6.6. bis 28.7. die sowjetische Sommeroffensive und zwang die deutsche Heeresgruppe Nord, sich nach Kurland zurückzuziehen.

Der Widerstand gegen Hitler formierte sich. Am 20. Juli 1944 versuchte Graf Stauffenberg mit einem Bombenattentat, Hitler in seinem Hauptquartier, der »Wolfsschanze« in Ostpreußen zu töten. Hitler blieb wie durch ein Wunder unverletzt, der Umsturzversuch scheiterte. Die Verschwörer wurden erschossen oder erhängt.

Aus der verzweigten Familie der Wolfsburger Grafen von der Schulenburg wurde nach diesem mißlungenen Attentat nicht nur der ehemalige Botschafter Graf Friedrich Werner von der Schulenburg am 10. November durch den Strang in Berlin-Plötzensee hingerichtet, sondern auch der Graf Fritz-Dietlof von der Schulenburg, der neben Graf Claus Schenk von Stauffenberg Motor des Umsturzversuches am 20. Juli 1944 war und sich an diesem Tage im Zentrum der Verschwörung in der Berliner Bendlerstraße aufgehalten hatte. Seine Schlußworte im Prozeß vor dem Volksgerichtshof am 10. August 1944 sind überliefert worden:

> Wir haben diese Tat auf uns genommen, um Deutschland vor namenlosen Elend zu bewahren. Ich bin mir klar, daß ich daraufhin gehängt werde und hoffe, daß sie ein anderer in einem glücklicheren Augenblick durchführen wird.

Daß Hitler das Attentat wie durch ein Wunder überstanden hatte, wurde von den NS-Machthabern als Fügung der »Vorsehung« ausgelegt, die den Führer beschützt habe, weil nur er das Volk wohl noch zum Siege führen könnte.

Dennoch setzten sich die Hiobsbotschaften von allen Frontabschnitten fort. Vom 1.8. bis zum 2.10. 1944 tobte der Aufstand der polnischen »Heimatarmee« in Warschau, am 15.8. unternahmen die Allierten an der französischen Rivieraküste eine weitere Landung, am 25.8. zogen die Franzosen in Paris ein, das ihnen die Deutschen kampflos und unzerstört überlassen hatten. Am gleichen Tag platzte die Nachricht von der Kriegserklärung Rumäniens an Deutschland durch die Rundfunkempfänger und Zeitungen. Am 3.9. besetzten die Allierten Lyon, und am 8.9. erklärte auch noch Bulgarien Deutschland den Krieg. Vom 17.9. bis 26.9. tobte die Schlacht bei Arnheim, und am 25.9.1944 wurde als letzte Kampfreserve der »Volkssturm« aufgestellt, obgleich Waffen zur Ausrüstung dieser Truppe von 15- bis 16-Jährigen und alten Männern kaum noch zur Verfügung standen.

Am 11. Oktober 1944 drangen die ersten sowjetischen Truppen in Ostpreußen ein, schon am 21. Oktober wurde Aachen von den Allierten erobert. Die letzte verzweifelte Ardennenoffensive der deutschen Truppen vom 16.12. bis 27.12 mißlang nach Anfangserfolgen. Trotz aller Durchhalteappelle und dem lange geschürten Glauben an deutsche Wunderwaffen stand nun auch für den größten Teil der Menschen im Wolfsburger Ländchen innerhalb der Stadt des KdF-Wagens fest, daß dieser Krieg nicht mehr zu gewinnen war.

Schon im Januar 1945 drangen russische Truppen über die Weichsel in Richtung zur Oder vor und trieben Hunderttausende von Flüchtlingen aus dem Osten vor sich her. Anfang Februar 1945 erreichten auch die ersten Vertriebenen das Gebiet des Wolfsburger Ländchens und der Stadt des KdF-Wagens. Am 16. September 1944 hatte man Teile der Produktion des Volkswagenwerkes nach Neindorf in die Flockenfabrik ausgelagert. Der Chronist des Ortes berichtete über die Ankunft dieser Flüchtlinge am 10. Februar 1945:

»Es war ein eigenartiges Gefühl, diese Menschen mit ihren teppichbedeckten Wagen, ihrem Hausrat darauf als Flüchtlinge hier ankommen zu sehen.« Die Unterbringungs- und Versorgungsprobleme wurden jetzt noch größer. Neindorf hatte 498 einheimische Einwohner, nach Kriegsende waren es 908, weil allein hier 410 Flüchtlinge untergebracht werden mußten. Das führte zu großen Spannungen innerhalb der Bevölkerung, weil der knappe Wohnraum und die wenigen Lebensmittel nun noch mit diesen durch die Schrecken der Flucht und Vertreibung gezeichneten Neuankömmlingen geteilt werden mußten. Am 23.3.1945 hatten britische Truppen den Rheinübergang erzwungen und am 13.4. besetzten russische Truppenteile Wien. Schon am 12. April 1945 fuhren amerikanische Panzer nach Braunschweig hinein und tauchten auch in Neindorf und anderen Orten des Wolfsburger Umlandes auf. Anfang April gab es auch in der Stadt des KdF-Wagens Panzeralarm. Eine Volkssturmgruppe sprengte in aller Eile hier noch Brücken, denn die letzte Meldung lautete: »Der Amerikaner ist bereits in Fallersleben.« Erstaunlicherweise rückten die amerikanischen Einheiten von dort nicht weiter vor und machten am 10. April in Fallersleben halt. Auf ihren Karten soll weder das VW-Werk noch die Stadt des KdF-Wagens eingezeichnet gewesen sein. Gegen diese Darstellung spricht jedoch die Tatsache, daß den Amerikanern die Existenz des Rüstungsbetriebes bei den umfangreichen Bombardierungen hinreichend bekannt war.

Die deutschen Bewohner fürchteten nun, daß die vielen ausländischen Arbeiter Rache und Vergeltung üben und alles niederbrennen würden, was vom Werk stehengeblieben war, denn die Plünderungen und Gewaltanwendungen mehrten sich. Deshalb wurde der katholische Pfarrer Antonius Holling von Einwohnern gebeten, den Amerikanern entgegenzufahren, damit diese das Werk besetzten und einen Aufstand der Zwangsarbeiter verhinderten. Holling ging darauf zum französischen Lager und suchte nach einem ihm bekannten französischen Priester, der Englisch sprach, da er selbst diese Sprache nicht beherrschte.

Mit einem Fahrzeug, das von einem Deutsch-Amerikaner namens Meyer gesteuert wurde und eine weiße Fahne trug, fuhr man gemeinsam nach Fallersleben. Vor einem Gasthof standen mehrere Schützenpanzer und Jeeps. Die beiden Priester in ihren langen Gewändern baten, den Kommandeur der Einheit sprechen zu dürfen.

Sie wurden zu einem jungen Leutnant geführt, der gerade eine Ruhepause in Anspruch nahm und auf einem Bett lag. Dieser war davon beeindruckt, daß ein Franzose um Hilfe für die Deutschen bat. Es wurde sodann eine kleine Einheit mit Panzerfahrzeugen auf den Weg zum Werk beordert, die sich dann vor dem Werksgebäude und dem Gefangenenlager aufstellte.

Ein amerikanischer Sergeant verkündete, daß Plünderer erschossen würden. – Alles blieb ruhig, und es gab kaum Plünderungen. Was vom Werk übrig war, blieb so in der Stunde Null unversehrt.[36]

Zu dieser Zeit war die Zahl der Einwohner auf 14.926 angestiegen und 18.000 Fremdarbeiter lebten noch in den Lagern. Hunger und Elend breiteten sich nun in einem unvorstellbaren Maß aus.

Aber der sinnlos gewordene Krieg war noch nicht zu Ende. Vom 16. April bis zum 2. Mai tobten die Kämpfe um und in Berlin, wo der Führer Adolf Hitler noch in dem Bunker unter der Reichskanzlei hauste, bis er sich am 30. April 1945 erschoß und seine Leiche im Hofe der Reichskanzlei mit Benzin übergießen und verbrennen ließ. Am 1. Mai erreichten britische Truppen den Elbübergang und trafen hier mit ihren russischen Verbündeten zusammen. Der Großadmiral Dönitz übernahm Hitlers Nachfolge und konnte bis zur Unterzeichnung der Gesamtkapitulation am 8. Mai noch rund 2 Millionen Heeresangehörige und Flüchtlinge über die See von Ost nach West transportieren. Mit dem schrecklichen Ende des einmal so siegreichen »Großdeutschen Reiches« schien auch das Ende der »vorbildlichen deutschen Arbeiterstadt des KdF-Wagens« gekommen zu sein.

Und dennoch lebte diese Stadt weiter. Nach dem Fortzug der Kriegsgefangenen und der Fremdarbeiter waren die Vertriebenen und Flüchtlinge aus den Ostgebieten in Scharen hier hereingeströmt und halfen beim Aufbau des Werkes und beim Ausbau der Stadt kräftig mit, da sie wieder Arbeit und Brot, eine Wohnung und Heimat suchten. Auch das Wolfsburger Ländchen, das in seiner langen Geschichte Braunschweiger Herzöge, brandenburgische Markgrafen und Kurfürsten, preußische Könige, den Feldmarschall und Reichspräsidenten Hindenburg und bei der Grundsteinlegung auch den Führer Adolf Hitler gesehen hatte, gab es noch. Es war Teil dieser Stadt geworden und auch Hehlingen aus der alten Grafschaft kehrte später durch die Gebietsreform 1972 nach Wolfsburg heim. Die Wolfsburg selbst hatte den Krieg unbeschadet überstanden. Während man nach dem Ersten Weltkrieg noch darum gekämpft hatte, den Namenszusatz »Wolfsburg« wenigstens in der Ortsbezeichnung »Heßlingen-Wolfsburg« zu erhalten, so gab nun diese alte Burg der ganzen Stadt ihren Namen, denn schon am 25. Mai 1945 hatten die Stadtverordneten beschlossen, daß die Stadt des KdF-Wagens nun »Wolfsburg« heißen sollte.

Auch die Wolfsburger Grafen waren wieder aus Neumühle zurückgekommen, nun nicht mehr in ihre alte Wolfsburg, sondern in den Ortsteil Nordsteimke.

Als ich vor der Waldkulisse des Steimker Berges, die von Hochhäusern und den rauchenden Schloten des VW-Werkes überragt wurde, den Grafen in einer Kutsche über seine Felder fahren sah, war ich von diesem Kontrast zwischen dem Alten und dem Neuen, das hier friedlich nebeneinander bestehen geblieben war, so überrascht, daß mir, dem Vertriebenen aus Pommern, der nach Wolfsburg kam, die Verse des Adalbert von Chamisso, der ein französischer Flüchtling war und Deutscher wurde, wieder einfielen:

> Ich träum als Kind mich zurück
> und schüttle mein greises Haupt;
> wie sucht ihr mich heim, ihr Bilder,
> die lang ich vergessen geglaubt!
> Hoch ragt aus schattgen Gehegen
> Ein schimmerndes Schloß hervor,
> ich kenne die Türme, die Zinnen,
> die steinerne Brücke, das Tor...

Die Grafen von der Schulenburg herrschten über 200 Jahre im Wolfsburger Ländchen. Nach dem Tode des Gebhard Werner von Bartensleben endete 1742 die männliche Linie dieser Burgherren auf der Wolfsburg. Im Jahre 1718 hatte seine Tochter Anna Adelheid Katharina von Bartelsleben den Grafen Adolf Friedrich von der Schulenburg geheiratet.

Schon ein bis zwei Jahre nach der Hochzeit starben an den Blattern auch die beiden erwachsen Brüder der Ehefrau Adolf Friedrichs, die damit als allein überlebende Tochter Anwärterin auf die Erbschaft der allodifizierten Lehen der Bartensleben in Preußen wurde. Dazu gehörte das Schloß Wolfsburg mit den benachbarten Dörfern Heßlingen und Hehlingen als ehemals magdeburgisches Lehen und der in die drei Vogteien Meßdorf, Rohrburg und Steimke zusammengefaßte ausgedehnte Besitz in der Altmark als ehemals kurbrandenburgisches Lehen. Vorsfelde und der »Wolfsburger Werder« fielen als braunschweigisches Lehen wieder nach dem Ende der männlichen Erbfolge nach Preußen an den Braunschweiger Herzog zurück. Auf die kurhannoverschen Lehen, eingeteilt in die drei Gerichte Brome Boldecker Land und Wolfsburg mit dem Flecken Brome und Rechten und Liegenschaften in 23 Dörfern und Wüstungen besaß Joachim Freiherr von Bernstorff die Anwartschaft, die Gebard Werner von Bartensleben durch

Verträge von 1728 und 1730 auf seinen Schwiegersohn Adolf Friedrich von der Schulenburg übertragen ließ; die hierfür zu zahlende Entschädigung von 42.500 Reichstalern war erst nach Gebhard Werners Tod ratenweise abzutragen.

So war alles vorbereitet, daß die Bartenslebensche Gütermasse später in Schulenburgischer Hand vereinigt werden konnte. Graf Adolf Friedrich von der Schulenburg hatte für seine Nachkommen gut vorgesorgt. Im Feldlager zu Starrwitz in Schlesien setzte er am 10. Januar 1741 sein Testament auf. Seine ererbten und erworbenen Güter teilte er nach der Zahl seiner damals lebenden Söhne auf. Alle diese Besitzungen sollten als Fideikommiß betrachtet und nicht mehr geteilt werden.

Graf Adolf Friedrich stand als Generalleutnant in preußischen Diensten. Er verehrte König Friedrich II. und eilte nach dem Tode dessen Vaters am 31. Mai 1740 nach Berlin, um ihm zum Regierungsantritt zu gratulieren. Der König tadelte ihn, weil er ohne Urlaub sein Regiment in Landsberg an der Warthe verlassen hatte und weil Friedrich II. bei einer späteren Besichtigung mit dem Zustand des Regiments nicht zufrieden war. Aus Verärgerung darüber bat Graf Adolf um seinen Abschied, den aber König Friedrich der Große wiederholt ablehnte. Zur gleichen Zeit tadelte Friedrich II. dieses Regiment erneut wegen seines Versagens im Gefecht bei Baumgarten in Schlesien. Zwei Monate später besiegelte Graf Adolf Friedrich von der Schulenburg seine Treue zum König in der Schlacht bei Mollwitz 1741 mit dem Tod, wie die Chronik berichtete:

> Zu Beginn der Schlacht warf sich die gesamte österreichische Kavallerie des linken Flügels, sechs Regimenter mit 30 bis 36 Schwadronen, unter Führung des Feldmarschall-Leutnants von Römer, in vollem Galopp auf die rechten preußischen Flügel stehenden Schulenburgischen zehn Schwadronen, die in wilder Flucht zerstoben. Adolf Friedrich wurde durch einen Säbelhieb unter dem rechten Auge verwundet. Zum Glück für die Preußen hielt die Infanterie der Attacke unerschütterlich stand. Als die Reiterflut abgebraust war, befahl Prinz Leopold von Anhalt, der das zweite preußische Treffen kommandierte, den vier noch ungebrochenen Schwadronen des schulenburgischen Regiments, den linken feindliche Flügel anzugreifen. Adolf Friedrich, notdürftig verbunden, setzte sich an die Spitze der 4. Schwadron, Verzweiflung im Herzen, entschlossen, die Schande nicht zu überleben. Ein Teil der feindlichen Kavallerie hatte sich rasch wieder formiert. Die preußischen Reiter, diesmal an Zahl überlegen, zerstoben beim Zusammenprall, ihr Führer (Graf Adolf Friedrich)

sank, durch einen Schuß in die Gurgel tödlich getroffen, vom Pferd. Den Sieg, den die preußische Infanterie später erfocht, noch zu erleben, war ihm nicht vergönnt.«

Graf Adolf Friedrich von der Schulenburg wurde unter dem Turm der heimatlichen Marienkirche in Beetzendorf beigesetzt.

Als Adolf Friedrich in der Schlacht starb, war sein ältester Sohn erst 18 Jahre alt, der jüngste war wenige Tage zuvor geboren worden. Die Witwe blieb mit ihren Kindern zurück, zwölf waren von den fünfzehn am Leben, zwei Töchter bereits verheiratet. Nun lastete auf Anna Adelheid Katharina von der Schulenburg, geb. von Bartensleben, die Sorge um die Erhaltung des schulenburgischen und alsbald auch des bartenslebenschen Besitzes, denn ihr Vater starb schon bald danach am 6. Januar 1742 im Alter von 66 Jahren.

Burg-Fideikommißherr auf Brome, Bisdorf und Wolfsburg mit Meßdorf, Rohrberg und Steimke wurde der Sohn Graf *Gebhard Werner* von der Schulenburg, der von 1722 bis 1788 lebte und mit Sophie Charlotte von Veltheim verheiratet war, mit der er sechs Töchter hatte, von denen drei in den ersten Lebensjahren starben, und vier Söhne, die alle das erwachsene Alter erreichten. Von diesen vier Söhnen starb einer unverehelicht.

Ihm folgte als Fideikommißherr auf der Wolfsburg der Sohn Graf Karl Friedrich *Gebhard* von der Schulenburg, der von 1763 bis 1818 lebte und mit Wilhelmine von Münchhausen verheiratet war. Während seiner Zeit besetzten im Befreiungskrieg 1815 Truppen des französischen Marschalls Davoust die Wolfsburg, räumten sie aber nach der Völkerschlacht bei Leipzig wieder. Für kurze Zeit zogen russische Truppen (Kosaken) auf die Wolfsburg.

Mit Wilhelmine von Münchhausen hatte Graf Karl Friedrich *Gebhard* sieben Söhne und sieben Töchter. Beide Ehegatten waren die letzten, die in der Gruft der Wolfsburger St. Marienkirche beigesetzt wurden.

Ihr ältester Sohn Graf Friedrich Gebhard Werner (1792 bis 1861) folgte als Schloßherr auf der Wolfsburg. Er war verheiratet mit Charlotte Freiin Vincke, die mit 90 Jahren starb. Dieses Ehepaar ruht auf dem Friedhof in Rothenfelde. Graf Werner und seine Gattin waren die ersten, die dort beigesetzt wurden.

Nachfolger des Grafen Werner auf der Wolfsburg wurde sein Sohn Graf *Günther* Ernst Gebhard Karl, der von 1819 bis 1895 lebte und in erster Ehe mit Adelheid Gräfin von der Schulenburg-Emden verheiratet war. Sie starb nach vierzehnjähriger Ehe in Wolfsburg und hinterließ zwei Söhne und vier Töchter. Graf Günther heiratete in zweiter Ehe ihre Schwester Margarete, geb. Gräfin von der Schulenburg-Emden.

Dem Grafen *Günther* Ernst Gebhard Karl folgte sein Sohn *Werner* Hermann, der 1857 geboren wurde und am 21.7.1924 in Bad Kissingen starb. Seine Schwester, die Diakonisse Anna Katharine Adelheid, wurde als Krankenschwester bei den Kämpfen in Löwen in Belgien verwundet und starb infolge dieser Verletzung am 2.9.1914.

Graf Werner nahm als Reserveoffizier am Ersten Weltkrieg teil, obgleich er in seinem Verlauf das 60. Lebensjahr überschritt. Kurz vor seinem Tod gelang es ihm, die Umwandlung des Fideikommisses Wolfsburg in ein Waldgut preußischen Rechts durchzusetzen und damit den Fortbestand des ungeschmälerten Besitzes zu sichern. Seine Ehefrau war Frieda Freiin von den Bussche-Ippenburg. Sie lebte nach Graf Werners Tod ab 1932 in Potsdam, kam nach dem Ende des Zweiten Weltkrieges wieder in den Westen zurück und starb im Alter von 78 Jahren in Bisdorf. Das Ehepaar, das zwei Söhne und vier Töchter hinterließ, ruht auf dem Rothenfelder Friedhof in Wolfsburg.

Der letzte Burgherr auf der Wolfsburg wurde Graf Werners Sohn *Günther* Werner Busso von der Schulenburg, der 1891 geboren wurde. Die rücksichtslose Inanspruchsnahme des Kernbestandes seines Wolfsburger Grundbesitzes durch die Nationalsozialistische Deutsche Arbeiterfront stellte Graf Günther 1937 vor schwere Entscheidungen. Er wurde als Rittmeister der Reserve am Westwall eingesetzt und konnte nach seiner Rückkehr 1940 bei der Inneneinrichtung der neu erbauten »Wolfsburg« in Neumühle helfen.

Graf Günther wurde durch die Ereignisse des 20. Juli 1944 – das Attentat auf Hitler – schwer getroffen und persönlich in Gefahr gebracht, auch weil sich radikale Richtungen in Partei und SS die Vernichtung des Adels zum Ziel gesetzt hatten. Er und seine Frau Ursula, geb. Freiin von Dincklage, begaben sich in dieser kritischen Zeit nach Berlin, um den inhaftierten Verwandten zu helfen. Ohne Rücksicht auf die eigene Gefährdung war Graf Günther persönlich bei der Reichsleitung der SS und beim Volksgerichtshof vorstellig geworden, um für seine Verwandten, den verhafteten ehemaligen Botschafter Graf Friedrich Werner von der Schulenburg,

Herr auf Burg Falkenberg/Oberpfalz, und Johann Adolf Graf Kielmansegg, einzutreten. Im Falle des Grafen Kielmansegg hatten seine Bemühungen Erfolg, nicht aber die für Graf Friedrich Werner von der Schulenburg, der im Zusammenhang mit dem Attentat auf Hitler am 20. Juli 1944 zum Tode durch den Strang verurteilt und am 10. November 1944 in Berlin-Plötzensee hingerichtet wurde.

Graf Günther feierte 1981 in Nordsteimke seinen 90. Geburtstag. Die Stadt Wolfsburg verlieh ihm an diesem Tag das Ehrenbürgerrecht. Seine Frau Ursula starb am 1. Dezember 1951 im Alter von 46 Jahren an den Folgen eines Autounfalls. Beide fanden ihre letzte Ruhestätte auf dem neuen Begräbnisplatz der Familie in Nordsteimke. Sie hinterließen eine Tochter und drei Söhne. Nach dem Tode seines ältesten Sohnes Graf *Werner* Rudolf Karl Erhard Friedrich Hermann Joachim Alfred, der 1962 durch einen Autounfall ums Leben kam, hat sein zweiter Sohn Graf *Günzel* Gerhard Alvo Werner Justus Adolf Ferdinand die Nachfolge angetreten. Mit seiner Ehefrau Alexandrine, geb. Gräfin Maltzan, Freiin zu Wartenberg und Penzlin, hat er drei Söhne, die den Namen und die Tradition der Wolfsburger Grafen von der Schulenburg fortführen werden.

Nachwort des Grafen Dr. Günzel von der Schulenburg

Zwei Familien sind in acht Jahrhunderten Hausherren in Wolfsburg gewesen, bis zum Jahre 1742 die Herren von Bartensleben, alsdann nach dem Tode des letzten Sprosses dieser Familie folgte die Familie der Grafen von der Schulenburg-Beetzendorf. Erster Schulenburg auf Wolfsburg war der Generalleutnant Adolf Friedrich, Träger des Preußischen Schwarzen Adlerordens und Prinzenerzieher von Friedrich dem Großen. Seine Heirat mit einer Tochter des Gebhard Werner von Bartensleben aus dem Hause Wolfsburg war Anfang der Geschichte der Familie Schulenburg in Wolfsburg. Er fiel 1741 in der Schlacht bei Mollwitz im Ersten Schlesischen Krieg als Befehlshaber der Preußischen Kavallerie an der Spitze seiner Truppen und hinterließ Frau und 15 Kinder – fünf Söhne und zehn Töchter. Die letzten Bartenleben, seine Witwe und Mutter der genannten zahlreichen Kinder, überführte den Besitz mit großer Tüchtigkeit nach 15 Jahren in die Hände ihres ältesten Sohnes, des preußischen Staatsministers Gebhard Werner, Vertrauter Friedrichs des Großen, der die Verbundenheit mit seinem Erzieher auf seinen Sohn übertrug und ihn mit besonderen Missionen betraute. Bis zur Enteignung im Dritten Reich durch Adolf Hitler zwecks Erbauung des Volkswagen-Werkes und der Stadt Wolfsburg verblieb dieser Besitz ungemindert und ungeteilt bis zum Jahre 1939 im Besitz der Schulenburg'schen Familie.

Bis Ende 1937 stand endgültig fest, daß die Familie den angestammten Besitz Wolfsburg, d.h. das Schloß und den dazugehörigen Grund und Boden – 2.000 ha (1.500 ha Wald und 500 ha landwirtschaftliche Fläche) – verlassen mußte. Die »Ge-zu-Vor« (Gesellschaft zu Vorbereitung des Volkswagen-Werkes und der Stadt des KdF-Wagens) beanspruchte den Grund und Boden zum Bau des Volkswagen-Werkes und der heutigen Stadt Wolfsburg. Mein Vater Günther Graf von der Schulenburg entschied seinerzeit, an Stelle des enteigneten Besitzes im alten Schulenburg'schen Waldbesitz in Neumühle, Kreis Salzwedel, vier Kilometer jenseits der späteren Zonengrenze, ein neues Haus zu bauen. Das neue Haus entstand nach einem Entwurf von Professor Bonatz aus Stuttgart. Die Dimensionen waren wesentlich kleiner als die des Schlosses in Wolfsburg, aber dennoch war es nach heutigen Begriffen von seiner Gesamtkonzeption ein Schloß. Die Entscheidung hierzu ergab sich aus der Bereitschaft der Arbeitsfront, für den Bau eines solchen Hauses Arbeitskräfte und Material sowie Transportmittel zur Verfügung zu stellen, wie auch dem Wunsch meiner Eltern, an Stelle des verlorengegangenen Zentrums der Schulenburg'schen Familie ein neues Haus entstehen zu lassen. Dies sollte auf der einen Seite unter modernsten Gesichtspunkten zu bewohnen und zu bewirtschaften sein und auf der anderen Seite der großen Fülle von in Jahrhunderten zusammengetragenen Kunstschätzen in Form von Mobiliar, Bildern, Waffen, Urkunden eine neue Heimstatt geben – getreu dem Wappenspruch der Familie: »HALTE FEST WAS DIR VERTRAUT«

Die Arbeitsgemeinschaft Brinkmann-Müller-Weißensee erstellte in rd. vier Jahren den Bau, einen Bau, den Professor Bonatz in seinem Buch Leben und Bauen als völlig unzeitgemäße Aufgabe, also eine »Aufgabe nach meinem Herzen« genannt hat. Es war ein Haus mit vier runden Ecktürmen, langen Flügeln für Wirtschaft, Rentamt und Wohnungen für die Beamten. Es war ein Stahlbetonbau mit hellgelber Sandsteinverblendung in kleinen Formaten. 2.600.000 Backsteine und 260 Tonnen Eisen, der seinerzeitige Bedarf einer ganzen Provinz, wurden von der Arbeitsfront zur Verfügung gestellt.

Der Krieg kam mitten in die Bauzeit, aber das gesamte Installationsmaterial, von der Badewanne bis zum Küchenherd, vom Klositz bis zum letzten Heizkörper, war bereits eingekauft, so daß es gelang – auch während des Krieges – den Bau bis zum Dezember 1942 zum Abschluß zu bringen.

Für uns Kinder hatte der Abschied von Wolfsburg etwas Aufregendes, ebenso der Neubeginn in der neuen Heimat und der für uns unbekannten Umgebung. Der Umzug von Wolfsburg wurde in der Summe von 1.000 lfm Möbelwagen bewerkstelligt. Wochenlang liefen wir Kinder im alten Schloß treppauf, treppab und bezeichneten jedes Möbelstück nach einem genauen Plan meiner Mutter mit einem Aufkleber, der Stockwerk und Zimmer des neuen Hauses umfaßte, so daß sich im Endergebnis alles generalstabsmäßig abwickeln ließ, trotz der Größe und Zahl der zu bewältigenden Möbelstücke und Einrichtungsgegenstände. Wir verließen ein Haus mit 64 Kachelöfen, herrlicher Kühle im Sommer, aber eiskalten Fluren im Winter und zogen in ein neues Haus mit Zentralheizung und vielen Bädern – eben etwas vollkommen Modernes.

Nur kurze Zeit konnte meine Familie sich in der neuen Heimat einleben, und zwar vom Dezember 1942 bis zum Frühjahr 1945. Nach Einzug der

Amerikaner, die später von den Engländern abgelöst wurden, floh meine Familie kurz vor dem Einmarsch der Russen nach Nordsteimke bzw. Wolfsburg.

Sämtliches Mobiliar und wertvolle Kunstgegenstände, die in Nordsteimke heute noch vorhanden sind, wurden bei Nacht und Nebel innerhalb der Sperrzeit per Pferdewagen über eine Entfernung von 36 km nach Nordsteimke gebracht und damit dem Zugriff der Russen entzogen.

Erst nach dem Einmarsch der Engländer erfuhren meine Eltern von dem Ergebnis der Jalta-Konferenz und der Tatsache, daß ganz Preußen unter russischen Einfluß kommen würde. Im Gegensatz zu den sehr hilfsbereiten Amerikanern waren die Engländer nicht bereit, die Genehmigung zu erteilen, beispielsweise wertvolle Kunstgegenstände etc. in den Westen zu transportieren. Auch der Vorschlag meines Vaters, diese Kunstgegenstände als Kriegsbeute zu betrachten und sie nach England bringen zu lassen, um ihre Erhaltung zu sichern, wurde nicht akzeptiert. Somit wurde ein Großteil der Bibliothek sowie das gesamte Archiv mit Handschriften u.a. von Goethe, Friedrich dem Großen an die Wolfsburger Schulenburgs und vieles andere mehr Opfer russischer Vernichtung.

Für den Beginn im Westen war der aus der Enteignung verbliebene land- und forstwirtschaftliche Besitz im Raum Wolfsburg Grundstein. Neben der Land- und Forstwirtschaft hat es in meiner Familie immer die kaufmännische Betätigung als mittelständiger Unternehmer gegeben. Die zunehmend schwieriger werdende Situation in der Land- und Forstwirtschaft, die Verpflichtungen gegenüber Beamten und früheren Mitarbeitern waren ausschlaggebend für eine zusätzliche unternehmerische Betätigung. Neben der Schillermühle mit Mahlmühle, dem Sägewerk und der Holzhandlung in Wolfsburg waren das bis zum Jahre 1967 betriebene Holz-Imprägnierwerk in Hannover, in dem Eisenbahnschwellen für die Bundesbahn und Privatbahnen sowie Masten imprägniert wurden, Einzelbetriebe der früheren gewerblichen Tätigkeit. Seit 1966 bin ich im dental-medizinischen Großhandel in Niedersachsen und Schleswig-Holstein tätig. Trotz der zunächst ungünstigen Lage zur Zonengrenze, ohne Hinterland und damit geringen Expansionsmöglichkeiten war auch im Dentalhandel unverändert das eiserne Marktgesetz des Wettbewerbs gültig: Wachsen oder Weichen; die einmalige Gunst der Stunde nach der Wiedervereinigung im Jahre 1990 nutzend, bin ich seit 1991 nun auch in allen neuen Bundesländern mit Niederlassungen präsent. Ein Produktionsbetrieb – Sandstrahlen, Lackieren,

Beizen – in Sachsen-Anhalt ergänzt neuerdings den seit 1966 in Langenhagen/Hannover betriebenen Bereich des Chemie-Produktions- und Dienstleistungsbetriebes der Oberflächenbehandlung von Edelstahl.

Trotz langjähriger Tradition des außerlandwirtschaftlichen Zuerwerbs hatte dieser immer die dienende Funktion zur Erhaltung des angestammten land- und forstwirtschaftlichen Besitzes.

In Sorge über die permanente Bedrohung Westdeutschlands durch die Russen und die ehemalige DDR ist meine Familie seit 1978 in Midwest (Missouri), dem sogenannten »Garden Eden« der USA, in der Landwirtschaft engagiert. Die hierdurch zusätzlich gewonnene Erfahrung lehrt, daß es unter heutigen Produktions- und Absatzbedingungen in den USA einfacher ist, erfolgreicher Landwirtschaft zu betreiben als in Deutschland.

Nach den vielfältigen Aufgaben im gewerblichen Bereich und der Bewirtschaftung meines Besitzes, einschließlich Patronaten, über berufsständische Verpflichtungen und Ehrenämter hinaus fühle ich mich verpflichtet, die Geschicke meiner alten und neuen Heimat Wolfsburg (1972-1978 im Rat der Stadt Wolfsburg) im Sinne aller derer, die sich heute mit Fug und Recht Wolfsburger nennen, nach Kräften zu unterstützen. Ich glaube damit sagen zu dürfen, daß die Wolfsburger Schulenburgs mit Erfolg sowohl in der Vergangenheit als auch in der Gegenwart jeweils den Anschluß an die Zukunft gefunden haben.

Dr. Günzel Graf von der Schulenburg, Wolfsburg

Anhang - Die Autostadt Wolfsburg in der Gegenwart

(Eckhard Korth)

Im Mai 1945 wurde aus der Stadt des KdF-Wagens Wolfsburg
Ein Rückblick auf die schwere Nachkriegszeit

Die Ernährungslage für die Bewohner der Stadt des KdF-Wagens war im kalten Winter 1945/46 schwierig. Es gab weder Strom noch Kohle. Unter den vielen Flüchtlingen einerseits und den Alteingesessenen andererseits gab es keinen Zusammenhalt. Die Amerikaner hatten große Schwierigkeiten, um das Chaos und die Plünderungen zu stoppen.

Am 8. Mai 1945 wurde von der Militärregierung der SPD-Angehörige Dr. Laurent zum Bürgermeister - neben zwei Stadträten - eingesetzt. Bürgermeister Dr. Laurent hielt den Namen »Stadt des KdF-Wagens« für völlig überholt. Die Stadt sollte nun nach dem Renaissance-Schloß an der Aller benannt werden. Die Stadtverordnetenversammlung, die aus dreizehn, allen sozialen Schichten angehörenden, von den Engländern ernannten Abgeordneten bestand, nahm den Vorschlag einstimmig an. So erhielt die Stadt ihren Namen Wolfsburg.

Wolfsburg war eine große Baustelle, wo die Bevölkerung nur unzureichend mit Lebensmitteln versorgt war. Nach dem Baustopp 1940 hatte sich wenig geändert. Die Stadtteile Wellekamp, Schillerteich und Steimker Berg lagen weit auseinander. Es gab noch viele Baracken. Das Brachland wurde zunächst in Kartoffeläcker und Kleingärten umgewandelt. Überall gehörten Kaninchenställe zum Stadtbild. Von den Zuckerrübenwagen, die nach Fallersleben fuhren, wurden mit langen Stöcken Zuckerrüben heruntergeholt. Da die Fernheizung mangels Kohle außer Betrieb war, ragte aus fast jeder zweiten Wohnung ein Ofenrohr. Man kochte und heizte mit dem Allesbrenner, »Hexe« genannt. Das Holz wurde in den umliegenden Wäldern gestohlen. Die Stadt gab später Berechtigungsscheine aus, mit denen im Wald hinter dem VW-Bad Holz geschlagen werden durfte. Von den Güterzügen auf dem Bahnhof wurden Kohlen entwendet.

Im Juni 1945 war die Stadt aus den Händen der Amerikaner von den Engländern übernommen worden. Im Jahre 1946 gab es den ersten Plan zur Fortsetzung der Bautätigkeit. Durch den Architekten Titus Taeschner wurde zunächst ein Weiterbau am Wellekamp für 25.000 Bewohner geplant. Weiter wurde am Köhlerberg und am Südosthang des Klieversberges, dem heutigen Rabenberg, gebaut. Die Gewerbebetriebe hatten sich zunächst in Baracken am Schachtweg am Bahnhof niedergelassen. So entwikkelte sich fast aus der grünen Wiese eine moderne Industriestadt.

Der Volkswagen als Symbol des Wirtschaftswunders - und dann kam der Golf

Der Aufstieg des Volkswagenwerkes zu weltrekordmäßigen Produktionszahlen war einmalig in der Automobilgeschichte, und diese Entwicklung war untrennbar mit dem Namen Nordhoff verbunden.

Heinrich Nordhoff wurde 1899 in Hildesheim geboren. Sein technisches Studium schloß er an der Technischen Hochschule in Charlottenburg ab. Er arbeitete als Diplomingenieur im Flugmotorenbau von BMW sowie später im Verkauf bei Opel in Rüsselsheim.

Von 1942 bis zum Kriegsende hatte er die damals größte Lastwagenfabrik von Opel in Brandenburg geleitet und wurde am 1. Januar 1948 von den Briten zum Leiter des Volkswagenwerkes berufen. Er hatte bei General Motors die modernen Produktionsmethoden und die Verkaufstechnik studiert.

Nordhoffs Engagement für das Werk und den Käfer wurde beispielhaft für die Entwicklung in Deutschland. Er verstand es, die Mitarbeiter zu ermutigen und brachte in wenigen Monaten Ordnung in das darniederliegende Werk, welches zu 60 % durch Bomben zerstört worden war. Die Rohstofflieferungen sicherte er durch hartnäckiges Feilschen und durch Tauschhandel, so daß es ihm gleichzeitig gelang, mit neuen Verkaufsmethoden den Absatz anzukurbeln. Nach der Beseitigung von Schäden an Gebäuden und Maschinen wurde die Produktion bereits 1948 auf 20.000 Wagen gesteigert, wovon 4.400 exportiert wurden.

Als das Werk 1949 aus der Kontrolle der Alliierten entlassen wurde, zählte man 8.300 Mitarbeiter. Die Produktionszahlen wurden nun weltrekordmäßig gesteigert. Im Jahre 1949 verließen 46.000 Wagen die Fabrik. 1951 waren es 105.000 und 1953 bereits 180.000. Der 500.000. Volkswagen wurde am 3. Juli 1953 gefeiert. Dabei waren der Stolz auf die erbrachte Leistung und ein gesteigertes Selbstwertgefühl Faustpfand und Motivation für die Zukunft.

Wolfsburg zog die Arbeitsuchenden wie ein Magnet an; auch viele Vertriebene fanden hier eine neue Heimat. Ein Stück Geschichte verkörperte auch der spätere Oberbürgermeister Hugo Bork. Er stand zunächst als einfacher Arbeiter am Montageband, wurde dann Betriebsratvorsitzender und versah später über dreizehn Jahre das Amt des Oberbürgermeisters der Stadt Wolfsburg.

Das Volkswagenwerk entwickelte sich unter Nordhoff zum Weltkonzern und eroberte alle Kontinente. Im Jahre 1953 kam es zur Gründung der »Volkswagen do Brasil«. Nordhoff forderte: »Erst muß die Werkstatt mit Ersatzteillager da sein, dann darf der VW verkauft werden.« Im Jahre 1955 erfolgte eine Weiterentwicklung durch das bei Karmann in Osnabrück gebaute »Ghia-Sportcoupe«. Am 5. August 1955 lief der einmillionste Käfer vom Band – auf dem Werksgelände wurde ein großes Fest gefeiert. Die Tagesproduktion stieg auf 3.000 an. Die Belegschaft wuchs auf 45.000 Arbeiter. Zwei Wochen später besuchte Konrad Adenauer das Werk und ließ sich vom frisch mit dem Großen Bundesverdienstkreuz ausgezeichneten Generaldirektor Nordhoff die Wiege des Wirtschaftswunderautos zeigen. Dem Kanzler konnte ein gewisses technisches Interesse nicht abgesprochen werden. Es war jedoch nicht leicht, ihn zum Einsteigen in das bereitgestellte Volkswagen-Cabriolet zu bewegen.

1961 wurde die Produktion des VW 1500 aufgenommen. Später wurden auch moderne Fahrzeuge mit konventioneller Antriebstechnik gebaut, obwohl gerade der Käfer ewig jung zu bleiben schien. Das Werk war 1960 zu einer Aktiengesellschaft mit 1,5 Millionen Volksaktionären geworden. Am 5. Dezember 1961 erreichte die Produktion die Fünfmillionengrenze.

Heinrich Nordhoff starb im Alter von 69 Jahren am 12. April 1968 als Ehrenbürger der Stadt Wolfsburg. Die VW-Werksgeschichte ging ihren einmal eingeschlagenen Weg in erfolgreicher Weise bis heute weiter.

Schon früh hatte man allerdings auch mit der Suche nach einem Nachfolgemodell des Käfers begonnen. Der VW-Entwicklungschef Professor Fiala hatte erklärt, daß die Produktion des Käfer zu teuer geworden sei.

Nach zahlreichen Konstruktionskonzepten gab man die Heckantriebsphilosophie des Käfers auf und entwickelte ein Modell mit Frontantrieb und Quermotor. Es handelte sich um ein Konzept mit Heckklappe und variablem Kofferraum. Daneben stellte sich der Passat als Prototyp der neuen Autogeneration dar. Er hatte die Modellreihe des VW 1600 ersetzt. Dann löste der Scirocco den Karmann-Ghia ab. Damit war es gelungen, ein schickes Sportcoupé zu bauen.

Besonders viele Verehrer huldigten dem Golf-GTI mit seinem kraftvollen Motor. Durch den Polo wurde das Programm nach unten abgesichert.

Vor dem überraschenden Aufschwung Mitte der siebziger Jahre war es jedoch zunächst zu sinkenden Absatzzahlen gekommen. 1974 gab es einen Verlust des Volkswagenkonzerns von 86 Millionen Mark, und es waren hohe Halden unverkaufter Wagen zu finanzieren. Es war die Zeit der Wechselkursänderungen, der Verteuerung des Mineralöls und der Sonntagsfahrverbote. Der VW-Chef Rudolf Leiding war ebenso wie vor ihm sein Vorgänger Kurt Lotz zurückgetreten. Der Plan, das Amerika-Geschäft durch eine Volkswagenproduktion in den Vereinigten Staaten zu retten, wurde vom Aufsichtsrat abgeschmettert. Besonders die IG-Metall sah eine Gefahr für die heimischen Arbeitsplätze. Erst der neue VW-Chef Schmücker konnte eine Aufnahme der Produktion in den Vereinigten Staaten durchsetzen. Ihm gelang 1976 die wirtschaftliche Wende, so daß der Verlust aus den beiden Vorjahren in Höhe von fast 700 Millionen Mark auf einen Schlag getilgt werden konnte. Die Produktion lief so stark an, daß Sonderschichten erforderlich wurden.

Nachdem im September 1976 erstmals der Golf mit einem Dieselmotor gebaut wurde, lief am 27. Oktober 1976 der einmillionste Golf vom Band.

In Mexico wurde indessen der Käfer weiter produziert. Dort feierte man am 20. März 1981 in Puebla den Produktionsrekord von 20.000.000 Volkswagen-Käfern.

Im November 1982 kam es zum Abschluß eines Grundlagen-Vertrages für ein Joint Venture (Gemeinschaftsunternehmen) mit der Shanghai Tractor & Automobile Corporation und der Bank of China Shanghai Branch mit dem Ziel der Montage des Volkswagen-Santana in der Volksrepublik China. Ferner wurde im Sommer 1987 auf dem südamerikanischen Halbkontinent eine neue Holdinggesellschaft gegründet. Die Kooperationsgesellschaft in Argentinien und Brasilien erhielt den Namen Autolatina. Das Volkswagenwerk beteiligte sich mit 51 Prozent.

Im Wolfsburger Werk war der große Tag des Erfolgsautos Golf der 1. Juni 1988. An diesem Tag fuhr der VW-Chef Dr. Carl H. Hahn den zehnmillionsten Golf aus der Wolfsburger Endmontagehalle 12.

Am 5. Juni 1988 wurde die Volkswagen AG ebenso wie die Stadt Wolfsburg 50 Jahre alt. Das gemeinsame Fest fand im Wolfsburger Congress Park statt. In 50 Jahren war ein Weltkonzern entstanden mit einer Gesamtzahl von weltweit ca. 260.000 Beschäftigten und mit einer Fertigung von ca. 12.000 Automobilen pro Tag.

Ein wichtiger Tag in der Wolfsburger Geschichte in Zusammenhang mit der Wiedervereinigung war der 25. November 1989. Als frühmorgens der Weg über die Allerbrücke nach Oebisfelde frei war, begann bei aufgehender Sonne ein regelrechter Freudentaumel. Für die offiziellen Gäste aus Wolfsburg und dem Landkreis Hettstedt hatte der Oebisfelder Bürgermeister ein Frühstück vorbereiten lassen. Bereits an den vorhergehenden Wochenenden waren große Besucherströme aus dem Osten nach Wolfsburg gekommen, so daß 1,5 Millionen an Begrüßungsgeldern ausgezahlt werden konnten.

Für das Volkswagenwerk öffnete sich durch die Wiedervereinigung ein völlig neuer Inlandsmarkt. Damit rückten die Stadt und das Werk aus der Zonenrandlage hinaus und endlich in die Mitte des wiedervereinten Deutschlands. Es gab daher viele Gründe, um das Produktionstempo noch zu steigern. Nach vielen anderen Jubiläen auf Grund runder Produktionszahlen im Werk lief am 20. September 2000 der 20-millionste Golf vom Band. Er war damit seit 1974 das erfolgreichste Modell nach dem Käfer geworden. VW-Chef Dr. Ferdinand Piëch steuerte höchstpersönlich das Jubiläumsfahrzeug von der Montagelinie. Das VW-Orchester spielte unter großer Anteilnahme der Belegschaft die Hymne »Freude schöner Götterfunken«. Heute ist der Golf in Deutschland und Europa zum beliebtesten Auto geworden.

Bis zum Jahr 2005 sind im VW-Konzern Investitionen von 63 Milliarden Mark geplant. Davon sind 7,6 Milliarden für das Wolfsburger Stammwerk vorgesehen. 1,5 Milliarden werden in die Entwicklung des neuen Golf A 5 fließen, der im Jahr 2003 auf den Markt kommt. Nach Ostern 2001 wird in Wolfsburg die Lupo-Fertigung in der Halle 8 (bis auf die Fertigung des 3-Liter-Autos) eingestellt und nach Brüssel verlagert. Die Seat-Produktion zieht mit der Toledo- und Leon-Montage von Brüssel in das spanische

Martorell. Die Halle 8 wird in Wolfsburg für die Produktion des Family-Golf und Mini-Van benötigt. Im September 2002 soll ein neuer Siebensitzer auf den Markt kommen.

Vielversprechend ist auch die neue Version des in Neckarsulm vom Band rollenden Alu-Kompaktwagens A 2 mit einem Verbrauch von nur 3 Litern auf 100 Kilometer. Audi - dessen Umsatz im Jahr 2000 auf 39 Milliarden DM kletterte - plant bis 2005 Rekordinvestitionen von insgesamt 17 Milliarden DM. In China und in den USA wurden im letzten Jahr Umsatzrekorde erzielt.

Damit setzt sich die Erfolgsgeschichte nicht nur für das Werk in Wolfsburg, sondern weltweit in allen Produktionsbereichen weiter fort. Man kann auf den Fortgang dieser Geschichte gespannt sein.

Die Integration ausländischer Mitbürger in Wolfsburg

Am Aufbau des Volkswagenwerkes waren bereits vor dem Ende des Zweiten Weltkrieges in der Stadt des KdF-Wagens zahlreiche italienische Arbeiter beteiligt. Als nun das Volkswagenwerk unter Nordhoff boomte, wuchs auch die Stadt und es wurden viele Arbeitskräfte benötigt. Die ersten ausländischen Arbeiter kamen am Ende der sechziger Jahre aus Süditalien. Der Name Wolfsburgs war ihnen als Zielort noch weitgehend unbekannt. Die Männer wurden in Wohnlager wie in den Baracken im sogenannten »Italienerdorf« an der Berliner Brücke einquartiert. Sie lebten dort von der Bevölkerung abgeschottet, umgeben von einem Zaun, bewacht von Wachleuten, wie in einem Ghetto.

Auf Grund der anhaltenden Arbeitslosigkeit in Süditalien kehrten viele hier zunächst befristet beschäftigte Arbeiter nach einem Zwischenaufenthalt in ihrer Heimat alsbald nach Deutschland zurück. Viele Italiener holten später Frau und Kinder nach, so daß zahlreiche Neubürger in Wolfsburg italienische Namen haben. Durch das Volkswagenwerk wurden werkseigene Wohnungen in Kästorf gebaut. Besonders für die Kinder war die Integration dort aber schwierig.

In den siebziger Jahren kamen zu den Italienern noch weitere Ausländer, vor allem Tunesier und Portugiesen hinzu. Viele ausländische Familien wurden später in Detmerode (Neulandburg, Don Camillo und Peppone) oder auch in Westhagen untergebracht. Die Kinder hatten durch die

Sprachschwierigkeiten oft schlechtere Schulabschlüsse und fanden nur schwer Ausbildungsstellen.

Erst im Jahre 1974 wurde der Ausländerausschuß als eigenständiger Ratsausschuß mit einem Referat für Ausländerangelegenheiten geschaffen. Fachkundige ausländische Bürger wurden in den Ausschuß berufen, so daß eine Mitbestimmung gesichert war. Die neu eingerichteten Kulturzentren wie das Centro Italiano, das Centro de Portugal und die Räume des tunesischen Vereins wurden finanziell und ideell unterstützt.

Seit 1976 befindet sich in Wolfsburg eine italienische Konsularagentur. Im Jahre 1985 wurde das italienische Kulturinstitut in Wolfsburg eröffnet. Es kamen eine deutsch-italienische Grundschule und eine weiterführende deutsch-italienische Gesamtschule hinzu.

Am 31. Dezember 1998 lebten in Wolfsburg 14.196 ausländische Bürger. An die zweite Stelle nach den Italienern rückten inzwischen die Jugoslawen, ihnen folgen die Polen, Türken und Tunesier. Freilich ist wegen der Fluktuation die Integration der Ausländer niemals abgeschlossen. Während die Ausländer aus der Europäischen Union mittlerweile das kommunale Wahlrecht haben, bleiben die Ausländer aus den Nicht-EU-Ländern von der Mitbestimmung ausgeschlossen. Es besteht insofern noch ein Zweiklassensystem unter den Ausländern.

Hervorzuheben ist, daß in Wolfsburg alle friedlich nebeneinander leben und daß es hier nie zu ernsthaften Auseinandersetzungen zwischen Deutschen und Ausländern gekommen ist.

Mittlerweile wächst in Wolfsburg die dritte Generation heran. Die ausländischen Familien sind jetzt besonders am Erwerb von Eigenheimen und Eigentumswohnungen in Wolfsburg und Umgebung interessiert. Auch der Prozentsatz der Eheschließungen zwischen Deutschen und Ausländern steigt. Besonders die ausländischen Kultureinrichtungen sind ein fester Bestandteil der weltoffenen Industriestadt geworden. Viele ausländischen Mitbürger pflegen das kulturelle Leben in Vereinen und feiern dort ihre landestypischen Feste. So begehen die Muslime im Islamischen Verein gemeinsam den Ramadan. In den Vereinen lernen auch die in Deutschland geborenen Kinder mehr über die kulturelle Heimat ihrer Familie kennen. Zu der italienischen Partnerstadt Urbino-Pésaro in Umbrien besteht ein gutes freundschaftliches Verhältnis.

Nach neuesten statistischen Erhebungen waren Ende 1999 von den 123.745 Einwohnern Wolfsburgs 14.777 ausländische Mitbürger, davon 5.944 italienische Staatsangehörige.

Es bleibt daher zu hoffen, daß durch möglichst internationale Treffpunkte und Einrichtungen die Integration ohne ausländerfeindliche Tendenzen weiter gut vorankommt.

Erlebte Visionen rund um das Auto

Die Besucherattraktion Autostadt

In Wolfsburg ist der weltweit größte Erlebnispark für das Auto entstanden. Nach dem Baubeginn im Mai 1998 wurde er im Frühjahr 2000 fertiggestellt. Auf einem Gelände von 25 Hektar ist eine Investitionssumme von 824 Mio Mark verbaut.

Wer den Park betritt, spürt, daß es fast wie an der Küste des Mittelmeeres nach Wasser und Erde riecht, und blickt auf eine sanfte Hügellandschaft mit Bäumen und Grasteppichen. Auf den Uferbänken kann man sich ausruhen und die 48 Meter hohen Autotürme betrachten, in denen sich bis zu 800 auf Hochglanz polierte Neuwagen befinden. Der 250 Meter lange Brückenschlag über den Mittellandkanal und der Weg zum Konzernforum bilden eine optische Linie zum Wolfsburger Schloß. Besonders eindrucksvoll ist die abendliche Beleuchtung des Projekts.

Hier tritt der Konzern mit den Kunden direkt in Verbindung. 200 Architekten, 50 Designer und 150 Erlebnisexperten wie Filmemacher, Künstler und Psychologen haben das Projekt auf die Beine gestellt.

Viel wird an Unterhaltung und Information über das Auto geboten. In bunter Reihenfolge kann man die Automarken Seat, Skoda, Audi, Lamborghini, Bentley und andere betrachten.

In einem 360-Grad-Kino erzählt der Filmemacher Dani Levy auf neun Leinwänden das Märchen vom »Geheimnis der Sicherheit«.

Das Lamborghini-Pavillon ist als schwarzer Kubus gebaut. Dort ist ein orange lackierter Diablo in einem Gitterkäfig als wilder Stier vorgeführt, untermalt von Motorengeheul, Blitz und Donner.

Interessant ist auch das Zeithaus in der Form eines lichtdurchfluteten Glasbaus, in dem man mit einer Rolltreppe in die vierte Etage gelangt.

Im Blickpunkt stehen hier 100 Edelkarossen. Es sind ein Benz-Patent-Motorwagen von 1896, ein Horch Toneau aus der Kaiserzeit und der Fort T ausgestellt. Ferner befinden sich dort ein Bugatti 57 Atlantic, ein 1940 gebauter Horch 930-Achtzylinder sowie das fast sieben Meter lange Cadillac-Cabrio vom Typ Eldorado. Ältere DKW-Motorräder finden ebenso Interesse.

Nachdem hier zunächst die Autohändler mit Autos versorgt wurden, werden jetzt ständig Autos an Privatkäufer übergeben. Die Beschäftigten sind einheitlich gekleidet, höflich und stark motiviert.

Beim Abholen eines Autos sollte man nicht versäumen, das gastronomische Angebot kennenzulernen. Schon die Namen der Lokalitäten sind attraktiv ausgewählt, wie zum Beispiel das Cafe Central, Lagune, Chardonnay sowie im Zeithaus das Restaurant Cylinder oder die Tachometer-Bar im Kundencenter.

Nach einem Besuch der Autostadt bleiben daher unvergeßliche Eindrücke zurück.

Die interessante Kulturlandschaft einer jungen Industriestadt

Das Schloß als kultureller Mittelpunkt

Außer durch das Stadttheater und das Planetarium wird die Kulturlandschaft Wolfsburgs durch Museen geprägt. Es befinden sich mehrere Museen im Schloß wie das Städtische Museum, die Städtische Galerie und der Kunstverein Wolfsburg e.V. Ferner sind Abteilungen in dem Fachwerk-Giebelhaus vor dem Schloß und in einer Fachwerkscheune eingerichtet. Im Schloß befindet sich auch eine Werkstatt für Druckgrafik.

Gern werden auch die Repräsentationsräume wie der Gartensaal, die Gerichtslaube, das Kaminzimmer und der Jagdsaal besucht.

Als kulturelle Veranstaltungen werden angeboten: Kammermusikalische Konzertreihen, Schloßkonzerte des italienischen Kulturinstituts, Konzerte im Barockgarten, das Festival Internationale Sommerbühne im Innenhof des Schlosses, Puppenspieltheater, Vortragsreihen und Bildhauerprojekte.

Es wird viel Historisches lebendig und Modernes verständlich dargestellt, so daß es sich lohnt, sich für die einzelnen Museen etwas Zeit zu nehmen.

Städtisches Museum im Schloß

In der Gewölbehalle im Ostflügel des Schlosses kann man sich im Städtischen Museum zur älteren Geschichte Wolfsburgs informieren. In den Juraschichten im Stadtgebiet sind viele Fossilien und Mineralien gefunden und hier ausgestellt worden - ebenso wie der letzte hier 1839 erlegte Wolf, das Wappentier der Stadt. Ein kapitaler Keiler weist auf das Vorsfelder Wappen.

Aus der Vorgeschichte und Frühzeit sind Faustkeile, Steindolche und Steinklingen aus der Alt- und Mittelsteinzeit sowie alte Jagdgeräte zu bewundern.

Beispiele bäuerlicher Wohnkultur, Möbel, Geschirr, Arbeitsgeräte und Kleidung zeigen dem Besucher, wie es im 18. und 19. Jahrhundert in den Dörfern der Region aussah.

Abteilung Stadtgeschichte

Die Stadtentwicklung seit 1938 ist im Giebelhaus der Schloßremisen dokumentiert. Insbesondere sind das Leben in der Stadt des KdF-Wagens, der Bombenkrieg und der militärische Zusammenbruch 1945 dokumentiert, der Neuanfang mit dem Wirtschaftswunder, der Heinrich-Nordhoff-Ära und das Werden der Großstadt ab 1972.

Sehr aktuell sind die Darstellungen über die Lebensbedingungen der ausländischen Zwangsarbeiter, Kriegsgefangenen und KZ-Häftlinge, die in der Zeit von 1941 bis 1945 im Volkswagenwerk arbeiten mußten und oft an den Folgen der Zwangsarbeit starben.

Viele von ihnen, darunter polnische und russische Kinder, sind auf dem kleinen Friedhof am Lydia-Stowbun-Weg begraben, der heutigen Gedenkstätte für die Opfer der nationalsozialistischen Gewaltherrschaft.

Städtische Galerie

Die städtische Galerie im Schloß ist ein Museum für die Kunst des 20. Jahrhunderts. Die Sammlung wurde 1961 begonnen und ist seit 1974 mit einem Bestand von über 4000 Kunstwerken öffentlich zugänglich. Ausgestellt werden besonders Werke aus den ersten Jahrzehnten des vorigen Jahrhunderts wie Werke der Künstlergemeinschaft »Brücke«, des »Blauen Reiters« und des Bauhauses.

In wechselnder Reihenfolge sind Gemälde, Aquarelle, Zeichnungen, Plastiken, Skulpturen und Fotos zu sehen.

In der Druckwerkstatt des Schlosses haben Künstler die Möglichkeit, druckgrafische Experimente durchzuführen.

Kunstverein Wolfsburg e. V.

Seit 1967 hat der Kunstverein im Schloß eine eigene Ausstellungsetage. Er veranstaltet jährlich große überregionale Ausstellungen.

Die Ausstellungen zeigen meist bedeutsame Werke von Gegenwartskünstlern und berühren auch den Bereich der Fotografie, der Architektur, der Karikatur und der Satire.

Zu den vielbesuchten Ausstellungen der vergangenen Jahre zählten »Das künstlerische Aktfoto«, »Nach der Wende« (Ostdeutsche Satire), Ernst Barlach, »Von Marées bis Picasso« (12.000 Besucher), Walter Dexel, eine Ausstellung mit Aquarellen Emil Noldes (20.000 Besucher) und eine Ausstellung von Karl Hofer.

Die hohen Räume im Schloß und die exzellente Ausleuchtung eignen sich außerordentlich gut für die Präsentation der Exponate.

Landwirtschaftsabteilung in der Scheune

Die alte Brauscheune in der Nähe des Schlosses wurde 1750 erbaut und steht unter Denkmalschutz.

Seit 1987 werden dort landwirtschaftliche Werkzeuge, Geräte und Maschinen ausgestellt. Der Besucher gewinnt einen Eindruck von der harten Landarbeit, wie sie in den alten Dörfern Wolfsburgs verrichtet werden mußte. Zu der Ausstellung gehören nicht nur Sensen, Dreschflegel und Heuharken, sondern auch Pferdekutschen und eine alte Feuerwehrspritze.

Das beschwerliche Pflügen und Eggen, Aussaat, Ernte, Dreschen, Futterzubereiten und Wiegen werden hier anschaulich dargestellt.

Kunstmuseum Wolfsburg

Das überregional bekannte Kunstmuseum wurde 1994 eröffnet und wird von der Kunststiftung Volkswagen getragen.

Das Museum gilt als lebendiges Zentrum für bildende Kunst des 20. und 21. Jahrhunderts. Sozialpolitische, industrielle und landschaftliche Faktoren bestimmten die Planung des Museums, daß von dem Architekten Peter Schweger als »Stadtloggia« geplant wurde.

Die Ausstellungen umfassen bildende Kunst des 20. Jahrhunderts und zeitgenössische Sammlungen von internationalem Ruf. Gut besucht werden auch die Fotoausstellungen bekannter Fotografen aus dem In- und Ausland. Zur Eröffnung wurden Werke von Ferdinand Léger aus der Zeit von 1911 bis 1924 ausgestellt.

Das Museum ist ein zukunftsorientierter Bestandteil der Wolfsburger Kulturmeile.

Das Automuseum

Auf etwa 5000 Quadratmetern werden über 140 Fahrzeuge gezeigt - im Mittelpunkt stehen 90 historische Fahrzeuge des Volkswagenkonzerns.

Beim Rundgang kann man »Käfer«, »Transporter«, »VW 1500« und »VW 412« besichtigen.

Interessant sind auch Fahrzeuge der Firma Audi, Horch, DKW, Wanderer und NSU.

Ferner wird die Automobil- und Produktionstechnik mit Schnittmodellen und einem Roboter erläutert. Ein Besuch gewährt im Automuseum gewährt auch einen Einblick in die Frühzeit des Automobils.

Das Hoffmann-von-Fallersleben-Museum

Der Dichter Hoffmann von Fallersleben wurde 1798 in Fallersleben ge boren. Er starb 1874 in Corvey.

Das Museum im Fallersleber Schloß hat das Ziel, den Dichter des »Liedes der Deutschen«, den Kinderliederautor, den politischen Dichter und Literaturforscher bekannt zu machen.

Hoffmann von Fallersleben gehörte zu den Vorkämpfern der Demokratie und mußte mit politischen Verfolgungen leben.

Das Museum kann als literarisch-politisches Museum auch als wichtige kulturelle Nahtstelle zwischen den alten und neuen Bundesländern angesehen werden.

Burg Neuhaus

Die mittelalterliche, gut erhaltene Wasserburg wurde im 14. Jahrhundert im Lüneburger Erbfolgekrieg vom Welfenherzog Magnus dem Jüngeren und der Stadt Braunschweig gebaut und schon ein Jahrhundert später wieder zerstört. Die Burg ist seit 1981 im Besitz der Stadt Wolfsburg und steht auf einem Felsmassiv am Hehlinger Bach.

In der Burg befindet sich eine Dokumentation zur Geschichte des ehemaligen Amtes Neuhaus und der Burg. Ferner werden Waffen des Spätmittelalters und Darstellungen zu dem Leben der Menschen bis 1800 sowie ein Burg- und Wassermühlenmodell gezeigt.

Das Heinrich-Büssing-Haus

Heinrich Büssing wurde 1843 im Wolfsburger Ortsteil Nordsteimke geboren. Er erlernte in der väterlichen Dorfschmiede das Schmiedehandwerk und wurde später Unternehmer und Erfinder.

Erst im Alter von 60 Jahren gründete Büssing seine Firma »Heinrich Büssing Spezialfabrik für Motarlastwagen und Motoromnibusse« in Braunschweig.

Die alte Schmiede ist originalgetreu wieder hergerichtet und informiert über das Leben des bedeutenden Industrieunternehmers. Daneben gibt es noch viele sehenswerte private kleine Kunstgalerien.

Ausblick: Das Science Center - ein aussergewöhnliches architektonisches Projekt der Wolfsburger Stadtentwicklung

Das Ziel dieses in den nächsten Monaten zu errichtenden Mueums ist es, Erkenntnisse aus Naturwissenschaft und Technik spielerisch erlebbar zu machen. Die Stadt gab dem Center den Namen »Phaeno« - mit diesem Namen soll klargestellt werden, daß sich das Konzept nicht als eine »elitäre Einrichtung für Wissenschaftler« begreift, sondern ein Erlebnis für jeden Wißbegierigen verspricht. So will man durch anschauliche Präsentation wissenschaftlicher Phänomene die Besucher nachhaltig begeistern – zum Beispiel mit dem Sichtbar- und Fühlbarmachen von Tornadowirbeln durch Auswirkungen von Magnetismus oder Schwerkraft.

Der von der Jury mit dem ersten Preis ausgezeichnete Entwurf für das Wolfsburger Science-Center stammt von der gebürtigen Irakerin und Stararchitektin Zaha Hadid aus Berlin. Er wurde ab dem Winter 2000 in den Hackeschen Höfen in Berlin ausgestellt und vom Jury-Vorsitzenden Walter Nägeli wie folgt beschrieben:

»Dieser schwebende Charakter erdrückt die Umgebung nicht, schafft neue städtische Räume und hat eine eindeutige skulpturale Bedeutung.« -Es handelt sich um ein Gebäude mit sechseinhalb Meter hohen »Füßen« und mit einem Dach, das dreihundert Menschen tragen soll, sowie mit unterschiedlichen Plateaus.

Insgesamt ist eine Bruttogeschoßfläche von 11.000 Quadratmetern vorgesehen. Wege mit in den Boden eingelassenen Lichtstreifen sollen von der Fußgängerzone zum Center und von dort zur Autostadt führen. Licht und Schatten sollen die Besucher optisch leiten, durch das Dach und die »Füße« des Gebäudes einfallen und in den gegeneinander verschobenen Räumen für Effekte sorgen.

In einem Vorentwurf werden die Gesamtkosten auf etwa 80,3 Millionen geschätzt. Als vorläufiger Beginn der Arbeiten ist der Monat Juli 2001 vorgesehen. Die Arbeiten sollen bis Ende 2002 abgeschlossen sein.

Das Stadtbild Wolfsburgs wird durch das anspruchsvolle und bemerkenswerte Gebäude des »Science-Centers« im Bereich des Nordkopfes zukunftsweisend modern umgestaltet.

Erklärungen und Anmerkungen

MÜNZWERTE:

Groschen = eine Münze, die erstmals 1266 bei der Münzreform des franz. Königs Ludwig IX. als Grossus turonus im Wert von 12 Deniers geprägt wurde. Groschen von lat. Grossus = dick – Die Prager Groschen wurden um 1300 unter König Wenzel II. von Böhmen ausgeprägt im Gewicht von 3,7 g. Diese Geldmünzen eroberten bald große Teile Deutschlands. In Preußen hießen im 18. Jahrhundert die 1/24 Teile eines Talers »Gute Groschen«. – 1 Taler = 24 Gute Groschen. An ihre Stelle traten 1821 die Silbergroschen = 1/30 Taler. In Sachsen wurden seit 1840 Neugroschen = 10 Pfennige geprägt.

Taler (Thaler) = eine frühere deutsche Münze, die 25,985 g Silber enthielt. Sie war von 1566 bis 1750 die amtliche Währungsmünze des Reiches. Im Deutschen Zollverein galt seit 1838 der Vereinstaler. Nach dem aufgeprägten Herrscherbildnis wurden sie z. B. Maria-Theresia-Taler genannt. 1908 wurde der Taler durch das Dreimarkstück (15 g Silber) ersetzt. – 1 feister Hammel kostete 1746 z. B. 3 Taler.

MAß EINHEITEN:

Himten (Himpten) = Holzbottich von 31, 15 l Fassungsvermögen, in dem neben Getreide auch Baustoffe (Kalk) abgemessen wurden.

Scheffel = früheres Hohlmaß mit Inhalten zwischen 30 und 300 l. 1 Scheffel in Preußen = 16 Metzen = 54,962 l, in Sachsen = 4 Viertel = 16 Metzen = 103,829 l. In einigen Gegenden war Scheffel ein Ackermaß für die Fläche, zu deren Besäung 1 Scheffel Saatgut erforderlich war, 1 Scheffel Land = 12 – 42 Ar (a).

Stübchen (Stübgen) = 4 Quartier oder 3,75 l, Hohlmaß (Topf) für 3,75 l Flüssigkeit.

Wispel = ein bottichartiges Holzgefäß von 1245,8 l Fassungsvermögen, in dem Getreide (Weizen, Roggen) abgemessen wurde. – 1Wispel = 40 Himten

ALLGEMEINE BEGRIFFE:

Allodialgut = das Privatvermögen (Gut) einer fürstlichen Familie im Unterschied zum fiskalischen Besitz (Staatsgut).

Allodifikation oder Allodifizierung = Verwandlung von Lehen in freies Eigentum unter Mitwirkung des Lehnsbeteiligten (Agnaten) und gegen Abfindung des Lehnsherrn. Die Ablösung der »Gefälle« und die Entlassung aus dem Lehnsverhältnis waren eng verbundene Vorgänge. Ein Grundherr konnte der Ablösung aus dem Lehnsverhältnis durch Geldgaben zustimmen, aber die Allodifikation ablehnen, wenn ein Lehnsmann (Lehnsnehmer) ohne Erben war. In diesem Falle mußte der Hof als »Erledigtes Lehen« wieder an den Grundherrn zurückfallen. Meist hatte aber der Lehnsmann in solchen Fällen vorgesorgt und den Hof an einen Verwandten für den »Abtritt« von einigen hundert Reichstalern übertragen lassen.

Fideikommiß = Einrichtung des deutschen Rechts, wonach ein Familienvermögen, meist Grundbesitz, ungeteilt in der Hand eines Familiengliedes blieb. Der Inhaber war in der Verfügung über diesen Besitz unter Lebenden und Toten beschränkt und erhielt nur den Ertrag aus dem Grundvermögen zur freien Verfügung. Vollstreckungen in das Vermögen wegen Schulden des Inhabers waren ausgeschlossen. Dadurch war die vermögensrechtliche Grundlage für eine Familie und ihre soziale Stellung gesichert. Das Reichsgesetz vom 6.7.1938 löste die noch bestehenden Fideikommisse auf. Nach der Auflösung konnten sich die Fideikommiß-Gläubiger auch an den Vermögensstamm halten. Der letzte Fideikommiß-Besitzer haftetete wie sein Erbe.

Patron = Nach altrömischen Recht der patrizistische Schutzherr eines Freigelassenen oder Schutzbefohlenen. Als Kirchenpatron Schutzherr der Kirche. Diese Schutzherrschaft (Patronat) übernahm im allgemeinen der Grundherr, auf dessen Gebiet die Kirche erbaut wurde. Die von Barthensleben und später die Grafen von der Schulenburg waren die (Kirchen)-Patrone über die Gotteshäuser in Alt-Wolfsburg, Heßlingen und Hehlingen.

Patronat = Schutzherrschaft, Rechtsverhältnis eines Stifters oder seines (Kirchenlehn-)Rechtsnachfolgers zu einer Kirche oder Pfarre, für die er die Vermögensausstattung ganz oder teilweise gestiftet hatte. Das Hauptrecht des Patrons ist das Vorschlagsrecht (Präsentation) für die Besetzung der Kirchenämter, die Hauptpflicht das Tragen der Kirchenbau- und der Kultus- und Personalkosten, wenn die Erträge des Kirchenvermögens nicht ausreichen. Dieses Patronatsrecht kann seit 1918 nicht mehr neu begründet werden und erlischt bei Verzicht des Patrons mit Rechten und Pflichten. Das kath. Patronatsrecht wurde seit der Reformation von den luth. Landesherren übernommen. Diese Landesherren konnten dieses »Kirchenlehn« auf ihre Lehnsnehmer (Lehnsmänner) übertragen, wie es aus dem Bartenslebenschen Lehnsbriefen hervorging.

Prieche = Empore, Loge oder Sitznische in Kirchen für die Patronatsfamilie.

Anmerkungen

1 Ingrid Eichstädt, Die Geschichte des Raumes Gifhorn-Wolfsburg, S. 94
2 Ebenda
3 Vgl. Wilhelm Robert Krutsch, Politische und gemeindliche Gliederung...
4 Joachim Reitemeyer, Gifhorner Kreiskalender 2001, S. 168
5 Riesener, Das Amt Fallersleben, S. 58
6 Ebenda, S. 59
7 Gerichtsprotokoll v. 1.8.1644, in: Wolfsburger Gerichtsprotokolle
8 Gerichtsprotokoll v. 22.5.1646, in: Wolfsburger Gerichtsprotokolle
9 Vgl. Gebauer, Forschung zur brandenburgisch-preußischen Geschichte, S. 66
10 Gerichtsprotokoll v. 8.4.1644, in: Wolfsburger Gerichtsprotokolle
11 Eidformel für die Besatzung, in: Wolfsburger Gerichtsprotokolle
12 Eid eines Zehntbauern/Taxators, in: Wolfsburger Gerichtsprotokolle
13 Hartwig Hohnsbein, 555 Jahre St. Marien in Alt-Wolfsburg, S. 31
14 Übers. aus dem Lateinischen von Schülern des Gymnasiums Kreuzheide unter Leitung von OStR W. Lüpke
15 Vgl. Julius-Ruprecht v. Loewenfeld: Wolfsburg, kirchen- und kulturgeschichtliche Bilder aus einem halben Jahrtausend
16 Julius-Ruprecht v. Loewenfeld: Chronik der Parochie Wolfsburg..., S. 33
17 Ebenda, S. 33
18 Ebenda, S. 28
19 Ebenda, S. 39
20 Ebenda, S. 41
21 Ebenda, S. 42
22 Ebenda, S. 43
23 Ebenda, S. 45
24 Ebenda, S. 47
25 Ebenda, S. 52
26 Ebenda, S. 53
27 Ebenda, S. 57
28 Ebenda, S. 63
29 Ebenda, S. 78
30 Alle Zitate im folgenden aus: Hartwig Hohnsbein, Ausgewählte Dokumente der Heimat-Glocken von 1929-1939, S. 50 ff.
31 Peter Koller, Der Städtetag, Heft 6/1958
32 Alle Zitate im folgenden aus der Neuen Zeit, parteiamtliche Tageszeitung der NSDAP für die Stadt des KdF-Wagens und den Kreis Gifhorn
33 Vgl. Hans Mommsen, Das Volkswagenwerk und seine Arbeiter im Dritten Reich
34 Vgl. Dietrich Werner v.d. Schulenburg/H. Wätjen, Geschichte des Geschlechts von der Schulenburg
35 Vgl. u.a. Klaus-Jörg Siegfried, Wolfsburger Stadtgeschichte in Dokumenten und Hans Mommsen, Das Volkswagenwerk und seine Arbeiter im Dritten Reich
36 Dietmar Meyer, Von Volkswagen 1938-1988, S. 69 f.

Literaturverzeichnis

Achilles, Hermann: Neuhaus, Burg, Amt, Domäne. Wolfsburg 1989.

Buchholz, Helmut: Die Verkoppelung/Die Allodifikation. Gifhorner Kreiskalender, 1992.

Dibbern, Olde: Der kulturelle Beitrag von St. Marien für Wolfsburg. Herausgegeben vom Kulturausschuß der Stadt Wolfsburg. Wolfsburg 1994.

Eichstädt, Ingrid: Die Geschichte des Raumes Gifhorn-Wolfsburg, Bd. 12. Gifhorn/Wolfsburg, 1996.

Eßmann: Der Wipperteich. Braunschweigische Heimat 1921, Heft 1 u. 2.

Fricke, Heinrich: Antiquitates Bartenslebienses. Ungedrucktes Manuskript.

Frohne, Wilhelm: Hehlingen, Geschichten eines Dorfes. Wolfsburg 1981.

Gebauer: Forschung zur brandenburgisch-preußischen Geschichte. Band 22, Brandenburg a.d. Havel.

Gericke, Bernhart: Die Geschichte des Hauses Wolfsburg. Unveröffentlichtes maschinenschriftliches Manuskript. Stadtarchiv Wolfsburg 1956.

Heinemann, Ulrich: Ein konservativer Rebell, Fritz-Dietlof Graf von der Schulenburg und der 20. Juli. Berlin 1990.

Hodemacher, Jürgen: Wolfsburg. Düsseldorf 1983.

Hohnsbein, Hartwig: Der Agendenstreit vor 160 Jahren. Kirchenvorstand St. Marien, Wolfsburg 1984.

Hohnsbein, Hartwig: 555 Jahre St. Marien in Alt-Wolfsburg. Kirchenvorstand St. Marien, Wolfsburg 1989.

Hohnsbein, Hartwig: Ausgewählte Dokumente der Heimat-Glocken von 1929-1939. Kirchenvorstand St. Marien, Wolfsburg 1988.

Hohnsbein, Hartwig: Begegnung mit der Wolfsburger Geschichte. Wolfsburg 1997.

Koller, Peter: Der Städtetag. Heft 6/1958.

Korth, Gerhard: Zwischen Elm und Aller, Geschichte der Heimat. Cremlingen 1991.

Krutsch,Wilhelm Robert: Politische und gemeindliche Gliederung der Siedlung (Alt-)Wolfsburg.

v. Loewenfeld, Julius-Ruprecht H.: Wolfsburg, kirchen- und kulturgeschichtliche Bilder aus einem halben Jahrtausend. Wolfsburg 1925.

v. Loewenfeld, Julius-Ruprecht H.: Chronik der Parochie Wolfsburg und andere Texte. 1862-1930. Kirchenvorstand St. Marien, Wolfsburg 1991.

Meyer, Dietmar: Von Volkswagen 1938-1988. Hrsg. v. d. Volkswagen AG. Wolfsburg 1996.

Mommsen, Hans: Das Volkswagenwerk und seine Arbeiter im Dritten Reich. Düsseldorf, 1996.

Recker, Marie-Luise: Die Großstadt als Wohn- und Lebensbereich im Nationalsozialismus. 1981.

Reitemeyer, Joachim: Gifhorner Kreiskalender 2001.

Riesener, Dirk: Das Amt Fallersleben. Braunschweig 1991.

Schulz, Hans Adolf: Burgen, Schlösser und Herrensitze im Raum Gifhorn-Wolfsburg. Gifhorn-Wolfsburg 1985.

Schulz, Hans Adolf: Burgen und Schlösser des Braunschweiger Landes. Cremlingen 1989.

v. der Schulenburg, Graf Dietrich Werner/ Wätjen, H.: Geschichte des Geschlechts von der Schulenburg 1237 bis 1983. Wolfsburg 1984.
Siegfried, Klaus-Jörg: Wolfsburger Stadtgeschichte in Dokumenten, Entstehung und Aufbau 1938-1945. Stadtarchiv Wolfsburg 1982.
Siegfried, Klaus-Jörg: Dokumente zur Kirchenplanung in der Stadt des KdF-Wagens. Texte zur Geschichte Wolfsburgs, Band 1. Wolfsburg 1979.
Tillman, Ekkehart: Alte Kirchen und Kapellen im Raum Gifhorn-Wolfsburg. Gifhorn-Wolfsburg 1987.
Wolfsburger Gerichtsprotokolle, Bd. 1639-1657.
Zahlten, Johannes: Schloß Wolfsburg. Braunschweig 1991.

Verzeichnis der Federzeichnungen von Eckhard Korth

Eva Gussek (Hrsg.)

Im Zauberbann des Harzgebirges

Harz-Sagen und Geschichten.
Gesammelt von Marie Kutschmann, illustriert von Theodor Kutschmann.

ISBN 3-932906-26-8, Neuausgabe des Druckes von 1890, Ladenpreis 29,90 DM

Es gab eine Zeit, da alles Land, so zwischen der Weser und dem Elbstrom sich dehnt, von undurchdringlicher Waldung bedeckt war. Finster und unwirtlich lag es da, und wilde Stürme brausten darüber. Eichen reihten von Norden her, Buchen von Süden Wipfel an Wipfel, und in der Mitte, wo der Felsen Grat sich zum Himmel hob, schauten dunkle Föhren weit in die Ferne. ...
Da waren die Sitze der allmächtigen Götter: da thronte Wodan als Haupt der Asen, da schmiedete Thor seine schrecklichen Blitze und schwang seinen Hammer in furchtbarem Donnerschlag, da sausten die Walküren auf geflügeltem Rosse dahin, die Schlachtenjungfrauen, welche die gefallenen Helden im Sturme hinaufführten zur Walhalla, zum glänzenden Sitze der Götter.«
Ein bibliophiles Kleinod aus der Zeit des Jugendstils, liebevoll illustriert mit Holzschnitten.

Verlag Dr. Bussert & Stadeler
Jena · Quedlinburg